Es geht um
das Leben

AF186688

Tatsachen und Illusionen
in der Zukunftspolitik

Joshua Beck

Mit Scharfsinn analysierte der Psychoanalytiker und Sozialphilosoph Erich Fromm in seinem Buch *Es geht um den Menschen* (*May Man Prevail?*) im Jahr 1961 die Beziehungen zwischen den beiden Weltmächten der Sowjetunion und den USA zur Zeit des Kalten Krieges. Sein Buch dokumentiert eines seiner intensiven politischen Engagements und ist zugleich das bedeutende Werk des Humanisten Fromm darüber, was Politik ist und was sie sein könnte.

Heute, im Jahr 2022 – also rund sechs Jahrzehnte nach Fromms Buch – ist die Gefahr eines atomaren Holocausts nicht verschwunden und autonome Waffensysteme könnten leicht alles Leben auf der Erde auslöschen. Wir müssen diesmal befinden, dass das Ende der Geschichte kein himmlisches Reich, sondern ein tiefer Abgrund ist. Erich Fromms Buch über die Frage, ob die Menschheit siegen oder überleben wird, war, ist und bleibt hoch aktuell.

Die Ereignisse in Osteuropa im Februar 2022 motivierten den politischen Denker Joshua Beck ein weiteres Buchprojekt in Angriff zu nehmen. Dieser Band versammelt einzelne Essays und schließt an Fromms Buch *Es geht um den Menschen. Tatsachen und Illusionen in der Außenpolitik* aus dem Jahr 1961 an: *Es geht um das Leben. Tatsachen und Illusionen in der Zukunftspolitik.*

Joshua Beck

Es geht um das Leben

Tatsachen und Illusionen
in der Zukunftspolitik

Bibliographische Informationen der Deutschen Nationalbibliothek:
Die Deutsche Nationalbibliothek verzeichnet diese Publikation in der
Deutschen Nationalbibliographie; detaillierte bibliographische Daten sind
im Internet über http://dnb.dnb.de abrufbar

© 2022 Joshua Beck
Covergestaltung mit pixabay.com
Herstellung und Verlag:
BoD – Books on Demand, Norderstedt
ISBN 978-3-7460-3435-5

Volle drei Sekunden, eine Ewigkeit, ehe die Bomben einschlugen, waren die gegnerischen Flugzeuge selber bereits wieder halb um die sichtbare Welt herum, wie Geschosse, an die ein Wilder wohl nicht glauben würde, da sie unsichtbar waren; und doch wird auf einmal das Herz zerschmettert, der Körper fällt auseinander, und das Blut ist erstaunt, ins Freie zu gelangen; das Gehirn verschleudert seine paar kostbaren Erinnerungen und stirbt, ohne zu verstehen.

Ray Bradbury (1953), *Fahrenheit 451*

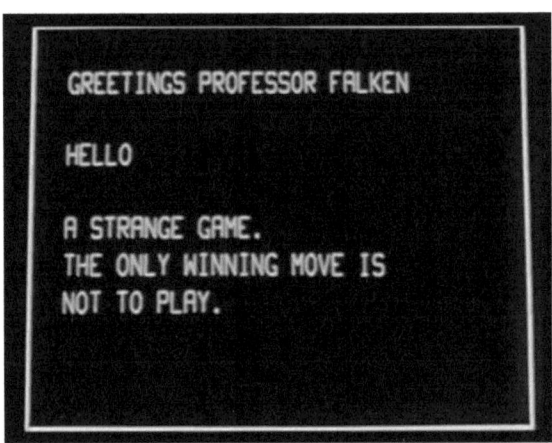

WarGames Ending[1]

Der KI-Forscher Stephen Falken entwickelt in dem Film *WarGames* (1983) das Computersystem War Operation Plan Response, welches im Kalten Krieg Planspiele berechnet, wie ein Atomkrieg gewonnen werden könnte. WOPR probiert alle Atomkriegsstrategien durch. Nach dem Durchspielen aller möglichen Kriegsvarianten bricht das Programm ab. Professor Falken ruft das Codewort »Hallo, Joshua?«. WORP antwortet: »Ein seltsames Spiel. Der einzige Weg zu gewinnen, ist es nicht zu spielen.«[2]

Inhalt

Das Königreich der Frösche

Zahlreich sitzen die Frösche in ihrem Reich. Es ist der letzte Zufluchtsort geworden, nachdem alles Leben jenseits der Grenze ausgelöscht wurde. Doch auch das Leben innerhalb der sicheren Grenzen ist bedroht. Der König beschwichtigt, nur hier sei man sicher. Draußen sei es zu gefährlich.

Aber das Leid der Frösche nimmt zu. Einige von ihnen schreien so laut, dass weit entfernte Frösche fragen: »Warum schreien sie, wenn sie hier doch in Sicherheit sind?« Der König beschwichtigt: »Sie schreien der Freude wegen.«

Ein mutiger Frosch fragt weiter: »Warum schreien sie dann aber nicht alle?« Der König antwortet mit Gewalt auf diese provokante Frage. Er lässt den Frosch nachts töten und quält alle Frösche so sehr, dass sie lauter und lauter schreien müssen, damit er sagen kann: »Seht her, meine Frösche schreien der Freude wegen!«

Ein Frosch legt eine Atempause ein und will wissen, was aus dem namenlosen Frosch wurde. Der König erklärt, er habe die Grenze überquert und sei nie mehr zurückgekehrt. Freude sei das einzige Mittel gegen tödliche Zweifel.

Doch auch dieser Frosch ist erschöpft. Er klettert die Mauer hinauf und staunt. Als er zu den anderen zurückkehrt, hat es sich wie ein Lauffeuer verbreitet: Es ist zu gefährlich. Warum sonst hätte der Frosch, den sie die Mauern hinaufklettern sahen, umkehren sollen?

Die Frösche, die sich im engsten Kreis um den Rückkehrer versammeln, hören nicht auf zu schreien. Sie sehen ihn an und wie sich seine Lippen bewegen. Sie haben großes Mitgefühl mit ihm, denn er muss Traumatisches gesehen haben. Der König fühlt sich in seinen Warnungen bestätigt, deshalb lässt er den Heimkehrer zu den Fröschen sprechen.

Der Frosch aber berichtet von frohem Leben jenseits der Mauer und dass das Leid der Frösche in den Mauern nicht sein müsse. Der König schweigt. Die Masse brüllt los. Der Frosch sei wahnsinnig. Ein kranker Irrer. Man solle ihn einsperren, damit er nicht die Kinder erschrecke und ihnen Angst vor der Zukunft mache. Das ewige Eis war schon immer da und werde auch in Zukunft immer da sein.

»Das stimmt nicht!«, ruft ein anderer Frosch aus der Menge, die sich in zwei Richtungen trennt. Er hat dem Heimkehrer aufmerksam zugehört und erkennt, welche Gefahren im Topf und welche Chancen jenseits seiner Grenzen liegen.

Der König wird plötzlich vor die Wahl gestellt. Soll er eine Expedition anführen, um das neue Land zu erkunden? Dann aber würden sich all seine Reden als Lügen entlarven und man würde ihn verurteilen, wenn man die Leiche des Toten namenlosen Frosches findet. Soll er die Frösche ermahnen, im Topf zu bleiben? Dann aber ist die Gefahr gegeben, dass sich einige ablösen oder ihn selbst stürzen wollen. Der König fürchtet um seine eigene Stellung. Wenn die Haie um ihn erst Blut gerochen haben, werden sie zu Piranhas, und lassen nicht einmal die Knochen übrig. Deshalb erklärt er: »Wer die Worte des Königs anzweifelt, ist ein Verräter.«

Doch was waren die Worte des Königs? Die Masse war uneins darüber. Waren es die Worte des Heimkehrers, der im Namen des Königs sprechen durfte? Waren es die Warnungen, nicht den Topf zu verlassen? Im Streit zeigt sich eine große Gespaltenheit, doch nichts geschieht. Der König sieht, wie die vielen fragenden Blicke auf ihn gerichtet sind, und er erklärt weiter: »Es geht um Leben und Tod. Die Verräter müssen gehängt werden!« Dann bricht die Hölle los.

Die Frösche schlagen aufeinander ein, sie morden und vergewaltigen. Sie hängen einander auf und spalten einander die Schädel, damit der Unsinn aus den Köpfen entweichen könne.

Seltsames trägt sich zu und ein Toter ruft zu seiner Frau: »Lauf weg!« Sie nimmt die Kinder mit sich und läuft davon. Viele tun es ihr gleich. Zurück bleibt ein toter Haufen von Leibern. Der König sieht, dass er sein Volk verliert. Wo sind sie hin?

Jenseits der Grenze gibt es die Frösche. Nun muss sich der König entscheiden. Folgt er ihnen als einfacher Frosch nach, dann verliert er seine Macht. Oder kann er die Frösche zurückholen und einsperren, um König zu bleiben? Er erklärt: »Die Frösche wurden entführt von den Verrätern, deren Worte schlecht waren. Wir müssen sie heim ins Reich holen, um sie zu befreien aus der Gefahr, in der sie nun schweben.«

Der König befiehlt eine Expedition, die die entlaufenen Frösche zurückbringen soll. Doch der Erfolg bleibt aus. Die Frösche wollen nicht heimkehren. Daher befiehlt der König, alle zu töten, damit die Gefahr von außen das Leben im Topf nicht bedrohen kann. Ohne diesen Befehl wären alle Frösche entflohen. Der König will das Leben im Topf festhalten und ist bereit, alles und jeden dafür zu opfern, weil schon allein die Möglichkeit für eine Existenz einer anderen Lebensform für ihn unerträglich ist.

Vorwort

Falls Freiheit überhaupt irgendetwas bedeutet, dann bedeutet sie das Recht darauf, den Leuten das zu sagen, was sie nicht hören wollen.

– George Orwell

Francis Fukuyama glaubte 1990, *Das Ende der Geschichte* sei erreicht. Die liberalen Demokratien hätten über die totalitären Systeme des 20. Jahrhunderts gesiegt und die höchste erreichbare Stufe menschlicher Zivilisation sei erlangt und verwirklicht worden. Von nun an könne es keine weitere Entwicklung mehr geben.

Fukuyama verwarf seine These sehr bald darauf, doch die Öffentlichkeit westlicher Gesellschaften hielt hartnäckig an der Illusion fest. Man sah nicht oder wollte nicht sehen, dass die Bewältigung der Herausforderungen der Vergangenheit nicht von den Herausforderungen der Zukunft befreit. Alles, was alt ist, kann in neuem Gewand wiederkehren. Doch in einer Kultur der narzisstischen Selbstüberschätzung fällt es uns unserer Tage wie Schuppen von den Augen, dass wir dem Ende der Geschichte so nahe gekommen sind wie seit dem Kalten Krieg nicht mehr.

Damals warnte Erich Fromm eindringlich: »Niemals war die menschliche Fähigkeit zu verstehen, die Fähigkeit zu kritischem und analytischem Denken, für das Überleben der menschlichen [Spezies] notwendiger als heute«,[3] denn – wie Albert Einstein erkannte – »Probleme kann man niemals mit derselben Denkweise lösen, durch die sie entstanden sind.«

Mit Scharfsinn analysierte der Psychoanalytiker und Sozialphilosoph Erich Fromm in seinem Buch *Es geht um den Menschen* (*May Man Prevail?*) im Jahr 1961 die Beziehungen zwischen den beiden Weltmächten der Sowjetunion und den USA zur Zeit des Kalten Krieges. Sein Buch dokumentiert eines seiner intensiven politischen Engagements und ist zugleich das bedeutende Werk des Humanisten Fromm darüber, was Politik ist und was sie sein könnte.

Heute, im Jahr 2022 – also rund sechs Jahrzehnte nach Fromms Buch – ist die Gefahr eines atomaren Holocausts nicht verschwunden und autonome Waffensysteme könnten leicht alles Leben auf der Erde auslöschen. Wir müssen diesmal befinden, dass das Ende der Geschichte kein himmlisches Reich, sondern ein tiefer Abgrund ist. Erich Fromms Buch über die Frage, ob die Menschheit siegen oder überleben wird, war, ist und bleibt hoch aktuell.

Die Ereignisse in Osteuropa im Februar 2022 motivieren mich, ein weiteres Buchprojekt in Angriff zu nehmen, weil ich feststellen muss, dass die Art und Weise, *wie* und *worüber* debattiert wird, nicht gut ist und wir so nicht weiter machen können. Daher möchte ich gerne diesen Band herausgeben, der aus einzelnen Essays besteht und an Fromms Buch *Es geht um den Menschen. Tatsachen und Illusionen in der Außenpolitik* aus dem Jahr 1961 anknüpfen soll: *Es geht um das Leben. Tatsachen und Illusionen in der Zukunftspolitik.*

Der Band soll aus einer Sammlung von Aufsätzen, Essays und eigenständigen Kapiteln bestehen, die ich aus meiner Panem-Forschung aufgreifen möchte, in früheren Jahren bereits verfasst habe oder die ich (wie im Hinblick auf die *Banalität des Bösen* anlässlich des 80. Jahrestages der Wannseekonferenz) kürzlich neu verfasst habe. Die Kapitel sind in eine sinnvolle und aufbauende Reihenfolge geordnet, können aber auch unabhängig voneinander gelesen werden (sodass sich leichte Doppelungen nicht vermeiden lassen).

Das Ziel dieses Bandes ist eine Problemanalyse und Bestandsaufnahme. Es sollen Grundlagen für Probleme und Erklärungen zusammengetragen werden. Der Band lässt nur vereinzelt Lösungsansätze erkennen. Im ersten Schritt soll es nämlich darum gehen, Probleme als solche zu erkennen. Statt zu sagen: »Don´t look up!«, soll es heißen: »Just look up!«, denn wie Alexander von Humboldt einmal trefflich formulierte: »Die gefährlichste aller Weltanschauungen ist die Weltanschauung der Leute, die die Welt nicht angeschaut haben.«

In weiterführenden Arbeiten soll es dann um das Entwickeln konkreter und zielgerichteter Lösungsstrategien gehen, um nicht in ein dystopisches *Panem* zu fallen, sondern ein humanistisches *Eutopia* begründen zu können.

J.B., 3. März 2022

Zu den versammelten Essays

Die Banalität des Bösen

Was treibt »ganz normale Männer« (Christopher Browning) dazu, die grausamsten Verbrechen zu begehen? Wie finden totalitäre Regime immer wieder Rekruten in Kriegen, die sich gegen das Leben selbst richten? Anlässlich des 80. Jahrestages der Wannseekonferenz und der »Endlösung der Judenfrage« ist dies eine aktuelle Frage, der ich mich zuwenden möchte.

Kulturzyklen und die globale Regression

Die Herausforderungen der Vergangenheit kehren in der Zukunft in gewandelter Gestalt wieder. Wie funktionieren solche Zyklen und worin zeigt sich heute die große Regression? (Beide Essays 2021)

Die Kuba-Krise und das Engagement von Erich Fromm

Ein kurzer Bericht aus dem Kalten Krieg (Essay 2014). Außerdem beleuchte ich das Engagement von Erich Fromm in Zeiten der atomaren Gefahr und seine Mahnung, wie wir zukünftige Hitler, die keine Hörner haben, erkennen können und was es bedeutet, gegen sie Widerstand zu leisten.

Die Krisen des 21. Jahrhunderts

Versammelt eine Übersicht über die großen Herausforderungen unserer Zeit (Klima, Radikalisierung, Armut, Artensterben, …) (Texte 2015 und 2021)

Ein Alptraum wird Wirklichkeit: Putins Angriffskrieg gegen die Ukraine

Auf der Grundlage meines Wissens aus der Psychoanalyse habe ich in meiner Kompetenz als Mathematiker eine spieltheoretische Betrachtung der Ereignisse und Putins Strategie vorgenommen. Zunächst wollte ich mich damit nicht vordrängeln, doch da nun der Konflikt weiter eskaliert und die erste Vorhersage meiner Analyse eingetreten ist (zunehmende Angriffe auf die Zivilbevölkerung), möchte ich nun doch meine Erörterung nicht länger nur für mich behalten. Vielleicht können die Beiträge und Gedanken eines Mathematikers in unübersichtlichen Zeiten an der ein oder anderen Stelle dabei helfen, die Ereignisse besser einordnen zu können. (Dass Putin einfach verrückt sei, hilft uns nicht weiter.)

Das wiedergekehrte Problem China

In diesem Essay zeige ich, dass Erich Fromms Ausführungen aus dem Jahr 1961 im Hinblick auf den chinesischen Kommunismus und Totalitarismus (Social Credit System, totale Herrschaft, Genozid an den Uiguren) heute wieder hochaktuell sind. (Kapitel 2021)

Kapitel 1: Die Banalität des Bösen

In diesem Essay möchte ich auf das Konzept der »Banalität des Bö-sen« der jüdischen Denkerin Hannah Arendt eingehen, auf das ich mich dabei beziehe. Über den Bürokraten Adolf Eichmann, der ei-nen wichtigen Anteil an der rational geplanten, logistischen Umset-zung und Organisation der Auswanderung, Deportation und Er-mordung der Juden während der NS-Diktatur hatte. Nach dem Zu-sammenbruch der NS-Diktatur setzte sich Eichmann nach Argenti-nien ab. Der israelische Geheimdienst Mossad spürte ihn auf, so-dass er 1961 in Jerusalem vor Gericht gestellt wurde.

Arendt ließ sich auf eine harte Konfrontation ein, als sie über ihn das Buch *Eichmann in Jerusalem. Ein Bericht von der Banalität des Bösen* schrieb und ihn als »realitätsfremd«, »gedankenlos« und »Hans Wurst« bezeichnete, der gänzlich unfähig war, sich in seine Opfer hineinzuversetzen. Er hätte keinerlei persönliche Konturen erken-nen lassen, wie beispielsweise der Bösewicht Jago in Shakespeares Stück *Othello*. Eichmann habe Juden nicht gehasst, sondern nur Be-fehle befolgt. Darin unterscheidet sich die *Banalität des Bösen* von dem *radikalen Bösen*. Viele enge Kontakte aus Arendts Umfeld dis-tanzierten sich nach der Veröffentlichung ihres Buches von ihr, da es unangemessen sei, beim Holocaust von einer »Banalität« zu spre-chen. Darüber hinaus schockierte Arendt mit der Frage, ob die Ju-den im Widerstand versagt hätten und möglicherweise eine Mit-schuld am Holocaust hätten.

Jedoch müssen hier einige Missverständnisse ausgeräumt werden. Zunächst ist zu erläutern, was Arendt mit »Mitschuld« meinte. Viele Juden wanderten nach der Machtergreifung der Nazis nicht aus, weil sie ihre Heimat nicht aufgeben wollten und hofften, die staatlichen Institutionen würden sie schützen und Hitler nicht lange an der Macht bleiben – eine Fehleinschätzung, die auch von Papen und Hindenburg machten, als sie Hitler den Weg zum Reichskanzler ebneten. Arendt machte hier als Übel die *Hoffnung* aus, durch Aussitzen Unheil über sich ergehen zu lassen, statt da-gegen kompromisslos anzukämpfen. Inge Auerbacher erzählte am 26. Januar 2022 bei *Markus Lanz* im ZDF, dass sie ein Visum für Hongkong hatte, das jedoch ihr Vater als rechtlicher Noch-Ehe-mann ihrer Mutter unterschreiben musste. Er weigerte sich und ver-stand nicht, was sie denn in Asien wollen. Bis heute blieb Auerba-cher unklar, weshalb er das Visum nicht einfach unterschrieb.

Es ist eine historische Tatsache, schreibt Arendt in einem Brief an Karl Jaspers, dass Eichmann niemandem ein Haar gekrümmt habe. Es ist aber auch eine historische Tatsache, dass vielen Juden, eingeschüchtert und verfolgt, nicht viele Mittel blieben, in den aktiven Widerstand zu ziehen. Dagegen konnte Arendt den Nazis zweimal knapp entkommen, als sie erst nach Frankreich und dann in die USA floh. So wurde ihr oft vorgeworfen, sie könne gar nicht darüber urteilen, weshalb ihr Buch über Eichmann von vielen als »destruktiv« empfunden wurde und sie aus der jüdischen Gemeinschaft verstoßen wurde. Auch wenn Arendt vieles sprachlich mehr als nur äußerst unglücklich formulierte, so erkannte sie dennoch einige wichtige, und wie ich meine auch richtige Aspekte in der Architektur der Massenmordmaschinerie.

Ich möchte daher noch kurz darauf eingehen, dass die Juden in gewisser Weise eine Mitschuld an ihrer eigenen Ermordung hätten. Margot Friedländer zitierte einmal einen Witz über einen Juden, der einem Wachmann in einem KZ einmal die Grafe stellte: »Wer hat Schuld am Zweiten Weltkrieg? Die Radfahrer oder die Juden?« Der Wachmann fragte erstaunt zurück: »Warum die Radfahrer?« Der Jude entgegnete nur: »Warum die Juden?« Tatsächlich wäre die Frage nach den Radfahrern auch die meine gewesen, denn mit historischem Wissen dürfte es sich von selbst verstehen, weshalb für die Nationalsozialisten unstrittig war, dass die Juden die Schuld hätten, da sie ja einen weiteren Weltkrieg begonnen hätten. Demzufolge, so hat es Hitler in *Mein Kampf* angekündigt, sind die Juden selbst schuld, dass sie nun ermordet werden müssen.

Arendts Betrachtung ist aber eine gänzlich andere als ein unappetitliches, antisemitischen Gebräu von Ideologie. Sie meint damit, dass die Täter in der totalen Herrschaft danach streben, das Opfer selbst zum Komplizen zu machen. Dadurch werde die Tat »total«. In ihrem Buch über *Elemente und Ursprünge totaler Herrschaft* zitiert sie Albert Camus, der von einem Fall aus Griechenland berichtet. Dort wurde eine Mutter von drei Kindern »gebeten« zu sagen, welches ihrer drei Kinder getötet werden solle. Andernfalls müssten alle sterben. (Im Jahr 1982 wurde ein ganz ähnlicher fall in *Sophies Entscheidung* verfilmt.) Wie kann eine Mutter sagen, welches ihrer Kinder einfach erschossen werden soll? Andererseits: Wie kann eine Mutter zulassen, dass alle ihrer Kinder getötet werden, wenn sie durch eine Entscheidung zweien das Leben retten könnte? Und wie kann eine Mutter frei von Schuld leben, wenn auf ihre Wahl hin ihr eigenes Kind getötet wurde? Wie aber könnte sie ohne Schuld leben, wenn sie durch Nichtstun zugelassen hätte, dass alle sterben müssen?

Verbrechen der totalen Herrschaft unterscheiden sich darin von gewöhnlichen Verbrechen, dass sie das Opfer zum Täter machen, während der Täter unsichtbar wird oder sich selbst als Opfer stilisieren kann. Wie auch immer sich die Mutter oder der Deportierte entscheidet, an ihren Händen wird Blut haften. Das Verbrechen der totalen Herrschaft ist deshalb eine Perversion, weil es danach strebt, das Opfer zum Mittäter zu machen, oder sogar als alleinigen Täter zu präsentieren, während sich der wirkliche Täter unsichtbar macht. (So wie es in Panems Hungerspielen der Fall ist, wo die Kinder in der Arena einander niedermetzeln, während die Spielemacher in einem Kontrollraum in der Heiligkeit weißer Kleidung niemandem ein Haar krümmen müssen.)

Wenn sie sagt: »Nehmt mich statt der Kinder!«, dann können die Kinder ohne sie nicht aufwachsen und werden nach ihr ebenfalls erschossen. Es ist ein Fall überliefert, in dem der eine Wachmann die Mutter erschoss, weil sie ohne ihre Kinder nicht mehr weiterleben könne; und der andere die Kinder erschoss, weil sie ohne Mutter nicht überleben könnten. Beide Wachmänner gaben sich die Hand, etwas »Gutes« zu tun, indem sie sowohl die Mutter als auch die Kinder von ihrem Leiden »erlösten«. Der Tod war in vielerlei Hinsicht eine »legitime Behandlungsmethode«, so wie auch in der NS-Kinderpsychiatrie Kinder »erlöst« wurden, die weniger sozial und insbesondere autistisch waren.

Das gleiche Prinzip hinter *Sophies Entscheidung* lässt sich auf Juden anwenden, die nackt und in Viehwaggons zusammengepfercht tagelang scheinbar sinnlos in der Gegend herumgefahren wurden (was nicht sinnlos war, sondern den Zweck der Demoralisierung verfolgte) und schließlich die Lager erreichten. Dort lasen sie in großen Buchstaben »Arbeit macht frei«. Als sie entkräftet aus den Zügen ausstiegen, wurde radikal sortiert in »arbeitsfähig« und »arbeitsunfähig«. Letztere wurden direkt nach der Ankunft zu den Schießgräben geführt. Kinder, die nicht arbeiten konnten, hätte man den Müttern wegnehmen müssen. Diese hätten dann aber auch gestreikt. Die Nazis lösten dieses Problem, in dem einfach beide erschossen wurden. (Um Munition zu sparen, stellte man die Kinder vor ihre Mütter und kleine Kinder schlug man so lange mit dem Kopf gegen einen harten Gegenstand, bis ihnen der Schädel platzte.)

Ein Mensch, der als lebendiger Leichnam bei den Lagern ankommt, kann seiner Ermordung entgehen, indem er bereit ist zu arbeiten. Damit aber macht er sich selbst zum Komplizen der Tat, weil er seiner Ermordung nicht entgehen kann, sondern diese nur aufgeschoben wird, bis er auch »arbeitsunfähig« ist.

Weil die Täter sich weigern, selbst Person zu sein und so zu Opfern werden, müssen die Opfer zu Tätern werden oder zumindest zu Komplizen. Es geht also darum, Techniken und Methoden zu entwickeln und anzuwenden, sodass sich die zu richtende Person selbst richtet, ein zu Begrabener sein eigenes Grab schaufelt, ein zu Kreuzigender sein eigenes Kreuz trägt. Weil sich die Nicht-Person des ursprünglichen Täters weigert zu denken und zu handeln, wird das eigentliche Opfer ins Denken und Handeln gezwungen, sodass es in der Verantwortung steht, als Person über etwas zu denken und entsprechend zu handeln, zu dem sich die Nicht-Person verweigert hat. Die entschieden dualistischen Begriffe von Opfer und Täter sind in der totalen Herrschaft nicht mehr zu halten, weil sie verwischt, in einander gezogen und schließlich ganz und gar vertauscht werden. Dies ist wichtig zu begreifen, um totalitärer Propaganda nicht zu erliegen. Die Nazis behaupteten immer wieder, die Juden seien selbst schuld an ihrem Schicksal – und sie taten wirklich alles dafür, sodass es in der Propaganda genauso dargestellt werden konnte. (Die Doppeldeutigkeit besteht darin, dass diese Doppeldeutigkeit in der totalen Herrschaft aufgehoben wurde.)

In der öffentlichen Diskussion im Frühjahr 2022 war dabei sehr interessant zu beobachten, dass Putin als Aggressor hinter die Präsenz des ukrainischen Präsidenten zurückfiel, dessen Land gerade von Russland angegriffen wird. Plötzlich waren es nicht mehr die Täter mit ihren mobilen Krematorien, die sich erklärten, da man keine Konzentrationslager finden könne, dürfe man hier niemanden beschuldigen; sondern die Täter wurden von anderen eben aufgrund dieser Tatsache überhaupt nicht einmal mehr als Täter verdächtigt. Wer sie dennoch als Täter benannte, wurde seinerseits diffamiert und bedroht. Dies ist für mich der deutliche Hinweis darauf, dass die Immunität in der (deutschen) Bevölkerung im Hinblick auf Propaganda und Faschismus nicht durch Bildung, Erziehung, Widerstandfähigkeit und historisches Bewusstsein entwickelt werden konnte. Es ist auch wichtig zu begreifen, dass totalitäre Verbrechen niemals ohne Mitwirkung der eigentlichen Opfer realisierbar sind.

Die Lehre der Geschichte muss daher sein, sich der Tyrannei innerhalb und überall entschlossen und kompromisslos entgegenzustellen, wenn man nicht von ihr unterworfen werden will.

Mit dieser Überleitung möchte ich nach der Opfer-Perspektive nun auf die Täter-Perspektive und Arendts Konzept von der »banality of evil« zurückkommen, was im amerikanischen Englisch so viel wie »die Allgemeinheit des Bösen« bedeutet, und nicht etwa eine »Einfachheit« oder dass es »harmlos« sei. Arendt hat in Eichmanns Prozess einen Mann gesehen, der eigentlich nicht wirklich böse erschien, sondern wie ein ganz normaler Mensch wirkte. Das eigentlich Schockierende am Holocaust ist vielleicht gar nicht das Ausmaß, das eine massenindustrielle Vernichtungsmaschinerie betrieb, sondern dass es meist *Ganz normale Männer* waren, die diese errichteten und am Laufen hielten. Christopher Browning schrieb über diese »ganz normalen Männer« 1993 ein beeindruckendes Buch mit diesem Titel, worin er nachzeichnete, wie einfache Leute zu Massenmördern werden können, und danach unter vielen anderen scheinbar harmlos und scheinbar ohne Verbindung zu ihrer Vergangenheit weiterlebten.

Die Teilnehmer der Wannseekonferenz, von denen viele promoviert und vermeintlich »gebildet« waren, sahen in Juden keine Menschen, sondern »Dinge der anderen Seite«, als sie 1942 die »Endlösung der Judenfrag« anstrebten. Sie waren die Gelehrten mit einer herausregenden »faschistischen Intelligenz« (Jürgen Habermas), aber sie waren eben nicht gebildet. Ohne Bildung aber ist der Mensch, der aus den Abhängigkeiten der Natur herausgetreten und dessen Verhalten immer weniger durch Instinkte, sondern durch seinen Charakter geleitet wird, nicht in der Lage, andere Menschen als Artgenossen zu erkennen. Nur allzu leicht sieht er dann darin nur »ein Ding der anderen Seite«, sodass er keine Skrupel hat, es zu vernichten – ob die Bedrohung real oder eingebildet ist, oder manchmal auch gar nicht empfunden wird, sondern nur eine Langeweile und Depression durch Morden kompensiert werden soll, ohne dass Hass dabei eine entscheidende Rolle spiele. Dazu schreibt Fromm passend:

> Eben deshalb, weil der Mensch, was seine Instinkte
> betrifft, schlechter ausgerüstet ist als irgendein anderes Lebewesen, erkennt oder identifiziert er seine
> Artgenossen nicht so leicht, wie Tiere das tun. Für

19

ihn bestimmen Sprache, Sitten, Kleidung und andere Kriterien, die mehr geistig als instinktiv wahrgenommen werden, wer ein Artgenosse ist und wer nicht, und jede Gruppe, die irgendwie anders ist, wird nicht derselben Gattung Mensch zugerechnet. Hieraus folgt das Paradoxon, dass dem Menschen, eben weil es ihm an Instinkt fehlt, auch das Erlebnis der Identität mit seinen Artgenossen abgeht und dass er den Fremden so erlebt, als ob er zu einer anderen Spezies gehörte; mit anderen Worten: *Es ist das Menschsein, was den Menschen so unmenschlich macht.*[4]

Ein Teilnehmer der Konferenz zeigte sich in großer Sorge um die Menschen, was es mit ihnen machen würde, diese Grausamkeiten zu erfahren. Er sprach nicht von den Opfern, die erschossen wurden, sondern von den Tätern, die schossen. Viele junge Männer mussten sich mit Blut und Hirnmasse bedeckt übergeben. Und auch wenn die Morde von Mal zu Mal »normaler« für sie wurden, so waren sie doch seelisch gezeichnet. Viele suhlten sich in Selbstmitleid und erklärten nach dem Krieg, da sie Schreckliches erlebt hätten, seien ihre Taten im »Dritten Reich« keine Verbrechen gewesen, da sie nur Befehle befolgt hätten.

Für die Juden aber kannten die Nazis kein Mitleid und kein Mitgefühl. Im technischen und rationalen Verwaltungsakt war es noch leichter, Juden als Dinge zu behandeln. In der »Endlösung der Judenfrage« ging es darum, »Restbestände« zu beseitigen. Die ganze Sprache war technisch und erweckte den Eindruck, als handle es sich um die Verwaltung von Gegenständen. Ein Freund schrieb mir am 25. Januar 2022, noch während er den Film über die Wannseekonferenz im ZDF basierend auf dem Protokoll von Adolf Eichmann sah: »Zwischen Endlösung und Theresienstadt gibt's jetzt Häppchen und Schnittchen. Mir fällt das extrem schwer, das weiter zu schauen. Da kommt einem alles hoch. Es ist schrecklich. Diese Sprache. Als würde man über eine neue Produkteinführung sprechen oder über Softwareentwicklung.«

Es scheint, als müsse dieser Gedanke wiederholt werden: Die größte Sorge der Teilnehmer schien zu sein, ob für die Ermordung von elf Millionen Juden in Kriegszeiten mindestens elf Millionen Schuss Munition entbehrlich sind. Um Munition zu sparen, wurden bei Hinrichtungen schließlich Kinder vor ihre Mütter gestellt und Kleinkinder mit dem Kopf gegen Bäume gedonnert, bis ihnen der

Schädel platze. Am Abend gab es ein Musikfest uns die Stimmung war ausgelassen.

Menschen aber von Angesicht zu Angesicht zu erschießen, war gleichsam schwerer. Heinrich Himmler ordnete daher solche Kulturabende und Feste als »Ausgleich« an. Neben vielen, die sich anpassten und nicht mehr und nicht weniger als die gegebenen Befehle ausführten, gab es auch solche, die richtigen Spaß am Morden fanden, das von Mal zu Mal immer normaler wurde. Am Abend prahlten sie mit ihren Taten und berichteten stolz davon, was es für ein mächtiges Gefühl ist, ein Leben auszulöschen. Detailliert erzählten sie, wie sie die Opfer zwangen, sich nackt auszuziehen, ehe sie erschossen wurden.

Aber es gab auch solche, denen das Morden zusetzte. Es war in der Hierarchie von Vorteil, wenn der Hauptmann einer Truppe sympathisch war. Er erklärte dann, er würde so einen Befehl nie erteilen, aber er habe keine andere Wahl. Es müsse schließlich getan werden. Es sei in Ordnung, wenn man nicht schießen wolle, aber man muss sich klar machen, dass dies dazu führt, dass dann jemand anderes schießen muss, wenn die einen »schwach« sind. Die Weigerung ginge zu Lasten der Kameraden. Wer also schießt, ist »solidarisch«, weil andere Kameraden unter den »eigenen Leuten« dann nicht mehr schießen müssen.

Ein besonderer Fall hat mir viele Fragen gegeben. Ein Hauptmann, der keine Skrupel kannte und Täter sein wollte, brach plötzlich zusammen und konnte nicht mehr schießen. Er wollte morden, aber sein Körper verweigerte sich. Um dies zu verstehen und weshalb so viele damals mitgemacht haben, mitmachen wollten, möchte ich eine psychoanalytische Betrachtungsweise von Erich Fromm beleuchten. Freud hatte bereits gezeigt, »dass die in der Gruppe wirksamen psychischen Erscheinungen aus den im Einzelmenschen wirksamen psychischen Mechanismen heraus zu verstehen sind und nicht etwa aus einer »Gruppenseele« als solcher«.[5] Die Sozialpsychologie erhebt nicht den Anspruch, die Totalität der psychischen Struktur des Gruppenmitglieds, sondern nur die den Gruppenmitgliedern gemeinsamen psychischen Einstellungen zu verstehen.[6] Jede Gesellschaft mit ihrer spezifischen Produktionsweise bringt ihren eigenen Gesellschafts-Charakter (»social character«) mit sich.

Man muss sich vor Augen halten, dass das Morden in der damaligen Gesellschaft nichts Unanständiges war. *Wahnsinn war normal.*

Nach Erschießungen gab es Orden für die, die damit die »Sicherheit« in einem von NS-Deutschland besetzten Gebiet herstellten. Für all die, die mit dem Hass auf Bolschewiken und Juden aufgewachsen waren, bot sich eine Gelegenheit, ihre Destruktivität auszuleben. etwa die Hälfte der deutschen Bevölkerung war damals antisemitisch eingestellt, während Juden in Deutschland nur ein Prozent der Bevölkerung ausmachten. Auch Kinder zu morden war normal, denn es musste darum gehen, die Sicherheit der Gebiete auch in künftigen Generationen zu gewährleisten. Fromm liefert ein anschauliches Beispiel:

> Der Angehörige eines Stammes, der im wesentlichen durch Krieg und Raubzüge seinen Lebensunterhalt erwirbt, muss Lust am Krieg, am Raub, an persönlicher Auszeichnung entwickeln. Das Mitglied eines Stammes, der in erster Linie intensive Agrikultur auf kooperativer Basis betreibt, muss eine gewisse Hingabe an seine Arbeit und ein gewisses Maß an Freundlichkeit und Hilfsbereitschaft seinen Stammesgenossen gegenüber entwickeln. Der bürgerliche Mensch muss in seiner Charakterstruktur einen bestimmten Grad von Aggressivität entwickeln, eine bestimmte Stärke des Impulses zu erwerben, zu arbeiten, mit anderen zu konkurrieren und sie aus dem Felde schlagen zu wollen, seine Ansprüche auf eigenes Glück und Befriedigung zugunsten des Bedürfnisses nach Pflichterfüllung zu unterdrücken. Indem er aber eine Charakterstruktur entwickelt, in der solche Impulse und Haltungen vorhanden sind, wird die Praktizierung der geforderten Verhaltungsweisen wie Pflichterfüllung, Arbeit, Konkurrieren usw. zu etwas für ihn Befriedigendem.[7]

> Um dies mit einem Beispiel zu verdeutlichen: Bei den Vorfahren der Germanen gab es im frühen Mittelalter eine geheime Gesellschaft, genannt die Berserker, was wörtlich »Bärenhemdige« heißt. Wer bei den Berserkern aufgenommen war, hatte die Aufgabe, sich in ein Raubtier, in einen Bären zu verwandeln. Dies galt als die höchste spirituelle Errungenschaft. Man war heilig, wenn man sich zum Tier zurückbegeben konnte, zum Tier wurde. Und wer

zum Tier wurde, war zu einer unbändigen, verrückten Wut fähig. Doch dies alles war ganz bewusst, denn bei dieser verrückten Wut fühlte er, dass er alles Menschliche zurückgelassen hatte und zum Tier geworden war und dass dies sein ursprüngliches Leben war. (Es mutet seltsam an, dass zwischen den Bärenhemden und den Braunhemden nur knapp zweitausend Jahre liegen. Doch zeichnete einen Menschen wie Hitler genau diese besondere Art von Verrücktheit aus, und die verrückten Wutausbrüche waren für ihn etwas ganz Charakteristisches.)

Das Beispiel mit den Berserkern ist nur eines von tausend anderen. Wenn ich einen Menschen mit einer verrückten Wut verstehen will, dann hilft die Kenntnis der Berserker in der Tat sehr viel. ... diese Wut ist eine Antwort auf das Leben. Sie ist seine Religion, seine zufällig geheime und private Religion. Je mehr wir deshalb über andere Erlebensformen außerhalb unseres eigenen kulturellen Bezugsrahmens wissen, desto mehr sind wir fähig, uns selbst und andere zu verstehen und das zu erleben, was in unserer Gesellschaft zufällig vom Bewusstsein ausgeschlossen bleiben muss, weil es nicht in diese Gesellschaft passt.[8]

Es stimmt zwar, dass der Mensch sich an beinahe alle Lebensbedingungen gewöhnen kann, trotzdem ist er kein leeres Blatt Papier, auf welches die Kultur ihren Text schreibt. Die seiner Natur eingeborenen Bedürfnisse wie das Streben nach Glück, Harmonie, Liebe und Freiheit, sind dynamische Faktoren im Geschichtsprozess, die psychische Reaktionen hervorrufen, wenn sie auf Versagung stoßen. Mit der Zeit suchen diese Reaktionen neue Bedingungen zu schaffen, die den menschlichen Grundbedürfnissen besser entsprechen.[9]

Dies war auch bei vielen Tätern zu erkennen, die sich gegen ihre psychischen Leiden wehrten, sie weiter unterdrückten und weiter mordeten. Der Fall des Hauptmanns ist in dieser Hinsicht sehr interessant. Er wollte morden, so wie wir in unserer Kultur arbeiten wollen, früh aufstehen wollen, fleißig sein wollen – aber irgendwann, wenn wir die Anzeichen der Symptome unterdrücken, versagt schließlich unser Körper.

Dann fühlen wir uns wie Gregor Samsa in Kafkas *Verwandlung* zu einem ungeheuren Ungeziefer verwandelt, aber manchmal bedeutet das, was eine den einzelnen Menschen umgebende Kultur als »schwach«, »feige«, »unsolidarisch«, »krank« oder »minderwertig«, eben als »Ungeziefer« bezeichnet, nichts anderes als das *Ungeheuer, ein Mensch zu sein*, wie Eugen Drewermann einmal formulierte – eben ein Mensch mit einer Seele, einem Gewissen, einem Sinn für Gerechtigkeit und Humanität, mit genuinen Bedürfnissen, Leidenschaften, inneren Strebungen, einer Identität, einem Charakter und Individualität, der Moral und Ethik kennt und der ebenso verzeihen wie vergeben kann, aber doch eigentlich immer damit kämpft, einfach nur vergessen zu wollen. Hannah Arendt schrieb über die Konzentrationslager:

> Die Tötung der Individualität, der Einmaligkeit der menschlichen Person, die, zu gleichen Teilen von Natur, Willen und Schicksal gebildet, uns in ihrer unendlichen Verschiedenheit so selbstverständliche Voraussetzung aller menschlichen Beziehungen geworden ist, daß uns identische Zwillinge bereits ein gewisses Unbehagen verursachen, erzeugt ein Grauen, das über die Empörung der rechtlich-politischen und die Verzweiflung der moralischen Person weit hinausgeht. Hier setzen die nihilistischen Verallgemeinerungen des Konzentrationslagererlebnisses an, die, plausibel genug, behaupten, daß im Grunde alle Menschen die gleichen Bestien seien. In Wahrheit demonstrieren die Erfahrungen der Konzentrationslager, daß es in der Tat möglich ist, Menschen in Exemplare der menschlichen Tierart zu verwandeln, und daß die *Natur* nur insofern *menschlich* ist, als sie es dem Menschen freistellt, etwas höchst Unnatürliches, nämlich ein Mensch zu werden.[10]

Es sind Fälle berichtet, die erkennen lassen, dass auch einige der Täter selbst zu Opfer des Regimes wurden. So hat mich der Fall eines deutschen Soldaten sehr bewegt, dessen Frau Halbjüdin war. Um seine Frau, seine Kinder, seine Familie zu schützen, zig er an die Ostfront, um sich den Orden des *Eisernen Kreuzes* zu verdienen, wodurch automatisch seine ganze Familie als »arisch« vor den Rassegesetzen anerkennt würde. Wenn er einen Russen töten muss, um seine Familie zu beschützen, sagte er sich, dann tue er es. Es war für ihn die Hoffnung, einen Ausweg zu finden, und er war bereit, alles dafür zu tun, was auch immer nötig war, auch wenn es bedeutet, dass er zum Mörder werden würde.

Die totale Herrschaft des NS-Regimes erfasste Opfer und Täter in unterschiedlicher Art und Weise, aber doch vollumfänglich. Die einen waren Opfer, die von den Tätern in die Täterschaft mit hineingezogen werden sollten; die Täter, die das System selbst am Laufen hielten und glaubten, es dadurch nur am Laufen zu lassen, wurden zu Opfern, weil sie ihr Mensch-Sein aufgaben für das trügerische Gefühl der Sicherheit im Konformismus und so an einer höheren Macht Teilhabe zu finden, nachdem ihr ganzes Leben lang eine Teilnahme ungelebt geblieben ist. Nicht nur Arendt sah Gedankenlosigkeit als Wesensmerkmal totalitärer Verbrechen; auch Aldous Huxley erklärte:

> Ein Mensch kann auf zweierlei Weise mit der Gesellschaft in unmittelbare Berührung kommen: Als Angehörige einer Familie, einer religiösen Gruppe, eines Berufs oder aber als Angehöriger einer Menschenmenge. Gruppen können so moralisch und intelligent sein wie die Individuen, aus denen sie bestehen; eine Menschenmenge ist chaotisch, hat kein eigenes Ziel und ist zu allem fähig, ausgenommen zu intelligentem Handeln und realistischem Denken. Zu einer Menge versammelt, verlieren Menschen die Fähigkeit, vernünftig zu denken und eine moralische Entscheidung zu treffen. Ihre Beeinflussbarkeit wird bis zu dem Punkt gesteigert, wo sie aufhören, irgendein eigenes Urteil oder einen eigenen Willen zu haben. Sie werden sehr erregbar, sie verlieren jedes Gefühl individueller oder kollektiver Verantwortlichkeit, sie sind plötzlichen Anfällen von Wut, Begeisterung und Panik unterworfen. Mit einem Wort, ein Mensch in einer Menge benimmt sich, als hätte er eine große Dosis eines starken Rauschmittels geschluckt. … Das massenberauschte Individuum entweicht seiner Verantwortlichkeit, Intelligenz und Sittlichkeit in eine Art rasender, animalischer Geistlosigkeit.[11]

Schätzungsweise waren zweihundertfünfzigtausend Täter und viele Millionen Mittäter am Holocaust beteiligt oder wissentlich informiert. Edith Sheffer schätzt, dass mehrere Millionen Menschen von den Kindereuthanasieprogrammen wussten und zumindest indirekt daran beteiligt waren. Viele Millionen Deutsche in der Allgemeinbevölkerung schwiegen und schauten weg. »Raul Hilberg, Pionier der Holocaust-Forschung, hat in den Neunzigern noch relativ statisch zwischen *Tätern*, *Opfern* und *Zuschauern (bystanders)* unterschieden. Mittlerweile sind die Übergänge fließender:

Man spricht von Beteiligten, Helfern, Nutznießern, Profiteuren, auch indifferente und gleichgültige Menschen kommen verstärkt ins Blickfeld. Ohne sie wäre die soziale Ausgrenzung der Juden aus der Gesellschaft nicht möglich gewesen. Dies gilt nicht allein für die deutsche, sondern in der Tendenz für die meisten europäischen Gesellschaften, deren jüdische Minderheiten verfolgt und ermordet wurden. Überall fanden die Deutschen willige Helfer, und nicht wenige der deutschen Verbündeten, wie die Rumänen, brachten eigenständig Hunderttausende Juden um.«[12]

Es ist eine historische Tatsache, dass Hitler weder einen Befehl zur »Endlösung der Judenfrage« gegeben hat, noch dass er an der Wannsee-Konferenz zugegen war. Hitler habe, so beschrieb es Joseph Goebbels in seinem Tagebuch, die Rolle eines »Kommunikators« erfüllt. Hitler sei »der unentwegte Vorkämpfer und Wortführer einer radikalen Lösung«, notierte er am 27. März 1942.

Die Historiker Martin Broszat und Hans Mommsen wiesen darauf hin, dass der Weg in den Massenmord nicht linear verlaufen sei, sondern sich als »kumulative Radikalisierung« vollzogen habe. Diese sei nicht von einem »Führerbefehl« ausgelöst, »sondern durch die destruktive Dynamik der NS-Herrschaftsstruktur vorangetrieben worden, vor allem durch die Rivalität konkurrierender NS-Instanzen. ... Einerseits waren am Holocaust eine Vielzahl von Personen, Institutionen und Herrschaftsträgern in den besetzten Gebieten beteiligt – ihr Zusammenwirken und auch ihr Nichtzusammenwirken ist komplex und kann nicht mit einem zentralen Befehl erklärt werden. Andererseits waren die wesentlichen Initiativen an der Peripherie jederzeit mit Hitler und Himmler abgestimmt, die über alle Entwicklungen nicht nur informiert waren, sondern sie zugleich durch eindeutige Äußerungen und mündliche Weisungen vorantrieben.«[13]

Achtzig Jahre nach dieser Konferenz zeigte das ZDF die bereits angesprochene Verfilmung. Es ist auffällig – worauf ich nochmal hinweisen möchte –, dass die oft sogar promovierten Beteiligten nicht auf einen Befehl Hitlers handelten, diesen aber immer wieder zitierten. In *Mein Kampf* erklärte Hitler ja schließlich, dass wenn es einen neuen Weltkrieg gegeben würde, die Juden schuld seien und dann vernichtet werden müssten. Auch spätere Reden, die Hitler nach dem Erscheinen seines Buches hielt, spielten eine große Rolle in der öffentlichen Kommunikation.

Wenn man ohne einen Befehl von Hitler handelt, sich aber immer wieder auf diesen beruft und vorgibt, in dessen Auftrag und Sinne zu handeln, dann kann dies betrachtet werden als eine Ausrede dafür, etwas zu tun, was man selbst tun will. Der Holocaust war das Verbrechen des ganzen NS-Regimes und Hitler selbst nickte innenpolitisch meist nur das ab, was ohnehin schon im Gange war. Um es genauer zu formulieren: Er nickte das ab, was in Gang gekommen war, wozu er motiviert hatte. Man darf aber nicht die wesentliche Tatsache übersehen, dass ein Nährboden in der Hinsicht existierte, als dass eine grundsätzliche Bereitschaft vieler einzelner Menschen vorhanden war, selbst nur zu einem Rad im großen Getriebe einer mordenden Bürokratie zu werden.

Einen deutlichen Hinweis darauf gibt der Umstand, dass die praktische Ausführung des Holocaust oft deshalb problematisch war, weil sich jeder zuständig fühlte. Jeder wollte seine Juden aus seinem Gebiet loswerden und sie endlich ermorden, statt sie immer weiter zu deportieren und anderen zu übergeben, sodass es ein regelgerechtes Drängeln gab. *Man* wollte etwas tun, wozu *man* keinen Befehl hatte, kurzum: Alle wollten mitmachen.

Hitler sprach nicht so sehr in Befehlen, sondern in Prophezeiungen. Er befahl nicht: »Vernichtet die Juden!«, sondern er prophezeite: »Die Juden werden vernichtet werden!« Die aufgeheizte Meute folgte keinem Befehl, sondern der Unterwerfung unter die Vorsehung ihres Führers, die sie so zu einer selbsterfüllenden Prophezeiung machten. Durch diese Unterwerfung wurden sie selbst Teil einer höheren Macht.

Sehr eindringlich beschreibt Browning die Polizeieinheit des Reservebataillons 101 in Polen, dass niemand ernste Strafen hätte befürchten müssen, wenn er den Schießbefehl nicht ausführen hätte wollen. Wenn man nicht weiß, was richtig ist und was falsch, neigen Menschen dazu, dies dem Schicksal zu überlassen und Dinge einfach ungehindert laufen zu lassen. Der Hauptmann der Truppe, berichtet Browning, erklärte beim ersten Schießbefehl, dass es in Ordnung sei, wenn man nicht schießen wolle. Doch die Angst, alleine dazustehen, aus dem Konformismus herauszutreten, war so groß, dass die meisten lieber zu Mördern wurden, als dass sie gesagt hätten: *Ich bin ein Mensch, und keine Maschine, die auf Knopfdruck tötet!* Diese Feigheit machte Menschen zu Massenmördern.

Es macht das Wesen der Hungerspiele aus, dass sie einen Menschen so zerstören, dass er wie eine Tötungsmaschine auf Befehl mordet, meist jedoch schon in vorauseilendem Gehorsam eines erwarteten Befehls, der nie ausgesprochen werden musste. Peeta sagt zu Caesar am Vorabend der 74. Hungerspiele, die Spiele würden einen alles kosten, mehr als das Leben: Sie kosten einen das, was einen ausmacht, die Identität, die mit der Bereitschaft zu morden aufgegeben wird. Am Ende ist er bereit, sich von Katniss töten zu lassen, damit sie ihr biologisches Leben und er seine seelische Identität bewahren kann. Eine solche Charakterstärke, *Nein* zu sagen, auch wenn dies den eigenen Tod bedeutet hätte, können viele nicht in sich finden, damals wie heute.

Die Nachkriegerzählung lautete, dass viele fürchteten, bei einer Weigerung selbst erschossen zu werden. Dieser Mythos ist ebenso falsch wie verständlich. Der erste, der aus der Truppe hervortrat, wurde angepöbelt, doch dann folgte ihm ein Dutzend weitere Männer. Sie galten als »Feiglinge«. Da sie aber nirgendwo sonst hin konnten, sondern permanent mit der Truppe zusammen waren, war es eine echte Qual, ausgestoßen zu werden und dieser Einsamkeit standzuhalten. Es verlangte einem eine ICH-Stärke ab, die viele nicht in sich trugen. »Ein Mensch mit einer Überzeugung, die so stark ist, dass er dem Widerstand der Menge trotzt«, erklärt Fromm, »ist die Ausnahme und nicht die Regel und wird oft noch von späteren Jahrhunderten bewundert, von den eigenen Zeitgenossen aber meist verlacht.«[14]

Dieser Nachkriegsmythos ist ein Spiegelbild eines echten Empfindens vieler Männer gewesen, eines Gefühls, das sie nicht richtig verstehen und einordnen konnten: das Gefühl der Angst. (Im Jahr 2022 erklärten einige russische Soldaten, die von der ukrainischen Armee gefangen genommen werden konnten, wenn sie umkehrten, würde man sie in Russland erschießen; also kämpften sie weiter in einem Krieg, den sie anfangs für ein Manöver hielten, an einem Ort, an dem sie nicht sein wollten.) Die wenigen, die nicht schießen wollten, erklärten meist, sie seien »unpässlich«. Sie meldeten sich so ab, dass das System nicht in Frage gestellt wurde; ihre Weigerung kann nicht als Widerstand begriffen werden, da der Apparat einfach weiterlaufen konnte. Martin Niemöller, evangelischer Priester und Widerständler gegen die Nazis, hat einmal etwas gesagt, was heute im Original nicht mehr wirklich erhalten ist, im Wesenskern aber sehr wohl in seinem Sinne sein dürfte:

> Als die Nazis kamen, um die Kommunisten zu holen, da erhob ich meine Stimme nicht, denn ich war kein Kommunist.
> Danach kamen sie, um die Juden zu holen, und ich erhob meine Stimme nicht, denn ich war kein Jude.
> Danach kamen sie, um die Gewerkschafter zu holen, und ich erhob meine Stimme nicht, denn ich war kein Gewerkschafter.
> Danach kamen sie, um die Katholiken zu holen, und ich erhob meine Stimme nicht, denn ich war Protestant.
> Und danach kamen sie, um mich zu holen, und niemand protestierte, weil niemand mehr da war um die Stimme zu erheben.

Nicht nur die Juden wurden von den Nazis verfolgt, aber die Juden traf im Besonderen ihr ganzer Hass. Die Nazis hatten eine ungeheure Angst davor, vernichtet und als arische Rasse ausgerottet zu werden. Die Inflation gab den Deutschen das Gefühl, dass wenn die Millionen nichts mehr wert sei, sie als Volk in der Masse nichts mehr wert seien. Die Inflation hängt mit dem Geld zusammen, und da die Juden seitjeher mit dem Geld zu tun hatten, traf sie der Hass auf die Welt. Es lässt sich zeigen, dass aufgrund vieler Verbindungen dieser Art ausgerechnet die Juden das Volk sind, das von vielen so gehasst wird. Am Wannsee erklärte man auch, es dürfe nicht darum gehen, ob der ein oder andere Jude Schuld trage, alles Jüdische müsse konsequent vernichtet werden, einer »Notwehr« gleichsam, ehe man selbst vernichtet wird. Im 20. Jahrhundert wurden Angriffskriege als Verteidigungskriege geführt.

Ein Teilnehmer der Konferenz am Wannsee schlug vor, einige Juden nicht zu ermorden. Er sah ein Problem darin, dass etwa die Halbjuden Deutsche und »arische« Angehörige haben, die Fragen stellen würden. Es betraf viele, nicht nur Einzelfälle. Nachdem die T4-Aktion und auch Kindereuthanasie-Programme in der Bevölkerung auf Widerstand gestoßen sind, schlug er vor, Halbjuden nicht zu ermorden, da mit jeder Generation das Jüdische verschwinden würde: ½. ¼. Und so weiter. Aber dann würde »der Jude« niemals ganz verschwinden, also einigte man sich hier auf Zwangssterilisationen als »wählbare« Alternative zur Erschießung.

Haben die Nazis den Krieg am Ende nicht doch gewonnen? Sie fürchteten, selbst ausgelöscht zu werden und die Deutschen rannten beinahe als ganzes Volk in den Selbstmord. Aber die Nazis haben nicht nur bis heute überlebt, sondern sind unvergesslich und damit unsterblich geworden. Es ist auf die pedantische Ordnungsliebe all jener Eichmänner zurückzuführen, die alles haargenau dokumentierten und weitreichende Todeslisten über das *wer, wann, wo* und *wie* an Berlin übermittelten, die im Chaos der zusammenbrechenden Ordnung nicht mehr vernichtet werden konnten. Vielleicht ist dies aber auch darauf zurückzuführen, dass gerade im Angesicht des Untergangs des »Tausendjährigen Reiches« diese Listen das letzte verbleibende Zeugnis waren, was von den Kämpfen und Taten zeugte, die dieses Reich groß machen sollten. Ihr Tod ist für sie der Beginn der Unsterblichkeit geworden.

Für die Familien der Täter ist es nicht leicht, mit den Taten umgehen zu können. Niklas Frank, der Sohn des hochrangigen Generalgouverneur Hans Frank, dem »Schlächter von Polen«, schrieb viele Bücher über die Taten und Reden seines Vaters, aber auch über *Bruder Norman: »Mein Vater war ein Massenmörder, aber ich liebe ihn.«* Niklas war das jüngste Kind und hatte ein schwieriges Verhältnis zu seinem Vater. Seine Geschwister waren alle älter und näher mit Frank verbunden. Frank gehörte zu den Nazis, die nie Einsicht oder Reue erkennen ließen. Bei den Nürnberger Prozessen war die Familie stolz, dass er in der ersten Reihe saß, weil es zeigte, dass er wichtig war. In der *Wochenschau* aber schwenkte die Kamera von Göring über die Bank und kurz vor Frank wurde abgeblendet, was die Familie etwas enttäuschte. Niklas Frank schrieb später über seinen Vater, dass »das Knacken dessen Genicks« sein Leben gerettet habe. Er trägt immer ein Bild von seinem toten Vater bei sich, um sicher zu gehen, dass er auch wirklich tot ist, und sich gleichzeitig daran zu erinnern, dass er nicht tot ist, da seine Ideologie weiterlebt.

Hans Frank gehörte zu denen, die zum Tode verurteilt wurden. Viele Ärzte hingegen, die in der Kinderpsychiatrie an der »Kindereuthanasie« beteiligt waren, machten nach 1945 noch weiter Karriere. Konrad Adenauer, dessen Regime Hannah Arendt eine gewisse »Selbstgefälligkeit« unterstellte, sagte einmal sinngemäß: Man schüttet kein braunes Wasser weg, wenn man sonst kein frisches hat. Gegen einundsiebzigtausend Täter wurde nach 1945 ermittelt und Beweise für ihre Verbrechen gesammelt, aber nur fünfhundert wurden tatsächlich verurteilt. Erich Fromm erklärte sinngemäß: Hitler haben keine Hörner. Man wird sie vergeblich suchen, Ausschau nach ihnen halten, und all die, die sich direkt vor der eigenen Nase befinden, übersehen und nicht erkennen.

Es ist möglich, dass Hitler nichts *Genaues* und keine Details von der Architektur des Holocaust wusste, wenn er nämlich sehr viel Mühe aufgebracht hat, davon nichts zu erfahren. Ebenso besuchte er nie Soldaten an der Front oder Zivilisten in bombardierten deutschen Städten. Hitler war auch nie bei einer Hinrichtung persönlich zugegen. Goebbels übernahm viele solcher öffentlicher Auftritte für ihn und erklärte, der Führer sei im Krieg zu beschäftigt und man sehe ihn nur deshalb selten. Doch tatsächlich machte Hitler einen weiten Bogen um alles, was ihm seine eigene Destruktivität vor Augen hätte führen können. Menschen besitzen die Fähigkeit, so möchte ich erneut mit Fromm sprechen, all das nicht zu wissen, was sie nicht wissen wollen. Der bei Deportationen beteiligte Zugführer Egon Weber gab später an: »Die Schießereien längs des Zuges durch Wachmannschaft habe ich nicht gesehen. Ich drehte mich nämlich nie um.«[15]

Nachdem ich Fromms zitierte Erläuterung gelesen hatte, frage ich mich, wie weit diese Radikalität gehen könnte. Gab es wirklich Menschen, die gesagt haben: »Weltkrieg. Es ist halt so. Holocaust. Da kann man nichts machen«? Anlässlich des 80. Jahrestages der Wannseekonferenz beschäftigten sich auch viele YouTuber mit diesem Thema und sprachen mit Zeitzeugen. Einer von ihnen, dessen Name mir nicht mehr einfällt, sprach mit einem deutschen Zeitzeugen, der wie mein Großvater 1934 geboren wurde. Er fragte diesen, wie es damals war, als die Nachrichten vom Krieg kamen und was seine Mutter damals dazu gesagt habe, die ja eigentlich nie »für« Hitler war. Der Zeitzeuge zitierte seine Mutter kurz und bündig: »Aja, es ist halt so.« Damit betrachtete ich meine frühere Frage als beantwortet.

Der Schock über diese Unvorstellbarkeit und Unerklärbarkeit des 20. Jahrhunderts führte Fromm schließlich auch zu seinem entschieden dualistischen Weltbild von der *Biophilie* und der *Nekrophilie*, der Fähigkeit zur *Kreativität* und zur *Destruktivität*. Dieses Konzept seinerseits macht die Grausamkeiten der Weltgeschichte in der Rückschau nicht ungeschehen oder entschuldbar, aber doch verstehbarer. Den schlimmsten Verbrechen nimmt Fromm somit den Schrecken durch ihre einstige Unerklärbarkeit.

Der Holocaust hat für mich seinen Schrecken verloren, und das finde ich erschreckend. Während frühere Generationen vor dem Schock durch die Existenz der Lager kapitulieren – oder dazu neigten, eher den Tätern zu glauben als den Opfern, deren Berichte so unvorstellbar erschienen –, so sind für nachfolgende Generationen diese überhaupt nichts »Außergewöhnliches« mehr, sondern etwas ganz »Normales«, was schon immer da war und seinen Platz in der Geschichte hatte, lange bevor man selbst geboren wurde, und diesen auch über die eigene Lebensdauer hinaus auch behalten wird.

Für eine wirklich lebendige Erinnerungskultur, die die Lehren der Geschichte *lebt*, bedeutet dies eine ungeheure Herausforderung. Dieses Wissen nämlich haben wir gewiss nur eben dieser Geschichte wegen, so dunkel sie auch sein mag. Während Fromm zögerte, ehe er 1964 in *Die Seele des Menschen* und 1973 in der *Anatomie der menschlichen Destruktivität* über die *Nekrophilie* schrieb[16] – was zu seiner Zeit ungeheuerlich erschien –, ist diese in Suzanne Collins Dystopie eines zukünftigen Nordamerikas, das sich selbst »Panem« nennt, allgegenwärtig und alltäglich geworden. Panem ist nicht nur eine Fiktion oder ein Konstrukt, sondern eine *Realität*.

Man könnte trefflich von der *Realität Panems* sprechen. Panem ist das seelische Spiegelbild aller totalitären Tendenzen in unserer heutigen Welt. Erschreckend ist im Vergleich nicht so sehr, dass sich dort Kinder gegenseitig umbringen und alle es großartig finden, sondern erschreckend ist hier vielmehr unsere »allgemeine« Faszination, die wir für die Hungerspiele und den brutalen Krieg in Panem empfinden. Diese Faszination geht nicht so sehr von Panem aus, sondern kommt vielmehr aus uns selbst heraus.

Wie können wir verhindern, dass sich vergleichbares Unheil wiederholt? Ein wichtiger Schritt dahin ist die Fähigkeit zu entwickeln, das Böse und seine Wurzeln überall in der Welt als solches auch erkennen zu können. Frühere Generationen lernten im Schulunterricht bis in die 70er Jahre noch nichts über diese Geschichte. Heute sind wir aufgeklärter, aber dieser Kampf ist ein ständig andauernder, er wird niemals enden, die Gefahr wird nie verschwinden und wir dürfen niemals aufgeben.

Der Jurist Benjamin Ferencz wurde schon in jungen Jahren zum Chefankläger der Nürnberger Prozesse. Bei seiner Recherche stieß er damals auf Listen, die genaue Todeszahlen wiedergaben. Er begann, die einzelnen Zahlen zu addieren und als er eine Millionen Morde zusammen hatte, sagte er, es sei nun genug. Sein Vorgesetzter jedoch wollte keine Anklage erheben, bei weil Zeit und Budget knapp waren. Ferencz aber ließ nicht locker, weil er den Beweis für eine Millionen Morde hatte. Sie einigten sich darauf, das Ferencz die nötige Arbeit für die weitere Anklage zusätzlich erledigen sollte.

Während der Prozesse sprach er nie mit den Angeklagten, suchte nach der Verkündung des Urteils aber einen auf. Ferencz sagte später, die durch Erhängen zum Tode Verurteilten schlossen ihre Augen und fuhren hinauf in die Hölle. Was er bildlich beschrieb, erscheint metaphorisch unentschlüsselbar. Die Menschen seien keine Monster gewesen. Sie taten das, von dem sie glaubten, dass es im Interesse ihres Landes war: »Aber bei solchen Taten darf man nicht einfach so davonkommen.«

Ferencz setzte sich sein Leben lang dafür ein, dass sich solche Verbrechen nicht wiederholen können. Auch auf seine Initiative hin wurde der Internationale Strafgerichtshof in Den Haag eingerichtet. Er erklärte: »Wir sind alle Bewohner desselben Planeten. Es ist unwichtig, dass wir unterschiedliche Religionen, Nationen und Hautfarben haben. Wichtig ist, dass wir alle gemeinsam auf diesem kleinen Planeten leben. Wenn wir zusammenhalten, werden wir erfolgreich sein. Wenn nicht, werden wir aufhören zu existieren. Ich habe meinen Teil dazu beigetragen. Ich bin hundert Jahre alt und werde weitermachen, solange es noch geht, aber jetzt übergebe ich den Stab an die Jungen.«

Die Mahnung von Ferencz ist heute aktueller denn je. Damit spreche ich nicht nur von dem Genozid an den Uiguren in China, sondern vor allem von dem Ökozid und der damit verbundenen Selbstausrottung unserer eigenen Spezies, den wir auf dem kleinen Planeten anrichten, auf dem wir alle gemeinsam leben.

Warum ist es gefährlich, in Hitler nur das radikal Böse zu sehen? Hitler als gehörnten Satan darzustellen? Deshalb, weil Hitler eben keine Hörner haben. Im Getriebe der mordenden NS-Organisation war der Arzt für ein Kind in der Kinderpsychiatrie weitaus gefährlicher, als Hitler oder Himmler es je hätten sein können. Vom Gutachten dieses Arztes hing dessen Schicksal ab. Mit nur einer Unterschrift konnte der Arzt das Leben eines Kindes auslöschen, das es zu heilen galt mit dem Tod als »legitimer Behandlungsmethode«. Hitler und Himmler nahmen davon für gewöhnlich keine Notiz.

Fromm warnte eindringlich: »Jede Analyse, die Hitlers Bild verzerrt, indem sie ihn seiner menschlichen Eigenschaften beraubt, würde uns nur noch blinder machen für die potentiellen Hitlers, die keine Hörner haben.« In *Die Furcht vor der Freiheit* schrieb er: »Destruktivität ist die Folge ungelebten Lebens«; in *Die Seele des Menschen* erklärte er: »Der Mensch, der nichts erschaffen kann, will zerstören«; und in die *Anatomie der menschlichen Destruktivität* formulierte er trefflich: »Indem ich die Welt zerstöre, rette ich mich davor, von ihr zerschmettert zu werden.«

Daher war es wesentlich, dass die Nürnberger Prozesse und auch Eichmanns Prozess so ausführlich geführt und die Vergangenheit intensiv aufgearbeitet wurden. Milgrams berühmtes Experiment ging der Frage nach, ob die Deutschen besonders autoritätshörig seien, aber es zeigte sich, dass ganz normale Menschen – damals in den USA – zu Verbrechen fähig sind, wenn sie glauben, es sei in Ordnung, Befehle von einer »höheren Macht« auszuführen.

Beim Milgram-Experiment wurden Versuchsteilnehmer von einem Wissenschaftler »im Namen der Wissenschaft« angewiesen, einem anderen Menschen Stromschläge zuzuführen, um dessen Reaktionen zu testen. Mit jedem Mal wurden diese stärker. Natürlich wurde niemand tatsächlich gefoltert und der »Gefolterte« im Nebenraum tat nur so, als würde er unter immer größer werdenden Qualen lauter und lauter schreiend immer mehr und mehr leiden müssen. Die Teilnehmer, die im Glauben waren, das Experiment sei »echt«, waren in vielen Fällen bereit, so weit zu gehen, dass sie eine Stromstärke angeschlossen hätten, die definitiv tödlich gewesen wäre. Milgram notierte damals, es sei überflüssig, das Experiment auch in Deutschland durchzuführen.

Für die Teilnehmer ist »die Wissenschaft« zur höchsten Gottheit geworden. Ethik und Moral können natürlich ein Teil der Wissenschaft sein, aber wenn sie nicht als solche Beachtung finden, kann Wissenschaft darauf auch keine Antworten geben. Wissenschaft steht nicht außerhalb der Gesellschaft, schrieb Luhmann.[17] Wissenschaft ist immer auch politisiert worden und als Werkzeug von politischen Zielen missbraucht worden, man denke an Sklaverei, die – wie Arendt nachzeichnete – auf die Erfindung der Rassenlehre zurückging, oder an das Milgram-Experiment, bei dem Teilnehmer bereit waren, »im Namen/Dienste der Wissenschaft« anderen Menschen so starke Stromschläge zuzuführen, dass sie daran gestorben wären – wenn es sich dabei nicht um Schaustellerei gehandelt hätte.

Die Täter – also die Versuchsteilnehmer – waren, so formulierte es Fromm, ebenfalls Opfer. Sie unterwarfen sich der Wissenschaft und gaben ihre Moral und ihren Sinn für Humanität auf. Eine Gesellschaft, die so verunsichert und so entfremdet, in der die Entfaltung des Lebens des Einzelnen so blockiert wird, wird zwangsläufig mit Destruktivität darauf reagieren. Weil es der Mensch nicht ertragen kann, wie Würfel geschleudert zu werden, wie Erich Fromm schrieb, und der Mensch nicht da stehen bleiben will, wo ihn der Zufall hinstößt, wie Heinrich von Kleist sagte, wird er versuchen, selbst Stimulation und Reize herbeizuführen. Destruktivität ist deshalb ein leichter Ausweg, weil man sich dafür nicht sonderlich anstrengen muss. So findet sich auch in Bradburys Dystopie *Fahrenheit 451* eine sehr treffende Textstelle, die ich ausführlich zitieren möchte: Captain Beatty ist Guy Montags Chef. Er erklärt:

> Jemand hat ein Buch über Rauchen und Lungenkrebs geschrieben. Den Tabakfritzen laufen die Tränen herunter. Man verbrenne das Buch! Seelenfrieden, Gemütsruhe, nur kein Ärgernis. Lieber in den Eimer damit. Begräbnisse wirken störend? Man schaffe sie ebenfalls ab! Fünf Minuten nachdem einer gestorben ist, befindet er sich schon unterwegs zur großen Einäscherungsanstalt mit dem Hubschrauber-Dienst, der sich über das ganze Land erstreckt. Zehn Minuten nach seinem Tod ist ein jeder nur noch ein schwarzes Stäubchen. Wir wollen keine Worte verlieren mit Nachrufen auf einzelne Menschen. Man vergesse sie, man verbrenne sie, man verbrenne alles! Das Feuer ist hell, das Feuer ist sauber.[18]

Montag erinnert sich an das Mädchen, mit dem er einst sprach: »Nebenan hat ein Mädchen gewohnt. Jetzt ist es weg. Gestorben glaube ich. Ich weiß kaum mehr, wie es aussah, aber es war anders. Wieso konnte es das geben, wie die lächelte?«

Die Familie stand unter scharfer Beobachtung, erklärt Beatty: »Es ist etwas Sonderbares mit Vererbung und mit Umwelt. Wir können alle die Eigenbrötler nicht in ein paar Jahren ausschalten. Die häusliche Umwelt macht oft vieles wieder zunichte, was in der Schule eingetrichtert wird. Deshalb haben wir das kindergartenpflichtige Alter von Jahr zu Jahr herabgesetzt. Bis wie die Kinder jetzt fast aus der Wiege an uns reißen.«

Man habe zwar nie ein Buch bei der Familie gefunden, aber die Verhältnisse müssen auf das Mädchen abgefärbt haben, das ein »Zeitzünder« war:

> Es wollte nicht wissen, *wie* etwas gemacht wird, sondern *warum*. Das kann ungemütlich werden. Frag ständig *warum*, und du bist am Ende todunglücklich. Es ist gut für das arme Mädchen, dass es tot ist. Zum Glück gibt es dergleichen ausgefallenen Dinger nicht oft. Wir wissen, wie man das im Keime erstickt. Ohne Nägel und Holz kann man kein Haus bauen. Will man den Bau eines Hauses verhindern, beseitige man Nägel und Holz. Will man verhindern, dass es politisch Missvergnügte gibt, sorge man dafür, dass der Mensch nicht beide Seiten einer Frage kennenlerne, sondern nur die eine. Oder noch besser gar keine. Er soll vergessen, dass es etwas wie Krieg gibt.
>
> Ist die Obrigkeit unfähig, aufgebläht und krankhaft steuersüchtig, ist es besser, die Leute machen sich darüber keine Gedanken. Man beschäftige die Leute mit Wettbewerben. Wer am meisten Schlagertexte kennt oder Hauptstädte aufzählen kann und dergleichen. Man stopfe ihnen den Kopf voll unverbrennbarer Tatsachen, bis sie sich zwar überladen, aber doch als Fundgrube von Wissen vorkommen. Dann glauben sie, denkende Menschen zu sein und vom Fleck zu kommen, ohne sich im Geringsten zu bewegen. Und sie sind glücklich, weil der gleichen Tatsachen keinen Wandel unterworfen sind. Es wäre verfehlt, ihnen so klitschiges Zeug wie Philosophie oder Soziologie zu vermitteln, um Zusammenhänge herzustellen. Das führt nur zu seelischem Elend.
>
> Wer eine Fernsehwand auseinandernehmen und wieder zusammensetzen kann, und wer kann das heute nicht, der ist glücklicher als wer das Weltall

ausmessen eine Formel bringen will, was sich nun einmal nicht tun lässt, ohne dass der Mensch dabei unmenschlich vereinsamt ... Zum Teufel damit! Her mit den Vereinen und Verbänden, den Seiltänzern und Zauberkünstlern, den Turbinenrennwagen und Grabhuschraubern! Her mit Spiel und Rauschgift und allem, was automatische Reflexe auslöst!

Wenn das Theaterstück schlecht ist, der Film schwach, das Hörspiel nichtssagend, steigere die Lautstärke! Ich bilde mir dann ein, ich hätte was von dem Stück, wo ich doch bloß vom Schall erschüttert bin. Ich bin für handfeste Unterhaltung ... Wir sind die Glückshüter ... Wir stemmen uns gegen die Wenigen, die mit ihrem Widersprechen, Dichten und Denken den Leuten vor dem Glück stehen. Wir schützen den Deich ... Lass es nicht zu, dass die Welt mit Tiefsinn und Trübsal überschwemmt wird!«[19]

Hannah Arendt glaubte, dass totalitäre Verbrechen auf eine allgemeine Gedankenlosigkeit zurückzuführen seien. Psychoanalytisch lässt sich dies jedoch in verschiedenen Dimensionen ausleuchten. Gedankenlosigkeit kann Fahrlässigkeit gleichkommen, und damit einer Form der Destruktivität. Wenn man gedankenlos einen Ball durch ein Zimmer wirft, zielt man nicht auf etwas bestimmtes. Zerbricht dabei eine Vase, würde man sich erklären, man habe es nicht mit Absicht getan – aber sich nicht entschuldigen.

Diese Gedankenlosigkeit wohnt allen totalitären Regimen, die einfach das tun, was sie schon immer getan haben, und dabei ihre Selbstauslöschung nicht sehen wollen. Dann wird hinterher gesagt, man habe von alle dem nichts gewusst, oder es sei der Wille Gottes gewesen oder einfach nur Schicksal, dass die Ernte so schlecht war und die Nahrungsversorgung zusammengebrochen ist. Als Mao den »großen Sprung nach vorne« durchsetzen wollte, wurden Bauern in Fabriken eingezogen und Agrarwerkzeuge zu Stahl eingeschmolzen – der sich als unbrauchbar herausstellte. Millionen Menschen fanden den Hungertod.

Andererseits muss man begreifen, welche Ursachen dazu führen, dass solche Regime entstehen. Es sind selten die Verführer, die die Massen verführen, sondern die Massen, die ihre Führer verführen. Hitler war nicht der große Führer, sondern er wurde dazu gemacht.

Man glaubte, Deutschland brauche einen Führer, und als er depressiv im Gefängnis saß nach dem gescheiterten Putschversuch, bauten ihn Mäzene und Financiers auf. Er war im Grunde nichts anderes als herausgepickt aus dem Menge, ein unbedeutender Politiker, dem einige eine große Zukunft zutrauten und ihn förderten.

In diesen destruktiven Massen aber gibt es einen großen Anteil an Menschen, die deshalb mit Gedankenlosigkeit reagieren, weil sie das Leid des Lebens nicht mehr länger ertragen können und verzweifelt nach Auswegen suchen. Der einfachste Weg ist dabei das Drama, das die Unterhaltung bietet. Bradburys Erläuterungen sind hier selbsterklärend geworden.

In einem solchen System, in dem der Mensch die Macht verlor und das *Technopol* die Macht übernahm, sind die Menschen bereit und willig, entfremdet und verlassen wie sie sind, einander die schlimmsten Grausamkeiten anzutun. Entweder finden sie Gefallen daran, oder sie weigern sich, über ihr Tun und Nicht-Tun nachzudenken und selbst eine Person zu werden, weil diese in ihrer Individualität aus der Masse herausstechen würden. In dieser Gedankenlosigkeit gründet die *Banalität des Bösen*, die dem *radikal Bösen* Vorschub leistet.

Die Entfremdung in der Massengesellschaft legte für Arendt den Grundvoraussetzung bereit, dass die Menschen keinen Sinn mehr in ihrem Leben sahen. Der Zerfall der Nationalstaaten durch den ausufernden Imperialismus und Kolonialismus verstärkte diese *Ent*-Sinnung. Auch Ray Bradbury schrieb 1953 in seiner Dystopie *Fahrenheit 451*:

> Es gibt zu viele Menschen, dachte er. Milliarden gibt es von uns, und das ist zuviel. Niemand kennt den anderen. Unbekannte kommen und vergewaltigen dich. Unbekannte kommen und reißen dir das Herz aus dem Leib. Unbekannte kommen und zapfen dir das Blut ab. Mein Gott, wer waren die beiden eigentlich? Ich habe sie in meinem Leben noch nie gesehen.[20]

> Kein Mensch hört mehr auf den anderen. Mit den Wänden kann ich nicht reden, denn sie schreien mich an. Mit meiner Frau kann ich nicht reden; sie hört den Wänden zu.[21]

Der Feuerwehrmann Guy Montag beklagte, dass die Menschen über gar nichts mehr reden würden:

> Sie erwähnen meist nur Automarken oder Kleider oder Schwimmbäder und sagen ‹Einfach toll!«< Aber alle sagen dasselbe, niemandem fällt je etwas anderes ein. Und in den Cafés läuft meistens die Witzbox mit denselben Witzen wie überall oder die musikalische Wand ist angeknipst mit den Farben- spielen, die darüber laufen, aber eben nur Farben und alles abstrakt. Und in den Museen, sind Sie da jemals gewesen? Alles abstrakt. Etwas anderes .gibt es heute nicht mehr. Mein Onkel behauptet, früher sei es nicht so gewesen, da hätten die Bilder manch- mal etwas bedeutet oder sogar Leute dargestellt.[22]

»Die Menschen haben keine Zeit mehr füreinander«, beobachtet er.[23] Das erinnert mich an ein Video, das ich vor einigen Jahren sah. Darin erklärte ein Mann ernsthaft, dass man bei einem Jahresein- kommen von 40.000 $ in einer Sekunde so viel Gewinn machen würde und in einer Minute so viel. Bei 100.000 $ dann so viel und so weiter. Er erklärte dann: »Wenn Sie also jemand danach fragt, ob Sie für ihn mal eine Sekunde oder eine Minze Zeit hätten, denken Sie immer daran. Es wird Sie einen Haufen Geld kosten.« In dieser entfremdeten Gesellschaft ist jeder nur auf seinen eigenen Vorteil aus. In diesem Spiel misstraut ein jeder jedem und besonders sich selbst. Andere Menschen werden zu Dingen der anderen Seite. Das Ergebnis sind Hilflosigkeit, Überforderung und Angst. Der Konfor- mismus bietet eine Ausflucht aus dem Druck, man selbst sein zu müssen, ein Individuum sein zu müssen und *anders* sein zu müssen, wie es unserer Kultur immer wieder radikal einfordert und sich da- für im Rest der Welt stolz präsentiert: *Wir sind alle verschieden. Wir sind alle Individuen. Wir sind alle gleich. Wir müssen alle gleich sein!*

Jeder, der hier aus dem Konformismus hervortritt, stellt diesen in Frage und gefährdet die Ordnung, die als letzte noch Sicherheit und Halt garantiert. Damit wird derjenige, der sich weigert, das Menschsein aufzugeben oder allen Umständen zum Trotz das un- geheuerliche Verbrechen zu begehen wagt, ein Mensch zu werden, gleichsam zu einer Gefahr, die eliminiert werden muss. Dieses Et- was, das sich anschickt, ein Mensch zu sein, muss daher als »Ding der anderen Seite« eliminiert werden.

Neil Postman warnte in *Das Technopol* davor, sich einer Bürokratie auszuliefern, in der sich der einzelne verliert. Vermutlich, so nimmt er an, hätte Milgrams Experiment einen anderen Ausgang genommen, wenn die Teilnehmer zunächst Arendts Buch über Adolf Eichmann gelesen hätten, für den es als Bürokrat keinen Unterschied machte, ob er für ein Kind sorgte oder Millionen Juden in den Tod schickte, wie Fromm formulierte.

> Sobald sich eine Gesellschaft in eine *Megamaschine* verwandelt, wie Lewis Mumford es nennt, das heißt, sobald die gesamte Gesellschaft zu einer riesigen, zentral gesteuerten Maschine geworden ist, ist der Faschismus auf lange Sicht fast unvermeidbar, a) weil die Menschen zu Schafen werden, die Fähigkeit zum kritischen Denken verlieren, sich ohnmächtig fühlen, passiv sind und sich zwangsläufig nach einem starken Mann sehnen, der *weiß*, was zu tun ist – und alles übrige, was sie nicht wissen, weiß; und b) weil die Megamaschine von jedem, der zu ihr Zugang hat, in Gang gesetzt werden kann, einfach, indem er auf die richtigen Knöpfe drückt. Genau wie ein Automobil läuft die Megamaschine im Grunde ganz von selbst. Die Person, die am Lenkrad des Autos sitzt, braucht nur die richtigen Pedale zu bedienen, zu steuern, zu bremsen und auf einige andere ebenso simple Details zu achten. Was beim Auto oder einer anderen Maschine die vielen Rädchen, sind in der Megamaschine die zahlreichen Ebenen bürokratischer Verwaltung. Selbst ein Mensch von geringer Intelligenz und Befähigung kann ohne Mühe ein Staatswesen leiten, wenn er einmal an die Macht gelangt ist.[24]

Bürokratien »laufen zu lassen«, ist auch dann keine gute Idee, wenn es sich dabei um *Diktaturen der Wissenschaft* handelt, von denen Aldous Huxley einmal annahm, dass nichts und niemand diese zu Fall bringen könne. Hannah Arendt forderte daher, dass es »kein Recht auf (blinden) Gehorsam« geben dürfe und Erich Fromm regte an, Anordnungen und Befehle immer in Verbindung mit einer Begründung zu erteilen, sodass die ausführende Hand an einen Geist gekoppelt wird, der selbstständig denken und die Notwendigkeit einer Anweisung kritisch prüfen kann.

Bürokratien »laufen zu lassen«, ist auch dann keine gute Idee, wenn es sich dabei um *Diktaturen der Wissenschaft* handelt, von denen Aldous Huxley einmal annahm, dass nichts und niemand diese zu Fall bringen könne. Hannah Arendt forderte daher, dass es »kein Recht auf (blinden) Gehorsam« geben dürfe und Erich Fromm regte an, Anordnungen und Befehle immer in Verbindung mit einer Begründung zu erteilen, sodass die ausführende Hand an einen Geist gekoppelt wird, der selbstständig denken und die Notwendigkeit einer Anweisung kritisch prüfen kann.

Hierzu findet sich ein bemerkenswerter Vortrag in dem Film *Good Will Hunting* aus dem Jahr 1997. Der Film handelt von einem jungen Hausmeister am *Massachusetts Institute of Technology* in Cambridge, der aus einer sehr armen Familie kommt. Seine Verhaltensweisen sind unhöflich und seine Sprache vulgär. Als eines Tages der Mathematik-Professor Gerald Lambeau eine komplexe Aufgabe an die Tafel in dem Flur schreibt, kommen Studenten auf ihn zu und fragen ihn, wer diese denn so schnell gelöst habe. Verblüfft versucht er durch weitere Aufgaben herauszufinden, wer dieses geheime Mathe-Genie ist. Er erwischt den 20-jährigen Will, wie dieser etwas anschreibt und ermahnt ihn, das sei nur für Studenten. Will läuft weg und Lambeau erkennt, dass er das Mathe-Genie entdeckt hat. Will kann ohne Mühe Beweise führen, über die Lambeau jedes Mal verzweifelt.

Schließlich gelingt es, Wills Widerstände zu brechen und ihn als Assistenten zu beschäftigen. Lambeau begleitet ihn sogar schließlich zu einem Vorstellungsgespräch bei der NSA. Dort kommt es eben zu diesem bemerkenswerten Monolog von Will. Er fragt: »Warum meinen Sie, sollte ich für den Nationalen Sicherheitsdienst arbeiten?«

Der NSA-Personalleiter entgegnet: »Nun, Sie wären mit höchst brisanten Projekten betraut und hätten mit Technologien zu tun, die Sie nirgendwo anders zu sehen bekämen, da sie von uns selbst als streng geheim eingestuft wurden: Superstringtheorie, Funktionalanalysis, deterministische Chaosforschung...«

Will Hunting unterbricht ihn: »Codes knacken!« Das sei nur ein Bereich unserer Tätigkeit, erklärt der NSA-Mann. Will Hunting aber nagelt ihn darauf fest. Über 80% der Geheimdienstarbeit bestehe darin, Codes zu knacken. Der NSA-Mitarbeiter versucht, Will Hunting die Arbeit schmackhaft zu machen: »So wie ich das hier sehe, stellt sich nicht die Frage, wieso sollten Sie für den NSA arbeiten, sondern die Frage lautet: Warum sollten Sie nicht?« Daran an schließt sich der extemporierteste Einwand in der Geschichte der Einstellungsgespräche:

Warum ich nicht für den NSA arbeiten soll? Das ist gar nicht so einfach. Ich versuche es trotzdem mal:

Angenommen, ich bin beim NSA und eines Tages legen Sie mir einen Code auf den Tisch, den nur ich knacken kann. Ich nehme mir das Ding vor und knacke ihn auch. Ich bin zufrieden mit mir, weil ich meinen Job gut gemacht habe.

Aber der Code war der Standort von irgendeiner Rebellenarmee in Nordafrika oder im Iran. Wir schicken sofort Soldaten hin mit dem Auftrag, das Dorf zu bombardieren. Und 1500 Männer und Frauen, die ich überhaupt nicht kenne, werden schnell mal umgelegt.

Dann kommen die Politiker und sagen: Schickt die Marines dahin, die Gegend sichern. Denen ist das egal. Ihre verfluchten Söhne werden ja nicht da draußen irgendwo im Busch abgeknallt und sie selbst müssen nur zur Nationalgarde.

Dann bekommt ein Typ aus Southampton einen Granatsplitter in den Arsch. Er darf nach Hause und stellt fest, dass die Fabrik, in der er gearbeitet hat, genau in das Land exportiert worden ist. Und der, der ihm den Arsch weggeschossen hat, hat jetzt seinen Job, weil er schon für 15 lausige Cents am Tag arbeitet.

Plötzlich begreift er, dass man ihn bloß rübergeschickt hat, um da die Machtverhältnisse so zu verändern, dass wir günstig an Öl rankommen. Die Ölgesellschaften haben sich natürlich die Hektik da drüben zunutze gemacht und die Ölpreise bei uns sofort nach oben korrigiert. Aber davon hat mein Kumpel absolut nichts.

Doch das Öl wollen die erstmal gar nicht, also heuert man als Kapitän einen Alkoholiker an, der mehr auf Schnaps steht und völlig besoffen die Eisberge umschifft. Er rammt einen, das verdammte Öl läuft aus und vernichtet alles Leben im Nordatlantik.

Mein Kumpel ist arbeitslos und kann es sich nicht leisten, mit dem Auto zu Vorstellungsgesprächen

zu fahren; macht sich echt scheiße so ein Granatsplitter im Arsch. Und er muss hungern, denn jedes
Mal, wenn er was zu beißen aufgetrieben hat, haben die nur so einen scheiß verseuchten Fisch aus
dem Nordatlantik.

Was ich davon halte? Ich warte lieber auf was
Besseres. Wo ich schon mal dabei bin: Wieso er-
schieße ich nicht meinen Kumpel? Verschenke seinen Job, bombardiere ein Dorf, verschlage ein See-
löwenbaby, ziehe mir mal schnell einen Joint rein
und werde Mitglied in der Nationalgarde. Zum
Präsidenten würde es reichen.

Will Huntings Fähigkeit, kritisch zu denken, über seinen eigenen
Tellerrand hinauszublicken und sich und seine Seele ebenso wie
Moral nicht für Geld um jeden Preis zu verkaufen, ist deshalb so
grandios und genial, weil sie gleichermaßen selten und einzigartig
ist. Wenn es je einen echten Beweis dafür hätte geben müssen, dass
ein Mensch nicht allein durch Abschlüsse, Auszeichnungen und Besitz und Status definierbar ist, sondern vor allem durch Moral,
Ethik und die Fähigkeit, sich in andere hineinzuversetzen und kritisch zu denken, Will Hunting hätte den Beweis in mathematischer
Schärfe – ausgehend von der klassischen Formulierung »angenommen, dass« – so beeindruckend vorexerziert, wie ihn all die hoch-
dekorierten und promovierten Eichmänner dieser Welt trotz ihrer
rasiermesserscharfen »faschistischen Intelligenz«, wie Jürgen Habermas einmal formulierte, die ihre Untaten hinter Euphemismen
wie »Endlösung« und »Sonderbehandlung« vornehm etikettiert zu
verbergen wussten, niemals hätten vorrechnen oder auch nur nachvollziehen können.

»Die Wissenschaft« ist in unserer wissenschaftlich-technischen
Welt zur *neuen Gottheit* geworden. Was »die Wissenschaft« befiehlt,
könne in den Augen vieler gar nicht unmoralisch oder unethisch
sein, beschrieb Fromm. Dadurch, dass sich die Teilnehmer »der
Wissenschaft« unterwerfen, würden sie selbst zu Opfern: Sie opfern
ihre Moral, ihre Wertvorstellungen, ja ihre eigene Menschlichkeit
einer höheren Macht, »der Wissenschaft«. Diese Lehre aus Milgrams Experiment ist in Zeiten, in denen es heißt, man müsse auf
»die Wissenschaft« hören – etwas, das schon der Sklaverei durch
die Erfindung der Rassenlehre die Tür öffnete –, ist eindringlich davor zu warnen, »mehr Diktatur« im Sinne einer »Wissenschafts-

Diktatur«»wagen« zu wollen so wie es etwa Thomas Brussig während der Corona-Pandemie mehrmals gefordert hat.

Nur allzu leicht sieht der einzelne Mensch in anderen Menschen, wenn er geschickt manipuliert und abgerichtet wurde oder er es selbst so glauben will, heilsbringende Führer und Erlöser oder nur »ein Ding der anderen Seite«, welches eine Gefahr ist und also vernichtet werden muss – ohne Skrupel und ohne Gewissensbisse, denn das Zielobjekt ist ja kein Mensch, sondern nur ein Ding. Hitlers SS war eine echte »Schutzstaffel«, die vor allem und jedem »schützen« sollte, der sich nicht in die »Einheit der Reinheit« des Kollektives eingliedern ließ. Brussig, der die Grundrechte des Einzelnen als eine »Gefahr für die Allgemeinheit« bezeichnete, lässt in seinem Denken keinen Unterschied zur Ideologie der totalitären Systeme erkennen.

Es ist also wichtig, gerade beim Holocaust nicht nur die Perspektive der Opfer, sondern auch die der Täter zu betrachten, um zu verstehen, wie Menschen zu Tätern werden können und wie die Gefahr, dass sich Gleiches oder Vergleichbares wiederholt, gebannt werden kann – denn diese Gefahr besteht real. Die Wiederholung der Geschichte steht und fällt damit, ob wir zu dieser kritischen Selbstreflexion fähig sind. Es geht um die Frage, ob sich diese praktisch wiederholen *wird* – und nicht nur theoretisch wiederholen *kann*.

Daher ist es wichtig zu begreifen, worin die Banalität des Bösen besteht, wie Arendt sie beschrieben hatte. »Ihr zufolge besteht es in seiner Anonymität, darin, dass es keine Personen mehr gibt, die als Subjekte des Bösen hervorstechen und sichtbar werden. ... »Das größte begangene Böse ist das Böse, das von Niemanden getan wurde, das heißt, von menschlichen Wesen, die sich weigern, Personen zu sein.« ... Übeltäter, die sich weigern, selbst darüber nachzudenken, was sie tun, und die sich auch im Nachhinein gegen das Denken wehren – also sich weigern, zurückzugehen und sich an das zu erinnern, was sie taten. ... Das banale Böse ... widersetzt sich nicht nur dem Gesetz der Moral, sondern darin zugleich dem Gesetz der personalen Identität. ... Die Perversion des banalen Bösen besteht darin, einen Schein zu erzeugen, der sich den Anstrich der Normalität oder gar Banalität gibt. Die Banalität des Bösen ist demnach eine Perversion.«[25]

Arendt meinte also mit der Formulierung »Banalität«, dass Gedankenlosigkeit und blinde Unterwerfung ein potenzielles Übel bergen, das überall auftreten könne: »Das größte Böse ist nicht radikal, es hat keine Wurzeln, und weil es keine Wurzeln hat, hat es keine Grenzen, kann sich ins unvorstellbar Extreme entwickeln und über die ganze Welt ausbreiten.« Daher wird in Zukunft in der Erinnerungskultur die Perspektive der Opfer hinter die der Täter rücken müssen: Die Opfer von damals werden nach und nach in den nächsten Jahren verschwinden. Die potenziellen Täter der Zukunft aber leben weiter und werden auch in Zukunft noch geboren werden. Die erste Perspektive umfassend aufzuarbeiten, war unendlich wichtig. Aber um zu verhindern, dass Menschen diese Gräuel in Zukunft erleben werden – die lebenden und zukünftigen potenziellen Opfer –, müssen wir von nun an – bald ohne lebende Zeitzeugen – die letztere verinnerlichen, was keineswegs bedeuten soll, erstere zu vernachlässigen oder sogar zu vergessen.

Wir Deutschen sind heute natürlich nicht mehr schuld an den Verbrechen der früheren Generationen, ebenso wenig sind wir für diese verantwortlich. Da aber, wie Arendt über die kollektive Schuld schrieb, kein Wesen ohne Gemeinschaft leben kann, und darüber hinaus im Grunde kein Gemeinwesen ohne Ahnen ist, besteht eine Verantwortlichkeit in dem Sinne, als dass wir heute die Verantwortung haben, für die Verbrechen unserer Ahnen einzustehen. Unsere Vorfahren haben einen großen Reichtum und Wohlstand angehäuft, in dem wir heute leben und von ihm profitieren. Aber sie haben die Juden auch aus Europa vertrieben, wo sie Jahrhunderte lang verstreut lebten. Wir sind also in der Verantwortung, dem jüdischen Volk und Israel beizustehen. Beide Aspekte gehören zu dem Erbe unserer Ahnen. Wir können nicht den Wohlstand nehmen, ohne die Schulden zu begleichen, sondern dann müssten wir auf beides gleichermaßen verzichten.

Die Rede, die Inge Auerbacher als Überlebende in Theresienstadt am 27. Januar 2022 hielt, hat mich sehr bewegt. Sie berichtete, dass Judenhass heute in vielen Teilen der Welt wieder »alltäglich« sei. Diese »Krankheit«, sagte sie, müsse so schnell wie möglich »geheilt« werden. Auerbach formuliert nicht trotz, sondern gerade vor dem Hintergrund ihrer eigenen Lebensgeschichte die Mahnung der Geschichte in einem positiven Sinne und nicht im negativen Wortsinn von »bekämpfen«, »ausrotten« oder »eliminieren« – alles Begriffe, die heutzutage in der Sprache über das Virus allgegenwärtig geworden sind, aber die Mahnung der Geschichte, dass nämlich nur allzu leicht die Angst vor dem Virus zu einem Hass auf dieses wird, und sich dann vom Unsichtbaren auf den Menschen selbst übersetzt, ist es nicht oder nicht genug. Man sah nicht oder wollte nicht sehen, dass darin die Gefahr liegt, die wirklich unsichtbar ist und unser aller Leben bedroht.

Wir müssen aus dieser unseren Geschichte lernen. Es muss den Mut geben, klar zu benennen, was »Nie wieder« bedeutet. *Es darf nie wieder eine faschistische, populistische, rechtsextreme, radikale Partei an die Führung des Landes gelangen und es darf nie wieder die Verfassung derart ausgehebelt werden, sodass Grundrechte veräußerbar sind. Es darf nie wieder sozio-ökonomische Rahmenbedingungen geben, die die Massen für das Autoritäre begeistern und totalitär werden lassen können.*

Der Holocaust sollte eine wichtige Lehre für alle Völker gleichermaßen sein, denn da das Böse überall in der Welt ist, verschwindet es nie. Alles Übel, was alt ist, erscheint in Unachtsamkeit und Nachlässigkeit nur allzu schnell wieder in neuem Gewand, und Fromm warnte in *Die moralische Verantwortung des modernen Menschen:*

> Die meisten Menschen schauen heute auf die ethischen Probleme der letzten Generation oder des vergangenen Jahrhunderts zurück, sie blicken auf die Laster und Sünden der Vergangenheit, um freudig feststellen zu können, dass wir diese Laster und Sünden überwunden haben. Gleichzeitig schließen sie daraus, dass wir unsere eigenen ethischen Probleme heute größtenteils gelöst hätten. In Wirklichkeit sehen wir uns heute mit ebenso schweren ethischen Problemen konfrontiert, die nur anders aussehen als in der Vergangenheit.[26]

Anhang: Eichmann als Prototyp eines entfremdeten Bürokraten

Erich Fromm schrieb aus der Sicht eines Psychoanalytikers über Eichmann:

> Der Nekrophile ist von einer zwanghaften pedantischen Ordnungsliebe. Eichmann hat der Welt eine solche nekrophile Persönlichkeit vor Augen geführt. Eichmann war von der bürokratischen Ordnung und vom Toten geradezu fasziniert. Seine höchsten Werte waren Gehorsam und das ordentliche Funktionieren der Organisation. Er transportierte Juden, wie er Kohle transportiert hätte. Dass es sich um menschliche Wesen handelte, nahm er kaum wahr. Daher ist die Frage, ob er seine Opfer hasste oder nicht, irrelevant.[27]

> Adolf Eichmann macht nicht den Eindruck, als ob er besonders böse sei; er ist vielmehr völlig entfremdet. Er ist ein Bürokrat, für den es keinen besonderen Unterschied macht, ob er tötet oder ob er für kleine Kinder sorgt. Für ihn hat das Leben vollkommen aufgehört, etwas Lebendiges zu sein. Er organisiert. Das Organisieren wird zum Selbstzweck, ob es dabei um Goldzähne oder Haare von ermordeten Menschen geht oder ob er Eisenbahnzüge oder Tonnen von Kohle organisiert. Alles das ist für ihn völlig gleichgültig. Wenn Eichmann sich verteidigt und darauf hinweist, daß er ja nur ein Bürokrat sei und in Wirklichkeit nur Züge reguliert hat und Fahrpläne ausarbeitete, dann hat er gar nicht so unrecht damit. Ich glaube, in uns allen steckt heute ein Stück Eichmann.[28]

> Eichmann war das extreme Beispiel eines Bürokraten. Er schickte Hunderttausende von Juden in den Tod, nicht, weil er sie haßte – [er] ‹tat seine Pflicht›: pflichtbewußt schickte er die Juden in den Tod; genauso pflichtbewußt hatte er vorher ihre Emigration aus Deutschland organisiert. Ihm ging es nur darum, den Vorschriften zu gehorchen. Schuldgefühle empfand er nur, wenn er diese verletzte. ... [Das] Hauptmerkmal der Bürokraten [ist ihr] Mangel an menschlichem Mitgefühl und ihrer Vergötzung von Vorschriften. ... [Der] einzige Unterschied

ist, daß sie nicht Tausende von Menschen vernichten müssen. Wenn der Bürokrat im Krankenhaus sich weigert, einen Schwerkranken aufzunehmen, weil laut Vorschrift der Patient durch einen Arzt überwiesen werden muß, dann handelt er nicht anders als Eichmann. Das gleiche gilt für Sozialarbeiter, die lieber einen Betreuten verhungern lassen, als bestimmte Anweisungen ihres bürokratischen Reglements zu verletzen. Diese bürokratische Einstellung ist nicht nur unter Verwaltungsbediensteten verbreitet – sie ist auch unter Ärzten, Schwestern, Lehrern und Professoren zu finden, sowie unter Ehemännern und Eltern gegenüber ihren Frauen bzw. Kindern.

Sobald der lebendige Mensch zu einer Nummer reduziert ist, kann der echte Bürokrat Akte äußerster Grausamkeit begehen, nicht weil er von einem seinen Taten entsprechenden Maß an Grausamkeit dazu getrieben würde, sondern weil ihn kein menschliches Band mehr mit seinem Untergebenen verbindet. Obzwar die Bürokraten weniger Abscheu erregen als reine Sadisten, sind sie gefährlicher als diese, da sie nicht einmal einen Konflikt zwischen Gewissen und Pflicht auszutragen haben: Ihr Gewissen ist identisch mit Pflichterfüllung. Mit Menschen Mitgefühl und Mitleid zu haben, gibt es für sie nicht.[29]

Weiterhin ist für den Sadisten im Gewand des Bürokraten eine übertriebene Ordnungsliebe charakteristisch. Ordnung ist alles, Ordnung ist das einzig Sichere, das einzige, was man kontrollieren kann. Menschen, die einen übertriebenen Ordnungssinn haben, haben gewöhnlich Angst vor dem Leben; denn das Leben ist nicht ordentlich; es ist spontan, bringt Überraschungen. Die einzige Sicherheit, die wir haben, ist die des Todes, was aber mit dem Leben geschieht, das ist immer neu, Der Mensch jedoch, der sadistisch ist, der selbst unbezogen ist, für den alles zur Sache wird, dieser Mensch hasst das Lebendige, weil es ihn bedroht, aber er liebt die Ordnung.[30]

Himmler beispielsweise führte so jahrelang Tagebucheinträge mit den trivialsten Einträgen, etwa: wie viele Brötchen er gegessen hat.

»Das ist Ordnung. Und so kann man sagen: Das ist die Ordentlichkeit eines bestimmten Typs, des altmodischen Bürokraten, für den das Leben nichts ist, die Ordnung und Regel aber alles.«[31] Es ist daher wenig verwunderlich, dass Eichmann sein Todesurteil *bedingungslos* und *regungslos* akzeptierte; er war sogar bereit, sich selbst zu erschießen. Schuld oder Reue, geschweige denn Einsicht sah er bis zuletzt nicht ein, aber wenn alle es so wollen, tue er es. Arendt nannte ihn einen »Hans Wurst«. Er war völlig passiv in seinem Leben und Handeln. Als die *Endlösung der Judenfrage* von der NS-Führungsriege beschlossen wurde, sah er sich als klein und unbedeutend im Getriebe der Staatsmacht, die er geradezu vergötterte. Als man sein Todesurteil fällte, verhielt er sich nicht anders:

> Eichmann ist der Prototyp des Organisationsmenschen, des entfremdeten Bürokraten, für den Männer, Frauen und Kinder zu bloßen Nummern geworden sind. Er ist ein Symbol für uns alle. Wir können uns selbst in Eichmann wiedererkennen – aber das Allerschrecklichste an ihm ist, dass er sich, nachdem er alles zugegeben hatte, völlig gutgläubig für unschuldig erklären konnte. Es ist klar: Wenn er wieder in die gleiche Situation käme, würde er sich wieder genauso verhalten.[32]

Eichmanns nekrophiler Charakter zeigte sich in seiner bedingungslosen Liebe zur Ordnung, zum Gesetz, zum Gehorsam, um das Funktionieren der Organisationen sicherzustellen. Das Gesetz war für ihn Selbstzweck, ungeachtet seiner Folgen. Für diese Ideologie war Eichmann bereit, alles und insbesondere jeden zu opfern. Für ihn hat das Leben aufgehört, etwas Lebendiges zu sein. Wenn Fromm feststellt, dass ein Stück Eichmann in jedem von uns heute steckt, so bezieht er sich damit auf die entfremdete Kalkulation von Millionen Toten im Falle eines atomaren Krieges, der aus dem Kalten Krieg hervorzugehen drohte.

Kulturzyklen und der Kreislauf der Geschichte

Verständnisse von Geschichte und Zeit

In der Antike glaubten die Griechen, Zeit sei wie eine Schleife, denn sie stellten fest, dass sich Ereignisse wie Tag und Nacht, Jahreszeiten oder auch Naturkatastrophen in bestimmten Zeitabständen regelmäßig zu wiederholen scheinen. Man glaubte an einen ewigen Kreislauf des Entstehens und Vergehens. Dieses Weltbild blieb während des stationären Mittelalters im Grunde unberührt.

Reisende berichteten von einem ungewöhnlichen Brauch unter Dorfbewohnern in Mittelfrankreich. Wann immer ein Ereignis von lokaler Bedeutung eintrat, ohrfeigten die Ältesten die Ohren eines kleinen Kindes, um sicherzustellen, dass sich das Kind sein ganzes Leben lang an diesen Tag und dieses Ereignis erinnern würde.

Nur wenige Denker wie Thomas von Aquin erkannten zyklische Abläufe, so wie Kinder zu Erwachsenen reifen und Menschen immer nur älter werden, niemals aber jünger. Niccolò Machiavelli hingegen war von einem Kreislauf der Geschichte fest überzeugt.

Erst durch die »Amerikanische Revolution« – die Frohe Kunde von dem Land, das weder Armut noch Elend kannte – glaubte man, sich aus den Fesseln der Armut und der Ordnung des Feudalsystems befreien zu können. Die Zeit erhielt eine Richtung, der Fortschrittsglaube war geboren. Doch Katastrophen, Unglück und Unheil verschwanden nicht. So wurde der Kreislauf der Zeit auf fortschreitende Zeitachse projiziert. Eine periodische Abbildung entsteht, die zyklisch um eine fortlaufende Zeitachse schwingt. Goethe stellte sich die Geschichte wie eine Spirale vor; so Forst:

> »Von einer historischen Warte aus betrachtet, ist der die westliche Tradition prägende Begriff des Fortschritts höchst speziell und verdankt sich einer Reihe von Entwicklungen. Zunächst musste die Vorstellung eines linearen Zeitablaufs im Unterschied zu zyklischen Konzeptionen herausgebildet und etabliert werden, und danach wich die Begrenzung des Säkulums bis zur Wiederkehr Christi der Idee einer prinzipiell offenen Zukunft.«[33]

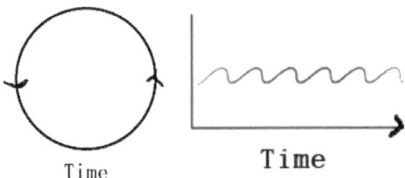

Time   Time

Geschlossener Kreislauf und fortlaufende Zeit

Im deutschsprachigen Raum stammt die populärste Zyklentheorie von Oswald Spengler, die sich in seinem pessimistischen Untergang des Abendlandes findet. Jede Kultur durchlaufe unterschiedliche Wachstumsphasen, kenne Kindheit, Jugend, Männlichkeit und Greisenalter. Sie erblühe auf dem Boden einer bestimmten Landschaft, an die sie wie eine Pflanze gebunden bleibe, und die Zivilisation sei das Ende der Entwicklung, die in den Verfall übergehe.[34]

Francis Fukuyama stellte 1992 in seinem Buch *Das Ende der Geschichte* dar, dass liberale Demokratien die finale Form der Regierung für alle Nationen seien. Von diesem Punkt an könne es keine Veränderung zu einem alternativen System geben. Er stellt fest, dass sich die liberale Demokratie gegen alle anderen Staats- und Wirtschaftssysteme durchgesetzt habe. Defizite seien der mangelnden Umsetzung, niemals aber dem Prinzip selbst geschuldet.

Fukuyama beruft sich auf Hegel und Marx, denen zufolge Geschichte sich in Kämpfen abwickle und zu einem Endzustand gelange. Das Ende der Geschichte heißt nicht, dass dann »keine großen Ereignisse mehr stattfinden, aber dass es keinen weiteren Fortschritt in der Entwicklung grundlegender Prinzipien und Institutionen mehr geben würde, da alle wirklich großen Fragen endgültig geklärt wären.«[35] Der Kampf des Menschen gegen die Natur und der Menschen gegeneinander seien die Triebkräfte für Fortschritt und würden ihr friedliches Ende in Kapitalismus und Demokratie finden.

Diese These hat Fukuyama längst verworfen. Wir können heute in der Welt und besonders in liberalen Demokratien Regressionen erkennen, die einen Schritt zurück zu autoritären Systemen gehen. Dabei sind Politik und Wirtschaft eng miteinander verbunden, wie ich noch eingehender erläutern werde. Zunächst aber möchte ich noch einige Gedanken aufgreifen, die sich mit politischen Systemen innerhalb der Kulturzyklen befassen.

Ray Dalio: Wie die Wirtschaftsmaschine funktioniert

Ray Dalio[36] hat einen einfachen, praktischen, wenn auch unkonventionellen Leitfaden beschrieben, der ihm doch sehr gut geholfen hat, zu verstehen, wie die Transaktionen in einem Wirtschaftssystem drei Antriebskräfte schaffen: Produktivität, einen kurzzeitigen Zyklus und einen langzeitigen Zyklus.

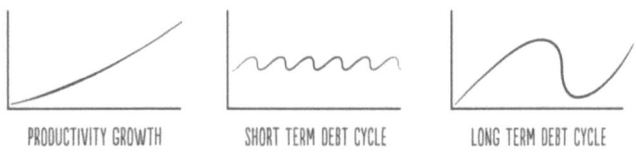

PRODUCTIVITY GROWTH   SHORT TERM DEBT CYCLE   LONG TERM DEBT CYCLE

Wirtschaft ist für Dalio die Summe aller Transaktionen, die beim Handel von Waren, Dienstleistungen oder Kapitalanlagen getätigt werden. Kredite sind wie Geldausgaben. Unser Geldsystem beruht auf einem Kreditsystem.

Der Markt umfasst alle Käufer und Verkäufer. Eine Zentralbank steuert die Geldmengen im Wirtschaftskreislauf. Sie kann den Leitzins senken oder erhöhen, um Kredite billig oder teuer zu machen, aber auch durch Gelddrucken die physische Geldmenge im System kontrollieren.

Kredit ist Dalio zufolge ein wichtiger, aber oft unverstandener Bestandteil unseres Wirtschaftssystems. Er erfüllt sowohl Kreditgebern als auch Kreditnehmern Wünsche, er kann aus dem Nichts entstehen. Der Kredit ermöglicht also Transaktionen.

Wird der Kredit beglichen, so verschwindet sowohl das Vermögen als auch die Schuld und die Transaktion ist abgeschlossen. Die Ausgaben des einen machen die Einnahmen des anderen möglich und führen so zu Wachstum. Kredit folgt einem sich selbst verstärkenden Muster.

Produktivität und Lebensstandard werden langfristig gesteigert. Kredit und Schulden können kurzfristig zu mehr Konsum als Produktion führen, bei einer Kreditrückzahlung zu weniger.

PRODUCTIVITY GROWTH

Dies führt zu zwei Zyklen, die Dalio den *kurzzeitigen* und den *langzeitigen* Zyklus nennt. Diese zeigen sich als Schwingungen um die Produktivitätssteigerung herum und sie entstehen durch das Angebot von Krediten.

LONG TERM DEBT CYCLE

In einer Wirtschaft ohne Kredit können mehr Ausgaben nur bei Mehreinnahmen getätigt werden, also nur durch mehr Produktivität und mehr Arbeit. Langfristig führt dies auch zu mehr Wachstum ohne Zyklen. In einer Wirtschaft mit Kredit gibt es Zyklen, da der Kredit nichts anderes ist als Geld, welches man sich aus der Zukunft geliehen hat. Der Kredit setzt also zukünftige Mechanismen in Gang, welche eine vorhersehbare Kette von Ereignissen bilden. Es ist die deterministische Mechanik der Kreditwirtschaft.

Mit Kredit ist es leicht, mehr Ausgaben zu tätigen. Ein Kredit ist schlecht, wenn er zu Überkonsum führt. Ein Kredit ist gut, wenn er klug eingesetzt wird und zu einer langfristigen Produktivitätssteigerung dient.

Beispiel. Der Kauf eines Fernsehers dient dem Konsum, der Kauf eines Traktors dient der Produktivitätssteigerung in der Agrarwirtschaft. Durch Konsum kann der Kredit nicht beglichen werden, durch Produktivitätssteigerung können mehr Einnahmen generiert werden, sodass der Kredit beglichen werden kann.

Der Vorteil einer auf Kredit basierten Wirtschaft ist nun, dass in kurzzeitigen Phasen schneller mehr Wachstum möglich ist. In einem kurzzeitigen Wirtschaftszyklus findet so eine Expansion statt: Die Ausgaben steigen, durch eine erhöhte Nachfrage steigen auch die Preise, da die Nachfrage das Angebot übersteigt. Diese Preissteigerung nennen wir *Inflation*.

Die Zentralbanken können die Inflation durch den Leitzinssatz kontrollieren. Ein niedriger Zinssatz macht Kredite billig, ein hoher Zinssatz teuer. Es können also weniger Kredite aufgenommen werden, weil die Kosten der Schulden steigen. Dies führt zu weniger Konsumausgaben, die Nachfrage sinkt unter das Angebot, die Preise fallen. Das nennen wir *Deflation*. Eine Rezession findet statt. Um dem entgegen zu steuern, kann die Zentralbank den Zinssatz wieder senken und durch billige Kredite wieder einen Aufschwung ermöglichen.

Phasen des Aufschwungs sind Phasen günstiger Kredite, Phasen des Abschwungs sind Phasen teurer Kredite. Dieser kurzzeitige Zyklus dauert fünf bis acht Jahre.

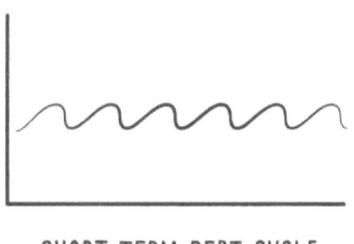

SHORT TERM DEBT CYCLE

Durch die Produktivitätssteigerung haben die Menschen aber einen Anspruch darauf, in einem folgenden Zyklus mehr zu besitzen und mehr zu konsumieren als in einem früheren Zyklus.

Dies führt zu dem langfristigen Wirtschaftszyklus. In einer Phase des Booms konzentriert sich alles auf das Geschehen, nämlich das Wachsen der Wirtschaft. Das ist gefährlich, denn es kann zu einer Blasenbildung führen. Die Schuldenlast übersteigt dann das Einkommen und die Blase kann platzen.

Die Menschen müssen ihre Ausgaben kürzen, um ihre Schulden bedienen zu können. Da die Ausgaben des einen die Einnahmen des anderen sind, sinkt auch das Einkommen. Mit weniger Einkommen sinkt auch die Kreditwürdigkeit der einzelnen Akteure und es wird insgesamt weniger Kredit vergeben, sodass die Ausgaben weiter sinken.

Ein Schuldenabbau ist notwendig. Das System beginnt sich umgekehrt aufzulösen. Ein rapider Kreditschwund führt zu weniger Wohlstand. Der Leitzins ist aber kein Rettungsring, da er bereits sehr niedrig ist und zu keiner weiteren Stimulation führen kann. Sowohl Staat als auch die Bürger müssen ihre Ausgaben kürzen. Dies nennt man Austeritätspolitik.

Diese ist deflationär und führt oft auch zu hoher Arbeitslosigkeit. Es gibt vier Mechanismen, diesen Schuldenabbau bewältigen zu können.

Der erste ist der *Schuldenschnitt*. Dabei wird ein Teil der Schulden erlassen. Jedoch sind die Schulden des einen das Vermögen des anderen. Die Menschen müssen erkennen, das ihr angenommenes Vermögen nicht real existiert. In einer Depression fallen so auch Immobilienpreise. In der Finanzkrise von 2008 kam es in der USA so zu dem Paradox, dass die Kredite auf neue Immobilien schließlich höher waren als deren realer Wert. Gläubiger lassen sich daher auf einen vereinbarten Kompromiss durch einen Schuldenschnitt ein, da sie lieber *den Spatz in der Hand als die Taube auf dem Dach* haben.

Beispiel. Wenn jemand einem anderen 100 € schuldet, doch nicht so viel Geld besitzt, ist es sinnvoller, nur 50 € zurückzufordern und diese auch zu bekommen, als auf seine vollen 100 € zu bestehen, diese jedoch nicht zu bekommen, wenn der Schuldner dadurch pleitegeht.

Ein Schuldenabbau ist deflationär. Eine Regierung verfügt über weniger Einnahmen bei höheren Ausgaben für beispielsweise Arbeitslose und Sozialversicherungen. Um dieses Haushaltsdefizit auszugleichen können so auch die Reichen zur Verantwortung gebeten werden, etwa durch eine *Vermögensabgabe*. Dies kann zu einer sozialen Spaltung führen, die Steuern für Wohlhabende werden höher, während gleichzeitig ihre Vermögensanlagen weniger wert sind. Dies kann Unternehmen weiter belasten. Auch zwischen Schuldner- und Gläubigerstaaten können so politische Spannungen auftreten, man denke nur an die hohen Reparationszahlungen Deutschlands nach dem Ersten Weltkrieg. Diese Spannungen können sehr extrem werden und manchmal wie in Deutschland 1933 sehr radikal. (Auf den Zusammenhang zwischen Zyklen der Staatsverschuldung und Kriege sowie Rebellionen weist auch Münkler hin.)[37]

Der Druck, die Krise zu beenden, ist daher sehr hoch. Eine Vermögensabgabe jedoch wirkt deflationär und führt zu weiterem Preisverfall. Zentralbanken können auch *Geld drucken* und durch eine Inflation den Aufschwung der Wertanlagen und der Kreditwürdigkeit zu steigern, so wie in den USA in den 1930er Jahren wie auch in den USA und Europa seit der Finanzkrise 2008.

Zentralbanken können auch direkt in *Asset-Klassen investieren* und so Aktien oder Anleihen, insbesondere Staatsanleihen, aufkaufen und dem Staat somit Geld geben, durch das er Konjunkturprogramme finanzieren kann. Diese vier Mechanismen haben sowohl Vor- als auch Nachteile und müssen sorgfältig abgewogen werden. Sie müssen sich so ergänzen, dass ein Ausgleich zwischen deflationären und inflationären Maßnahmen gewahrt ist. Mehr gedrucktes Geld führt nicht zu mehr Inflation, wenn es lediglich den Kreditmangel ausgleicht. Es kann jedoch missbraucht werden, weil es eine leichte und einfache Maßnahme ist. In Deutschland führte dies in den 1920er Jahren zu einer Hyperinflation.

Das Ziel ist es, durch einen Aufschwung die Schuldenlast zu senken. Eine Depression kann zwei bis drei Jahre dauern, der Schuldenabbau sieben bis zehn Jahre. Man spricht deshalb auch von einem verlorenen Jahrzehnt. Legt man den langzeitigen Wirtschaftszyklus über das langfristige Produktivitätswachstum, so ergibt sich die globale Schwingung:

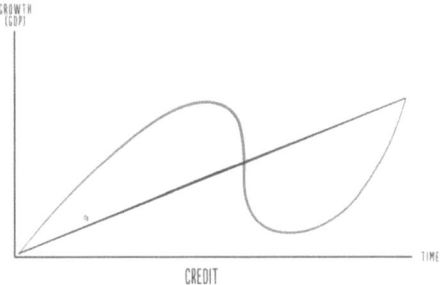

Nimmt man den kurzzeitigen Wirtschaftszyklus hinzu, so zeigen sich die lokalen Schwingungen:

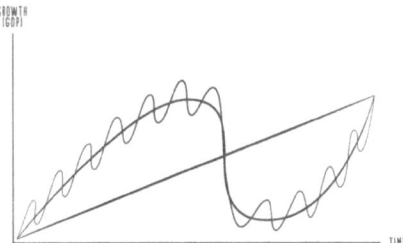

Ray Dalio fasst seine Annahmen in einem einfachen Leitfaden zusammen, der zu Orientierung einer klugen Wirtschaftspolitik dienen kann:

1. Die Schulden dürfen nicht schneller wachsen als das Einkommen.
2. Das Einkommen darf nicht schneller steigen als die Produktivität.
3. Langfristig muss die Produktivität gesteigert werden, um den Wohlstand zu sichern und zu mehren.

Die Kreditwirtschaft folgt also ihrem eigenen Determinismus, welcher auch in der Psychologie des Menschen begründet liegt. Ist ein Kredit einmal initiiert, muss dieser in der Zukunft zurückgezahlt werden, was einen Zyklus produziert.

In einer Phase, in der der Kredit dann zurückgezahlt werden muss, also in einem Tief, will man, um sozial und gesellschaftliche

Spannungen zu verhindern, schnellstmöglich durch Wachstum aus diesem Tief herauskommen. Dies gelingt mit einem weiteren Kredit, der wiederum selbst einen Zyklus erzeugt.

Die Kreditwirtschaft rollt nach ihren eigenen Regeln ab und lässt dem Menschen selbst nur geringe Eingriffsmöglichkeiten, sie folgt jedoch auch der menschlichen Psychologie und ist keineswegs universell, aber ihre Zugkraft ist eine sehr mächtige.

Psychoanalyse des Faschismus: Die globale Regression

Heinrich Manns *Der Untertan* ist ein epochales Werk, welches beschreibt, wie bereitwillig die Deutschen ihrem Kaiser in den Ersten Weltkrieg, den Großen Krieg, gezogen sind. Und ganze Anhängerschaften religiöser Führer sind bereit, für ihren Glauben in den Krieg zu ziehen – ob die tatsächlichen Motive des Krieges nun religiöser oder anderer Natur seien, ist dabei fast unerheblich geworden, denn allein der Glaube zählt. Was im Mittelalter die Kreuzzüge waren, ist in der heutigen Zeit der Dschihad geworden.

> »Das seelische und geistige Leben ist immer unsicher und ungewiß. Gewißheit gibt es nur darüber, daß wir geboren wurden und sterben werden. Vollkommene Sicherheit finden wir nur, wenn wir uns vollkommen Mächten unterwerfen, die als stark und beständig gelten und die den Menschen der Notwendigkeit entheben, selbst Entscheidungen zu treffen, Risiken zu übernehmen und Verantwortung auf sich zu nehmen. Der freie Mensch ist notwendigerweise unsicher; der denkende Mensch ist sich notwendigerweise seiner Sache nicht gewiß«,[38]

stellt Fromm fest und erklärt weiter:

> »Intelligenz ist ... weitgehend eine Funktion der Unabhängigkeit, des Mutes und der Lebendigkeit; Dummheit ist ihrerseits ein Resultat der Unterwürfigkeit, der Angst und des inneren Abgestorbenseins.«[39]

Im Totalitarismus sehen wir, dass mit der Freiheit auch das Denken und schließlich sogar das Leben selbst endet. »Faschismus, Nazismus und

Stalinismus haben miteinander gemeinsam, daß sie dem atomisierten Individuum eine neue Zuflucht und Sicherheit boten. Diese Systeme bilden den Höhepunkt der Entfremdung.

Der einzelne wird dazu gebracht, sich ohnmächtig und unbedeutend zu fühlen, und zugleich gelehrt, alle seine menschlichen Kräfte auf die Figur des Führers, den Staat, das ‹Vaterland› zu projizieren, denen er sich zu unterwerfen und die er anzubeten hat. Er flieht vor der Freiheit in einen neuen Götzendienst. Alle Errungenschaften der Individualität und Vernunft vom ausgehenden Mittelalter bis zum neunzehnten Jahrhundert wurden auf den Altären der neuen Götzen geopfert.

Die neuen Systeme wurden sowohl hinsichtlich ihrer Programme als auch ihrer Führer auf den flagrantesten Lügen aufgebaut. In ihren Programmen behaupteten sie eine Art Sozialismus durchzuführen, während in Wirklichkeit das, was sie taten, die Negation von allem war, was nach sozialistischer Tradition unter diesem Begriff zu verstehen ist. Die Gestalten ihrer Führer unterstrichen diesen Betrug nur noch. Mussolini, ein feiger Prahler, wurde zum Symbol von Männlichkeit und Mut, Hitler, von einer Zerstörungsmanie getrieben, wurde als Erbauer eines neuen Deutschland gepriesen. Stalin, ein kaltblütiger, ehrgeiziger Intrigant, wurde als das liebe Väterchen seines Volkes hingestellt.«[40]

Dass so viele Menschen bereit sind, für eine Führerpersönlichkeit sogar ihr Leben zu opfern, und der Führer selbst auch oft bereit ist, ihr Leben für sich zu opfern, ist eine erschreckende wie bemerkenswerte Beobachtung, die nach einer Erklärung verlangt.

Eine sehr schöne Analyse der Problematik und der resultierenden Neigung zu autoritären Charakteren findet sich in einem Gespräch mit Erich Fromm aus dem Jahr 1975 über die »Psychoanalyse des Faschismus«.[41] Fromm nimmt dabei im Grunde die heute offenkundig ersichtlichen Beobachtungen vorweg. Seine Ausführungen geben auch viele Ideen zu Strategien für ein selbstbestimmtes Leben, welche ich an dieser Stelle kurz aufgreifen und zeitgenössisch einordnen möchte.

Der Sadist hat den Drang, ein anderes Wesen zu beherrschen, ja dessen Gott zu werden. Dies erfordert ein schwächeres Wesen, den Masochisten. Der Sadist selbst sieht zum Stärkeren auf, der Starke, der sich wehren kann, reizt ihn nicht, er betet ihn an, er bewundert ihn, er ist von ihm angezogen. Der Masochist unterwirft sich dem

Stärkeren vollkommen, er ist seiner eigenen Verantwortung vollständig ledig. Der Masochist wird gelebt durch eine höhere Macht, er unterscheidet für sein eigenes Leben nicht mehr selbst.

Die Entscheidung, die Risiken des Lebens auf sich zu nehmen, erfordert Mut. Der Wunsch dieser Unterwerfung ist ein weit verbreiteter, der in der Existenz und Hilflosigkeit des Menschen selbst verankert ist, umso mehr soziale Umstände die Ohnmacht, die Unfähigkeit zu handeln, die Unfähigkeit kritisch zu denken, den masochistischen Charakter verstärken.

Der *Führer* ist abhängig und will es auch sein. Sadismus und Masochismus gehen in einem sadomasochistischen Charakter auf. Hitler unterwarf sich der Vorsehung und biologischen und sozialdarwinistischen Vorstellungen. »Der Führer« ist ein autoritärer Charakter. Dieser entwickelt sich, wenn ein Mensch scheitert, so wie Hitler oft gescheitert ist in seinem Leben. Er fühlte sich schwach und ohnmächtig.

Hitler wusste wenig und konnte wenig, er war eine Randexistenz. Auch Trump ist als Geschäftsmann oft gescheitert, aber auch schon früher konnte er sich in der Schule und später an der Universität nicht gerade durch besondere Intelligenz hervortun. Als Gegensatz zur inneren Impotenz bildet er einen Charakter aus, der seine Ohnmacht durch Omnipotenz übertönen soll, er bildet einen autoritären Charakter aus.

Zu dessen Merkmalen gehören Konventionalismus, autoritäre Unterwürfigkeit und autoritäre Aggression sowie Destruktivität (besonders gegenüber Unangepassten), Aberglaube und Stereotypie, Machtdenken und Anti-Intrazeption, also der Mangel an Empathie und Einfühlungsvermögen.[42]

Dies findet sie sich auch in der Wählerschaft der Nationalsozialisten wieder. Es war das Kleinbürgertum, nicht die Arbeiterschaft, nicht das Bürgertum, nicht das Großbürgertum. Es waren die kleinen Geschäftsleute und Beamte, die – einst geprägt von der Herrlichkeit der Monarchie – nun im Staatsapparat fast ganz bedeutungslos geworden sind, sie alle waren aus der Geschichte geschleudert worden.

Die Entwicklung des Kapitalismus ging dahin, kleine Geschäfte zum Tode zu verurteilen. Dies war das Erlebnis vieler Menschen aus dem Kleinbürgertum, wirtschaftlich und gesellschaftlich. Auch weite Teile der Trumpisten fühlen sich von Politik und Gesellschaft durch die Globalisierung sowie wirtschaftlichem Strukturwandel abgehängt, aus der Geschichte geschleudert.

Hitler appellierte an die ohnmächtige Klasse mit dem Versprechen der Allmacht, was im Grunde ein Schwindel war. Trump tut nichts anderes. Die Figur des autoritären Charakters, der Führer, wird dann wirksam, wenn seine Charakterstruktur typisch ist für seine Gefolgschaft. Erst später entfaltet sich die Wirkung auch auf andere, welche von dem Erfolg der Führerfigur profitieren wollen. Menschen mit entgegengesetztem Charakter empfinden die Führerfigur als abstoßend.

Bereits im Jahr 1975 sagte Fromm, dass man Verhältnisse wie 1933 in Deutschland auch in Amerika oder an fast beliebigen Orten zu beliebigen Zeiten vorfinden könne, unter bestimmten Voraussetzungen. Die Voraussetzung sei, dass gleiche Bedingungen herrschten:

Ohnmacht, das Leben macht keinen Sinn, der Mensch glaubt frei zu sein, aber er tut nur das, was er von der Reklame und den Gebräuchen der anderen suggeriert bekommt; er entwickelt ein Bedürfnis nach Macht, Drama und Erregung. Sein Leben soll etwas Neues enthalten, nicht das langweilige Bekannte oder sogar nur Krankheit.

Dies bezeichne ich als Autoritäts- oder Faschismusaffinität. Es gibt Erziehungsstile, die diese Affinität fördern oder ihr vorbeugen.

Fromm stellt fest, dass wenn Langeweile schon in Schulen anfängt, Schüler ein Konkurrenzgefühl haben, sie nur an Abiturnoten denken, eine Ohnmacht empfinden, da sie in Abhängigkeit der Noten von den Lehrern stehen, vom Arbeitsmarkt und dessen Unwegsamkeit abhängig sind und keine Gewissheit haben, ob sie studieren können oder nicht, so schlägt sich dies auch in der Wahlentscheidung nieder. Dieser liegen destruktive Motive zugrunde; das sind keine guten Motive. Es ist eine Ausflucht der billigsten Art der Erregung.

Mit Blick auf die Bildungssysteme in vielen asiatischen Ländern, allen voran China und Südkorea, ist die schockierende Erkenntnis, dass durch das Trimmen auf etwas, was man Leistung nennt, zum einen, zum anderen die Vorgaben von Rollenbildern, man sich in Schulen dort quasi kleine Autoritätsabhängige heranzüchtet.

Fromm macht aber auch Mut zu anti-autoritären Erziehungsstielen. Man muss das Leben interessant machen, der Fantasie freien Raum lassen, Menschen nicht in Schubladen zwängen, auch mit dem Leben experimentieren, die Menschen überlegen lassen, wer sie sind und was sie sind und sie lehrt, ihre Gefühle und ihr Denken ausdrücken zu können, statt stumpf das zu schlucken, was sie gelehrt werden, was langweilig für sie ist.

Man kann Kindern bereits in der Schule Träume erklären. Der Traum ist eine Fremdsprache, die Universalsprache der Symbole. Es geht um ein Verstehenlernen, ein Gespür für das Subjektive zu bekommen. Menschen träumen von Dingen, diese Fantasie erleben sie nicht wach. Ein Dichter ist ein Mensch, der wach dichten kann. Der gewöhnliche Mensch kann nur dichten, wenn er schläft.

Das wahre Leben ist so beschäftigt mit Geldverdienen, sich verteidigen und angreifen zu müssen, dass für die feineren Tätigkeiten der menschlichen Seele kein Platz ist. Im Schlaf ist das nicht gegeben, dort sind wir frei. Es zeigen sich schöpferische Kräfte, sie sind da und können entwickelt werden.

Fromm wirft jedoch auch die Frage auf, wer den Mut habe, solche Ideen durchzusetzen. Ideen, die vielleicht abstrus erscheinen, gegen den Wählerwillen gehen, gegen den Willen der Eltern, die davon selbst bestimmt sind, dass die Kinder zum Überlebenskampf richtig erzogen werden müssen. Eltern sind schon müde an etwas anderes zu denken.

In Bezug auf das Milgram-Experiment etwa erklärt sich Fromm das Verhalten der Menschen so: Der Mangel an innerer Überzeugung, der bei Menschen heute weit verbreitet sei, lasse Menschen bedingungslos das tun, was man ihnen aufträgt.

Es gibt eine Geneigtheit, sich etwas anderem zu unterwerfen und zu fügen, welches eine höhere Macht ist. Das ist heute die Wissenschaft. Psychologen verlangen im Rahmen der Wissenschaft die Notwendigkeit zu grausamen Experimenten.

Das Experiment zeigt, wie unselbstständig der Mensch in seinem Leben ist, dass er seine eigene Abscheu selbst nicht hört. Er meint, seine Gefühle der Wissenschaft opfern zu müssen. Das Milgram-Experiment hat also in gewisser Weise zwei Opfer: zum einen die Menschen, die die Schmerzen erleiden, zum anderen die Menschen, die ihre Gefühle und ihr Gewissen opfern.

Durch einen anti-autoritären Erziehungsstil kann die Affinität zur Autorität gemildert werden. Fromm betont dabei den Unterschied zwischen seinen Feststellungen und dem Laissez-faire, den Dingen ihren vollkommen freien Lauf zu lassen mit dem Gedanken: Die

Kinder einfach machen lassen, es wird schon was Besonderes dabei rauskommen.

Das sei ein völlig falsch verstandener anti-autoritärer Erziehungsstil. Fromm sagt: »Mit dem Gehenlassen kommt sowohl bei Kindern als auch bei Erwachsenen nichts heraus als Faulheit und Unsinn.« Weiter differenziert er zwischen irrationalen und rationalen Autoritäten.

Irrationale Autorität manifestiert sich durch Angst, Druck, Abhängigkeit und Ausbeutung materieller sowie immaterieller Art (Gefühle). Sie bewahrt die Kluft zwischen Autoritätsträger und Objekt.

Die rationale Autorität hingegen lässt die Autorität zwischen zu Erziehenden und dem Autoritätsträger zunehmend gleich werden. Das Subjekt wird sich selbst seine Autorität, die sich durch seine Kompetenz erweist.

Bis ins 19. Jahrhundert war die offene Autorität weit verbreitet. Es gab den Vater und den Chef mit der »Zuckerbrot und Peitsche«-Methode. Der Konfrontierte konnte direkt oder innerlich rebellieren, was ihm Selbstständigkeit bringt. Menschen kämpfen gegen offene Autoritäten für ihre Freiheit.

Die unsichtbare Autorität, die Fromm die anonyme Autorität nennt, manifestiert sich im Subtilen. Wenn die Mutter zum kleinen Hans sagt, er kann essen, was er will, aber Hans merkt, dass wenn er keinen Spinat isst, die Mutter dann ein trauriges Gesicht macht, dann wird sich Hans dazu bewogen fühlen, trotzdem den Spinat essen zu »wollen«. Es ist ungleich schwerer gegen das traurige Gesicht der Mutter zu rebellieren als gegen ihre Schelte, wenn er keinen Spinat essen mag.

Auch im Gesellschaftsleben ist das angekommen. Es ist ein System der Anpassung. In der Arbeitswelt droht einem bei spürbarer innerer Rebellion oder offener Kritik zwar keine Entlassung, aber beispielsweise erhält er dann auch keine Beförderung oder Gehaltserhöhung. Diese Autorität ist wirkungsvoller, man kann nicht gegen das Unbekannte kämpfen oder gegen jemanden, der sagt: »Ich befehle doch gar nicht.«

Der Spielraum für Freiheit ist gering und das ist gefährlich. Sie gibt Menschen vor frei zu sein, Rebellion wird nicht mobilisiert, weil der Druck nicht bewusst wahrgenommen wird, dass der Mensch selbst gar nicht frei ist.

Die Kraft, sich diesem Druck nicht zu unterwerfen, ist kritisches Denken, aber auch hier wirft Fromm die Frage der Durchsetzbarkeit auf. Denn eine Gesellschaft basiert auf vielen unsicheren Voraussetzungen und viele Gesellschaften wollen Kritik gar nicht. Fromm sagt, nur Kinder vor dem Einschulungsalter, Verrückte und Schlafende denken noch kritisch.

»Kritisch zu denken« bedeutet, Dinge von Grund auf zu hinterfragen und verstehen zu wollen. Man könnte sagen, erwachsen zu werden bedeutet, rational denken zu lernen, statt wie Kinder irrational. Diese Irrationalität ist es jedoch auch, was es ermöglicht, das System selbst in Frage zu stellen und fähig zu sein, über das System hinaus zu denken und andere Systeme erkennen zu können. »Rational« denken bedeutet hingegen vernünftig, nach sinn- und zweckvollen Gesichtspunkten zu denken, angepasst zu denken an das System, welches selbst jedoch in keiner Weise mehr kritisch in Frage gestellt wird.

Der normale Mensch verliert mit sechs Jahren das kritische Denken und lebt von Illusionen, die so absurd sind, dass es nur schwer vorstellbar ist, dass er sie hat. Als Beispiel nennt Fromm das Wettrüsten im Kalten Krieg, die Gefahr durch atomare Zerstörung nimmt ständig zu, man tut jedoch nichts dagegen, man geht nicht dagegen vor, man folgt dem Gesetz der Technik.

Der kategorische Imperativ der Industriegesellschaft lautet: Das, was technisch möglich ist, muss gemacht werden. Die Ausdehnung der Technik ist ihr eigenes Gesetz, wie zu Beginn der kapitalistischen Wirtschaft der Kapitalismus unabhängig von Moral und Mensch wurde und den Menschen keine Möglichkeit zum Eingreifen gab. Der Kapitalismus rollt nach seinen eigenen Gesetzen ab.

Kapitel 3: Die Kuba-Krise und das Engagement von Erich Fromm

Die Kuba-Krise und der Kalte Krieg

Die Vorgeschichte

Die »Kubakrise« *(14.-28. Oktober 1962)* fand im »Kalten Krieg« statt. Dabei kam es zu einem politischen und militärischen Wettkampf zwischen West- *(USA, NATO)* und Ostmächten *(Sowjetunion bzw. UdSSR, Warschauer Pakt)*. Einige Jahre nach den USA verfügten auch die Sowjets über Atomwaffen. Der Koreakrieg (1950-1953) löste die Angst vor einem möglichen Dritten Weltkrieg aus. Obwohl die Spannungen zwischen den USA und der UdSSR zunächst beigelegt werden konnten, versuchten beide Mächte weiterhin ihren Einflussbereich auszudehnen, besonders in den ehemaligen Kolonien wie in Afrika. Auch hatten die ablehnenden Haltungen der Amerikaner zum Kommunismus und der Russen zur westlichen Politik weiterhin Bestand. Die Großmächte begannen auch Stellvertreterkriege zu führen und wetteiferten in den Bereichen Sport, Wissenschaft und Forschung miteinander. Beispielsweise bauten beide Nationen ihr Raumfahrtprogramm aus und verfolgten eine horrende Rüstungspolitik.

Wie die USA zur Atommacht wurden:

Die Amerikaner wollten im Zweiten Weltkrieg die ersten sein, denen es gelingt eine Atombombe zu bauen. Dieses Bestreben wurde durch den japanischen Angriff auf Pearl Harbor im Zweiten Weltkrieg verstärkt. Auch die Angst vor Nazi-Deutschland trieb die Forschung an, sodass es tatsächlich gelang, am 16. Juli 1945 auf einem Testgelände eine Atombombe zu zünden. Einige Jahre später gelang es auch den Sowjets solche Waffen zu entwickeln. Bis heute haben auch weitere Staaten Atomwaffen entwickeln können.

Satellitenstaaten

Die USA fand ihre Verbündeten in West-Europa, etwa Frankreich, Großbritannien oder West-Deutschland. Die Amerikaner errichteten dort Waffenstützpunkte, genauso wie die Sowjets in Süd- und Mitteleuropa. Diese mit dem kommunistischen Russland verbündeten Länder, etwa Polen, Tschechien oder die DDR, werden als Satellitenstaaten bezeichnet.

Die Rolle Europas im Kalten Krieg

Aufgrund seiner geographischen Lage zwischen den USA und der UdSSR kam Europa eine politisch wichtige Brückenrolle zu. Gleichzeitig war die Bevölkerung dort auch am meisten bedroht, sollte es nicht nur bei einem militärischen Kräftemessen, sondern tatsächlich zu einem Krieg zwischen den damaligen Supermächten kommen.

Wie kam es zur Kuba-Krise

Die USA stationierten in Italien und der Türkei Raketen, die Russland hätten erreichen können. Kurz darauf übernahm der Revolutionär Fidel Castro im Jahre 1959 die Macht auf Kuba, das zuvor ein Stützpunkt der Amerikaner gewesen war. Seine Regierung enteignete Amerikaner auf der Insel und Knüpfte erste Beziehungen zum kommunistischen Moskau. Die USA verhängten zunächst ein Handelsembargo gegen den Kleinstaat, scheiterten später bei dem Versuch, durch eine Invasion wieder die Kontrolle über die Karibik-Insel zu erlangen. Dies ging als »Desaster in der Schweinebucht« in die Geschichte ein. In der Folge wandte sich Castro noch näher Chruschtschow zu und so kam es zu einer »Roten-Allianz« gegen die USA. Es war den Sowjets nun möglich einen Stützpunkt direkt vor der »Haustür« Amerikas zu haben. Als die UdSSR 1961 Raketen auf Kuba stationierte, die die USA ebenfalls leicht hätten erreichen können, errichtete die US-Regierung eine Seeblockade um Kuba, um zu verhindern, dass die Sowjets (noch mehr) Kriegsgerät auf die Insel schaffen können.

Die Kuba-Krise – Ein kleines Tagebuch:

Sonntag, 14. Oktober: Kennedy ordnet Luftaufnahmen durch Aufklärungsflugzeuge über Kuba an. Es wird vermutet, dass die Sowjets auf der Insel Raketen stationiert haben.

Montag, 15. Oktober: Es ist nun bewiesen, dass es sich um sowjetische Raketen handelt. Diese könnten weite Teile der USA erreichen.

Dienstag, 16. Oktober: Kennedy wird von einem Sicherheitsberater darüber informiert und veranlasst umgehend einen geheimen Krisenstab. Man diskutiert über Akzeptanz, Invasion und Seeblockade Kubas. Weitere Aufklärungsflüge werden angeordnet.

Mittwoch, 17. Oktober: Es werden mehrere Raketen und IL-28-Bomber entdeckt. Die Raketen hätten bei kurzer Vorwarnzeit weite Teile des amerikanischen Festlandes vernichten können.

Donnerstag, 18. Oktober: Kennedy trifft sich wie geplant mit dem russischen Außenminister Gromyko. Die Sachlage auf Kuba wird von Seiten der Amerikaner aus Gründen der Geheimhaltung nicht tangiert, die Russen deuten aber auf ihre bekannte Forderung der Entmilitarisierung West-Berlins hin. Fälschlicherweise deutet die US-Regierung das Geschehen auf Kuba als Versuch der UdSSR ihre Haltung in Berlinverhandlungen besser durchsetzten zu können. Währenddessen soll es erneut Waffenlieferungen nach Kuba gegeben haben, weshalb das Militär darauf drängt, dass eine Seeblockade zu schwach sei und die USA eine Invasion begehen müssten. Kennedy macht sich jedoch für eine Blockade Kubas stark.

Freitag, 19. Oktober: Der Krisenstab (»ExComm«) wird während der Abstinenz Kennedys, der planmäßig auf Wahlkampfreisen geht, in zwei Gruppen geteilt. Die eine soll eine Invasion, die andere die Option einer Seeblockade ausarbeiten.

Samstag, 20. Oktober: Robert F. Kennedy, Bruder des Präsidenten, setzt eine Mehrheit im ExComm für die Blockade durch. Kennedy kehrt daraufhin nach Washington zurück. Man will sich dennoch die Möglichkeit für eine Invasion offen halten.

Sonntag, 21. Oktober: Kennedy verabschiedet nun endgültig die Blockade und setzt sich mit großen Zeitungen in Verbindung, um eine Berichterstattung darüber zu verzögern.

Montag, 22. Oktober: Sämtliche US-Streitkräfte werden in höchste Alarmbereitschaft versetzt, US-Soldaten werden nach Florida verlegt und 200 Kriegsschiffe nach Kuba entsandt. Die Regierungen Großbritanniens, Frankreichs, der Bundesrepublik Deutschland und Kanadas werden über die Sachlage unterrichtet. In seiner Fernsehansprache um 19:00 klärt Kennedy die Bevölkerung über die Raketen auf Kuba auf und verkündet die Einrichtung einer Seeblockade für den 24. Oktober. Er verlangt, dass die UdSSR ihre Raketen aus Kuba abzieht und mahnt mit einem atomaren Gegenschlag. **Die Krise ist nun öffentlich.**

Dienstag, 23. Oktober: Der russische Regierungschef Chruschtschow will die Blockade nicht hinnehmen. Die OAS *(Organisation Amerikanischer Staaten)* gestattet die Seeblockade der Amerikaner.

Mittwoch, 24. Oktober: Die Seeblockade beginnt um 10:00. Die sowjetischen Schiffe ändern ihren Kurs und durchbrechen nicht die Blockade. Dennoch will die sowjetische Regierung nicht einlenken.

Donnerstag, 25. Oktober: Die US-Vertreter im UN-Sicherheitsrat zeigen Aufklärungsfotos auf, die die Raketen auf Kuba zeigen. *2002 stellte sich heraus, dass die Amerikaner die Zahl der Waffen auf Kuba maßgeblich unterschätzen. Ehemalige Mitarbeiter des US-Außenministeriums berichteten, dass man nicht damit rechnete, dass die Raketen tatsächlich nuklear bestückt gewesen waren. In Wirklichkeit gab es neben 40.000 Rotarmisten und 42 Raketen auch noch 80 Atomsprengköpfe.*

Freitag, 26. Oktober: Weitere Raketen werden auf Kuba stationiert. Während noch über eine mögliche Invasion debattiert wird, erreicht Kennedy ein Schreiben von Chruschtschow, in dem dieser vorschlägt, die Raketen von Kuba abzuziehen, sofern eine Invasion Kubas ausgeschlossen wird, was Kennedy zusichert. Die US-Air Force testet Atombomben, allerdings ohne das ExComm darüber zu informieren. Auch die Russen führen solche Tests durch. Castro fordert für den Fall einer US-Invasion einen atomaren Erstschlag, was Chruschtschow aber klar ablehnt.

Samstag, 27. Oktober, »Schwarzer Samstag«: Erneut wird eine US-Rakete ohne das Wissen des ExComm getestet. Die »Völkerfreund« kann unter dem Schutz Kennedys als Urlauberschiff der DDR in Havanna einlaufen. Ein US-Kriegsschiff zwingt ein russisches U-Boot mit Atomwaffen zum Auftauchen. *Wassili Alexandrowitsch Archipow* weigert sich als Offizier einen Torpedo ohne weiteren Befehl aus Moskau abzuschießen. Ein Atomkrieg wird somit gerade noch verhindert!

Ein amerikanisches Aufklärungsflugzeug gerät in sowjetischen Luftraum, und kann nur knapp vor russischen Kampfflugzeugen flüchten. Chruschtschow willigt in einem Brief ein die Raketen abzuziehen, sofern die USA nicht in Kuba einfallen und die Raketen aus der Türkei abziehen. Nachdem ein amerikanisches Aufklärungsflugzeug über Kuba abgeschossen wurde und der Pilot starb unterbindet Kennedy einen Gegenangriff und zeigt sich noch einmal zu Verhandlungen bereit. Um 19:45 Uhr findet in Washington ein geheimes Treffen zwischen Robert F. Kennedy und dem Sowjetbotschafter statt. Der US-Präsident willigt das Angebot Chruschtschows ein, sofern der US-Abzug aus der Türkei geheim bleibe. Chruschtschow beschließt, den Vorstoß Kennedys anzunehmen.

Sonntag, 28. Oktober: Die sowjetischen Raketen werden abgezogen, die USA erklären keine Invasion Kubas vorzunehmen und unter Geheimhaltung werden die US-Raketen aus der Türkei abgezogen.

Die(se) Krise ist beendet.

Folgen und Wirkung der Kuba-Krise

- Die Kuba-Krise kann als Erfolg der Sowjetunion gewertet werden, da sich deren politisch-militärische Lage nach Konfliktbeilegung verbessert hat, auch wenn Kennedy einem US-Raketenabzug aus Italien und der Türkei nur zustimmte, sofern dies geheim gehalten wurde.
- Ebenfalls begann man Verhandlungen über den Gebrauch bzw. das Verbot von Kernwaffen und mit dem 1969er-SALT-Abkommen begrenzten beide Länder die Anzahl ihrer Raketen.
- Beide Mächte gingen einer Konfrontation (so weit möglich) aus dem Weg und fokussierten sich auf Regionen, die noch nicht in »West« oder »Ost« unterteilt waren, was als »Entspannungspolitik« bezeichnet wird.
- Kennedy, der durchsetzte, dass der US-Raketen-Abzug geheim blieb, erlangte große Popularität in der amerikanischen Bevölkerung und war (wenn auch nur scheinbar) als Sieger aus dem Konflikt hervorgegangen. Er setzte zudem durch, dass der Präsident einen Freischaltcode innehat, ohne den das Militär keinen Atomschlag durchführen kann. Dieser Code wird durch den sogenannten »Atomkoffer« übertragen. Die Russen schlossen sich dem an.

- Die US-Regierung verstärkte die Sanktionen gegen Kuba und Castro, der sich noch enger Russland zugeneigt hat.
- Um Missverständnisse vermeiden und künftigen Konfrontationen aus dem Weg gehen zu können, wurde 1963 der »Heiße Draht« oder das »Rote Telefon« zwischen Washington und Moskau eingerichtet.

Quellennachweise

Zul. abg.: April 2014

- http://www.wissen.de/bildwb/die-welt-nach-1945-politik-im-zeichen-des-ost-west-konflikts
- http://de.wikipedia.org/wiki/Kubakrise
- http://www.planet-wissen.de/politik_geschichte/nachkriegs-zeit/kalter_krieg/kuba_krise.jsp
- http://www.hdg.de/lemo/html/DasGeteilteDeutschland/Die-ZuspitzungDesKaltenKrieges/UnzufriedeneRepublik/kubaK-rise.html
- http://www.wasistwas.de/aktuelles/arti-kel/link//0dad54385b/article/die-kuba-krise.html

Das Engagement von Erich Fromm im Kalten Krieg

In seinem Buch *On Thermonuclear War* aus dem Jahr 1960 argumentierte Herman Kahn, dass der Tod von einem oder zwei Drittel der amerikanischen Bevölkerung im Falle eines Atomkrieges »akzeptabel« sei, solange sich nur die Wirtschaft schnell wieder erhole. Die Überlebenden würden danach ein Leben in dem gleichen Wohlstand unverändert fortführen können. Erich Fromm, der darüber entsetzt war, arbeitete einige wichtige Widersprüche in Kahns Argumentation heraus.

Zunächst sei festzustellen, dass die Detonationskraft der damals neuen oder schon bald verfügbaren Atomtechnologie, die heute – ein halbes Jahrhundert danach – von modernen Nuklearwaffen ihrerseits um ein Vielfaches übertroffen werden, Schutzräume sogar unter der Erde überflüssig machen würde, da selbst diese keinen »Schutz« mehr leisten könnten. Vor allem aber argumentiert Fromm aus der Sicht eines Therapeuten und Psychoanalytikers und fragt nach den »psychologischen und politischen [Problemen], die sich ergeben könnten, wenn sich eine seiner Schätzungen bewahrheitete und innerhalb weniger*Tage alle Großstädte, in denen sich ein Drittel der Bevölkerung und die Hälfte der materiellen Güter befindet, zerstört würden. [Kahn] stellt frohgemut fest, daß

bereits andere Völker ebenso große Schocks auch ohne spezielle Vorbereitungen ausgehalten und überlebt und sich dabei ihre Vorkriegstugenden unversehrt bewahrt haben. In vergangenen Zeiten haben sich solche Schocks über viele Jahre verteilt; der, den wir ins Auge fassen, würde sich innerhalb weniger Tage abspielen. Aber was die individuellen psychologischen Wirkungen ... angeht, so ist das nur gut und nicht schlecht. Während viele normale Menschen unter Leiden, die sich über eine Periode von vielen Jahren erstrecken, zusammenbrechen würden, können die meisten lebenslange Gewohnheiten nicht in ein paar Tagen ändern. Wenn man schon einen Schock hinnehmen muß, so ist es vom Standpunkt der Charakterstabilität aus besser, einen derartigen Schock innerhalb einer kurzen Zeit als über einen langen Zeitraum hin aushalten zu müssen. ...

Für einen Psychologen ist es weit wahrscheinlicher, daß die plötzliche Vernichtung und die Drohung eines langsamen Todes eines großen Teils der amerikanischen oder russischen Bevölkerung oder großer Teile der Welt Panik, Zorn und Verzweiflung erzeugen wird, die nur mit der Massenpsychose zu vergleichen ist, welche der Schwarze Tod im Mittelalter hervorgerufen hat. Dieser Mangel an jeglicher psychologischer Einsicht gewinnt entscheidende Bedeutung bei der Beurteilung des einzigen praktisch durchführbaren Teils der Schutzraum-Idee, nämlich der Schutzräume vor radioaktivem Niederschlag. Dies hat Morgenstern sehr prägnant dargelegt:

Von der Dauer des radioaktiven Niederschlags hängt es ab, wie lange man in den Schutzräumen bleiben muß. Diese sind klein und überfüllt; die Menschen werden Klaustrophobien entwickeln, sie werden nach Nahrungsmitteln und Wasser hinauslaufen oder krank werden. Kurz, es kann ein Punkt erreicht werden, wo sie es voller Verzweiflung vorziehen, sich hinauszuwagen, um dann draußen an der Strahlung zu erkranken und vermutlich zu sterben. Man kann sich kaum vorstellen, welche psychologischen Situationen entstehen würden und welche Probleme die Insassen dieser Schutzräume für sich zu lösen hätten, hätten sie doch das vernichtende Bewußtsein, in die größte Katastrophe, die die Menschheit je heimsuchte, verwickelt zu sein. ...

Die traumatischen Wirkungen einer solchen Katastrophe würden zu einer neuen Form primitiver Barbarei führen, zu einem Wiederauftauchen archaischer Elemente, die immer noch als Möglichkeit in jedem Menschen ruhen und für die wir im Terrorsystem Hitlers und Stalins genügend Beispiele erlebten. Es ist unwahrscheinlich, daß Menschen die Freiheit, die Ehrfurcht vor dem Leben – kurz alles, was wir unter Demokratie verstehen – noch bewahren würden, nachdem sie die grenzenlose Grausamkeit von Mensch gegen Mensch, die ein Atomkrieg mit sich bringen würde, aktiv oder passiv miterlebt hätten. Man kann der Tatsache nicht ausweichen, daß die Brutalität auf diejenigen, die damit in Berührung kommen, oft eine brutalisierende Wirkung ausübt und daß die totale Brutalität zu einer totalen Brutalisierung führt.«[43]

Fromms Fazit ist, dass nur eines sicher ist: »Nach einem solchen Ereignis wird es nirgends mehr eine Demokratie, sondern nur noch erbarmungslose Diktaturen geben, die von den Überlebenden in einer halbzerstörten Welt organisiert werden.«[44]

Fromm glaubte, dass in der Zeit des Kalten Krieges, in der ohne Scheu Planspiele mit hunderten Millionen Toten durchgedacht wurden, aber kaum Anstrengungen, eine solche Katastrophe zu verhindern, ein »Stück Eichmann« in jedem stecke. Kahns Aussage, dass der Krieg zwar schlimm sei, doch der Frieden es auch wäre, zeuge von einer großen Verzweiflung und schweren Depression. Robert S. Bird hat Eichmann in seinem Bericht über seinen Prozess in Jerusalem pointiert skizziert:

»Als er immer von neuem seine Funktion darlegte, Millionen Juden in die Vernichtungslager zu verfrachten, bekam das nach und nach für die Ohren der Zuschauer im Gerichtssaal einen vertrauten

Klang. Plötzlich hörte man den leitenden Angestellten ohne eigenes Gesicht in einem der überdimensionalen Industriekonzerne reden, den auf ein Alibi bedachten, doppelzüngigen Opportunisten, der den anderen nach dem Mund redet, bei dem allmählich alle ursprünglichen Gefühle und Prinzipien ausgetrocknet sind und der nun von einer wirklichkeitsfremden Ideologie erfüllt ist.«[45]

Alles, was hier über die Persönlichkeit Eichmanns gesagt wurde, stellt Fromm fest, lässt sich nach Bird auch auf uns selbst anwenden.

»Eichmann ist plötzlich verständlicher geworden, zu einem irgendwie begreiflichen menschlichen Wesen. Eichmann ist in Wirklichkeit deshalb menschlicher geworden, weil wir erkennen, daß er genauso unmenschlich ist wie wir alle. Diese Art der Unmenschlichkeit ist, wie immer man auch über Eichmann als Individuum denken mag, keine Grausamkeit oder Destruktivität. Sie ist noch unmenschlicher als das, obgleich vielleicht unschuldiger, wenn das das richtige Wort dafür ist. Es ist die Haltung totaler Gleichgültigkeit und eines völligen Mangels an Mitgefühl; es ist die Haltung einer totalen Bürokratisierung, welche die Menschen behandelt, als ob es sich um Dinge handelte.«[46]

Fromms Buch *Es geht um den Menschen* ist ein Teil eines Sturmlaufens zahlreicher Intellektueller (darunter auch Günther Anders), um sich nicht nur für Abrüstung einzusetzen, sondern auch die Liebe zum Leben zu wecken. Die Vision einer Neutronenbombe, die alle materiellen Dinge unberührt lässt, und nur biologisches Leben vernichtet, bringt die Verachtung des Lebens am deutlichsten zum Ausdruck.

Erich Fromms Aufruf, den er im September 1962 aus Verzweiflung schrieb, erscheint mir in allen großen Krisen, die das Leben an sich betreffen, und besonders heute aktueller denn je. Er hatte den Eindruck, dass gegenüber einer Kriegsgefahr oder der Gefahr des Todes die Mehrheit einer Gesellschaft nicht mehr das Leben liebt. Daher glaubte er, statt Angst vor dem Krieg oder ihre Liebe zum Frieden anzusprechen, sie an ihre Liebe zum Leben zu erinnern.[47]

»Der Gedanke, dass die Passivität so vieler Menschen gegenüber der Bedrohung durch eine atomare Vernichtung ein Indiz für eine Gleichgültigkeit gegenüber dem Leben und ein unbewusstes Angezogensein vom Destruktiven sein könnte, war auch für Fromm selbst ungeheuerlich und beängstigend. Woher kommt das Angezogensein vom Leblosen? ... Wie kann es sein, dass der Mensch sich mehr vom Leblosen und Toten angezogen fühlt als vom Leben und Lebendigen? ...

Das Angezogensein vom Toten und Töten, also die Nekrophilie als offen zu Tage tretende Lust an der Zerstörung um der Zerstörung willen, lässt sich heute meist nur in akuten Kriegssituationen und beim selbstmörderischen Terrorismus beobachten. Öffentlich gewalttätig zu sein und sich bewusst zu einer nekrophilen Destruktivität zu bekennen können sich eigentlich nur Menschen leisten, die sich als so kaputt gemacht erleben, dass sie nichts mehr zu verlieren haben. ...

Für alle anderen, die nicht mehr imstande sind, das Leben und das Lebendige zu lieben, muss die Lust am Zerstören und Zunichtemachen unbewusst und verdrängt bleiben. Sie wird nur für andere im faktischen Tun der Betreffenden sichtbar, während die Betroffenen ihr nekrophiles Verhalten rationalisieren und schönreden: Sie wollen alles bürokratisch regeln, streben immer nach sauberen Lösungen, wollen nur dem Recht zum Durchbruch verhelfen oder endlich mal durchgreifen und Ordnung schaffen; sie fühlen sich nur wohl, wenn alles porentief rein ist; sie gehen immer auf Nummer sicher und halten das Leben für eine »todsichere Sache«.

Auch Menschen müssen immer berechenbar sein; sind sie es nicht, dann sollte man lieber die Finger von ihm oder ihr lassen; wichtig ist, alles gut »im Griff zu haben« und notfalls etwas mit Gewalt zu steuern, wenn es nicht nach Plan verläuft. Sie selbst können nichts Destruktives in ihrem Denken, Fühlen und Handeln erkennen; im Gegenteil, auf Grund ihrer Rationalisierungen finden sie ihr Verhalten ganz normal und das Vernünftigste der Welt. Und doch erleben andere ihr faktisches Verhalten als destruktiv und spüren, dass solche Menschen vom Toten und Leblosen angezogen werden. Dass ihnen alles Leblose, Sachliche, Dingliche, Berechenbare, Geregelte, Sichere so wichtig ist, zeigt sich nicht nur in den Rationalisierungen, sondern auch in ihrer Gleichgültigkeit gegenüber dem Leben und dem Lebendigen. Wem alles gleichgültig ist, der zeigt, dass er den Kontakt zum Leben und Lebendigen verloren hat.«[48]

So schreibt Fromm am Ende seines Beitrags von *Lieben wir das Leben noch?*:

»Eine Frage sollte nicht außer Acht gelassen werden: Je mehr jemand das Leben liebt, desto mehr muss er fürchten, unter der ständigen Bedrohung der Wahrheit, Schönheit und Unversehrtheit des Lebens zu leiden. Dies ist tatsächlich so, besonders heute. Wer sich vor diesem Schmerz zu bewahren versucht, indem er dem Leben gegenüber gleichgültig wird, der erzeugt nur einen noch größeren Schmerz. Jeder zutiefst depressive Mensch kann bestätigen, dass ein Gefühl der Trauer eine Erlösung von der Qual bedeuten würde, gar nichts zu fühlen. Glücklich zu sein ist nicht das Wichtigste im Leben, sondern lebendig zu sein. Zu leiden ist nicht das Schlimmste im Leben; das Schlimmste ist die Gleichgültigkeit. Leiden wir, dann können wir versuchen, die Ursachen des Leidens zu beseitigen. Fühlen wir hingegen gar nichts, sind wir gelähmt. Bis jetzt war in der Geschichte der Menschen das Leiden die Geburtshelferin für Veränderung. Sollte – zum ersten Mal – Gleichgültigkeit die Fähigkeit des Menschen zunichtemachen, sein Schicksal zu wenden?«[49]

Erich Fromm muss zu seiner Lebzeit als völlig irrer und geisteskranker Mann gewirkt haben: Nachdem viele Juden unter der Erfahrung des Holocausts moralisch und seelisch kapituliert haben und im Kalten Krieg die Menschheit um Haaresbreite ausgelöscht worden wäre, glaubte er doch tatsächlich immer noch daran, dass es etwas Gutes in der Welt gibt und dass die Menschheit als Ganzes nicht einfach nur eine wilde Bestie ist, sondern der Mensch und damit auch das Menschengeschlecht die Fähigkeit zum Guten entwickeln kann. Für mich besteht mit Blick auf historische Dokumente kein Zweifel: In den 1960er und 1970er Jahren muss ein solcher Mann in den verzweifelten Massen als geistesgestörtes und völlig realitätsfernes Monster erschienen sein.

Aber nicht nur Fromm, sondern auch die Deutschen entwickelten in dieser Zeit eine Fähigkeit in der Außenpolitik, die nicht auf Gewalt gründet, sondern auf Diplomatie, was damals ebenso total bekloppt erschien, wo doch mehr und mehr Atomwaffen alles Leben auf der Erde gleich mehrfach auslöschen hätten können. Wenn »total bekloppt« in diesem Sinne bedeutet, nicht nur trotz, sondern gerade wegen allen Übels in der Welt alle Kraftanstrengungen dahingehend zu unternehmen, etwas umsichtig und kreativ zu erschaffen, statt alles in blinder, ekstatischer Destruktivität niederzubrennen, dann sind Fromm und die Deutschen vielleicht wirklich total bekloppt, aber umso mehr erfüllt es mich dann auch mit Ehre zu sagen: Ich bin stolz, ein Deutscher zu *sein*.

Anhang: Erich Fromm und der Widerstand gegen den Menschentypus Hitler

Aus: Fromm, Über die Liebe zum Leben

Im Menschen sind vielschichtige Motive, Strebungen, Widersprüche vorhanden. Es gibt neben dem, was er bewusst von sich denkt, all das, was er unbewusst fühlt und tut, und so kommt man nie zu einer vollständigen Antwort auf die Frage: Wer war, wer ist dieser, wer bin ich? (142)

Künstler zu sein, bedeutete für Hitler, wie für einige andere Menschen auch, zu nichts verpflichtet zu sein und nur seinen Fantasien nachleben zu können. ... So erlebte Hitler, wie viele narzisstische Menschen, viele Enttäuschungen. Seine Größenideen wuchsen, und die Kluft zu seinen realen Leistungen wurde: immer größer. Aus dieser Kluft kamen Ressentiments, Ärger, Hass und außerdem noch ein ständiges Wachsen seiner Größenideen. Denn je weniger er in Wirklichkeit erreichte, desto mehr entwickelte er sich zum Fantasten. (143)

Ein narzisstischer Mensch ist jemand, für den wirklich und wichtig eigentlich nur das ist, was Ihn betrifft. Meine Idee, mein Körper, mein Besitz, meine Vorstellung, meine Gefühle: alles das ist real. Und was nicht mein ist, ist blass und existiert kaum. Im Falle eines Geisteskranken kann das so weit gehen, dass er überhaupt nicht imstande ist wahrzunehmen, was in der Außenwelt vor sich geht. (144)

Erstens einmal hat tatsächlich eine weitgehende Korrespondenz bestanden zwischen seinem Charakter und dem seiner fanatischen Anhänger. Und wenn man sich die Dinge soziologisch und sozialpsychologisch ansieht, dann findet man, dass der Kern der begeisterten Nationalsozialisten aus dem Kleinbürgertum stammte, das heißt aus einer Klasse, die ganz hoffnungslos, die voll Ressentiment war und die selbst sadomasochistisch eingestellt war, also den *Radfahrercharakter* hatte (sich nach oben zu bücken und nach unten zu treten). Diese Menschen hatten nichts Liebenswertes, nichts Interessantes mehr in ihrem Leben, und so waren sie nun auf Macht über andere und sogar auf die Zerstörung ihrer selbst aus.

Dann aber kommt der zweite Punkt: Weil Hitler ein hervorragender Schauspieler war, konnte er vortäuschen, dass seine Ziele die der Rettung, der Erlösung, des Heils für Deutschland waren; Er hat das in einer so blendenden Weise gemacht, dass Millionen von Menschen ihm glaubten und die Wahrheit einfach nicht sahen. Hitler hatte eine ungeheure suggestive Begabung. Ob man seine Wirkung nun charismatisch, hypnotisch oder demagogisch nennt. ... Zuerst unterwarf man sich ihm, dann glaubte man ihm, was er sagte. ... Es gab Millionen, die nicht durchschauten, was für Ziele er hatte. (145)

Hitler war ein Führer, der jedoch die Masse brauchte, um sich stark zu fühlen. Er war nicht der Mann, der ohne Beifall eine Idee entwickeln und propagieren konnte. Er brauchte Applaus, er brauchte Begeisterung, um sich selbst bestätigt zu fühlen. Sein Gefühl der Macht ergab sich aus der Reaktion derer, zu denen er sprach. (146)

Der Beweis der Wahrheit lag im Beifall und nicht der inneren Konsistenz der Idee selber. Was Wahrheit war, dafür hat Hitler sich nie interessiert. (146f.) Nur wenn der Mensch sich erlaubt, hinter die rationalen Formulierungen zu sehen und nicht auf das zu hören, was ein Führer sagt, sondern ihm auf den Mund zu blicken, wie er es sagt, sich sein Gesicht, seine Gesten, den ganzen Menschen anzuschauen – nur dann entdeckt er, was dieser Mensch für einen Charakter hat; dann mag er entdecken, dass dieser Führer ein Nekrophiler ist, den er tief ablehnt, gegen den er empört ist, mit dem er nichts zu tun haben will, dem er nie ein Freund sein könnte, weil in ihm selbst alle Kräfte auf die Erhaltung des Lebens und auf die Würde des Menschen, auf seine Freiheit gerichtet sind, während bei dem Nekrophilen alle Kräfte auf das Zerstören gehen, auf das Knebeln, auf das Einengen, auf das Unterwerfen und Herrschen. Wir müssen eben aufhören, nur die Worte zu beachten, und anfangen, genau zu ergründen, wer und was der, der diese Worte spricht, seinem Wesen nach, seinem Charakter nach ist. (148)

Was ein Mensch denkt, ist ja relativ billig; es ist zum großen Teil zufällig und hängt davon ab, welchem Modus von Schlagworten er zuhört, welcher Partei er durch Tradition oder sozial bedingt angehört, welche Ideologien ihn erreichen. Deshalb denkt er mehr oder weniger, was auch andere denken. Das ist ein Zeichen der Tendenz zum Angepasstsein und der Unselbstständigkeit der Menschen.

Eine *Meinung* kann man leicht ändern. Eine Meinung gilt nur so lange, wie die Umstände dieselben bleiben. Und wenn ich das nebenbei sagen darf: Das sind ja auch die großen Nachteile aller Meinungsumfragen, die eben nur nach Meinungen fragen; sie können dem Wesen dieser Tests nach nicht fragen: Was würden Sie morgen tun, wenn die Umstände ganz andere wären? Darauf kommt es aber politisch an und nicht in erster Linie darauf, was ein Mensch jetzt denkt. Wichtig ist, wie er lebt und handelt. Und wie er lebt und handelt, das hängt von seinem Charakter ab.

Fragt man in dieser Weise, dann kommt man zu einem anderen Begriff, … nämlich zu dem Begriff der *Überzeugung*. Die Überzeugung ist eine Meinung, die im Charakter des Menschen und nicht nur in seinem Kopf verwurzelt ist. Die *Überzeugung* stammt aus dem, was er *ist*, während sich die *Meinung* oft nur aus dem ergibt, was er *hört* [oder hören *will*]. …

Die Menschen werden Widerstand leisten, nur insoweit sie eine Überzeugung haben, die gegen das terroristische System ist, und nicht insoweit sie nur eine Meinung haben. Das heißt also: Nur wenn sie selber einen nichtautoritären Charakter haben, werden sie auch Widerstand leisten und widersprechen, sich nicht einfangen lassen. (151f.)

Wenn man mit dem Widerstand gegen Hitler erst nach dessen Sieg anfängt, dann hat man schon verloren, ehe man beginnt. Denn um zu widerstehen, muss man einen Kern haben, eine Überzeugung, muss man sich trauen können, muss man kritisch denken können, muss man ein selbstständiger Mensch sein, ein Mensch und kein Schaf. Das zu erreichen, *die Kunst des Lebens und des Sterbens* zu erlernen, erfordert viel Anstrengung, Übung, Geduld; wie alles Können erfordert es Lernen. Wer sich so entwickelt, erlernt auch die Fähigkeit, zu wissen, was gut oder schlecht - für ihn und für die anderen ist und zwar gut oder schlecht für ihn als Menschen, nicht für Besitz, Erfolg, Macht.

Die Gehirnstruktur erlaubt dem Menschen das Einzigartige: sich optimale Ziele zu setzen und seine Leidenschaften in ihren Dienst zu stellen. Wer diesen Weg geht, lernt zu widerstehen, nicht nur der großen Tyrannei, wie der Hitlers, sondern auch der kleinen Tyrannei«, der schleichenden, der Bürokratisierung und Entfremdung im täglichen Leben.

Heute ist dieser Widerstand schwerer denn je, denn diese kleine Tyrannei wird von der gesamten gesellschaftlichen Struktur erzeugt, in der der Mensch mehr und mehr eine Nummer wird, ein Rad, ein kleiner Statist in einer bürokratischen Verfassung, in der er keine Entscheidung zu treffen, in der er keine Verantwortung zu tragen hat, in der er im Großen und Ganzen nur das tut, was die bürokratische Maschinerie vorschreibt, und in der er weniger und weniger selbst denkt, selbst fühlt, selbst gestaltet. Alles, worüber er sich Gedanken macht, entspringt seinem Egoismus und soll die Frage beantworten: Wie komme ich weiter? Wie verdiene ich mehr? Oder wie werde ich gesünder? Aber nicht: Was ist gut für mich als Menschen? Was ist gut für *uns* als *Polis*? (152f.)

Die allgemeine Passivität, der Mangel an gestaltender Mitwirkung bei den eigenen und den sozialen Lebensentscheidungen - das ist der Boden, auf dem Faschismus oder Bewegungen ähnlicher Art, für die wir die Namen meistens erst nachträglich finden, wachsen können. (153)

Kapitel 4: Die Krisen des 21. Jahrhunderts

Panem ist in vielfacher Hinsicht ein wie durch ein Brennglas gebündelter Lichtpunk unserer eignen Welt. Die thematisierten Gegenstände sind zahlreich: Armut und wirtschaftliches Ungleichgewicht, die Spaltung zwischen Stadt und Land, Hunger, Kriege und Kindersoldaten, Flucht vor Krisen und Diktatur, die atomare Gefahr, Bio- und Gentechnologie, geopolitische Machtverhältnisse und ihre Verschiebungen, eine Mediensatire und eine Mahnung vor der Überwachung durch die Technokratie, politische Theorien und Menschenbilder, und nicht zuletzt sind es persönliche, individuelle Lebensgeschichten, welche vor dem großen Hintergrund der globale Unordnung koloriert werden.

Der Klimawandel und die Hybris der kybernetischen Zivilisation

Der untenstehenden Graphik ist zu entnehmen, dass die Durchschnittstemperatur rasant ansteigt. Die Zick- Zack-Kurve ist dadurch zu begründen, dass die Jahreszeiten auf Süd- und Nordhalbkugel verschieden sind. Auf der Nordhalbkugel gibt es mehr Land und damit auch mehr Vegetation. Wirft diese im Herbst ihre Blätter ab, so entweicht viel CO_2. Der gleiche Effekt ist auf der Südhalbkugel viel geringer.

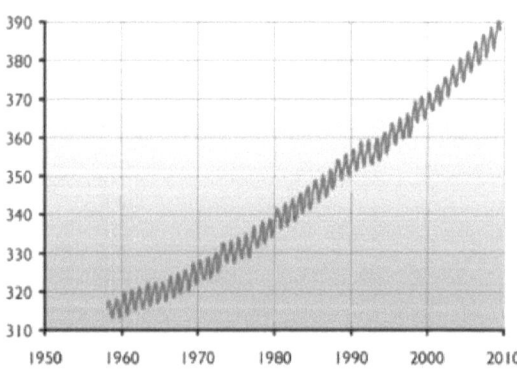

http://www.oekosystem-erde.de/html/klimawandel.html

Ist mehr Kohlendioxid gut für Pflanzen?

Kohlendioxid ist, wie oben gesehen, eine wichtige Zutat für die Fotosynthese; andererseits aber auch eine, die zur Erderwärmung beiträgt. Skeptiker, die die Warnungen vor dem Klimawandel für übertrieben halten, weisen gerne darauf hin, dass mehr Kohlendioxid in der Luft Pflanzen besser wachsen lässt, und die Landwirtschaft daher vom Klimawandel sogar profitieren könnte, und nicht, wie etwa vom Weltklimarat befürchtet, ihre Produktivität zurückgehen würde. Als Beleg führen sie an, dass etwa in Treibhäusern gezielt die Kohlendioxid-Konzentration erhöht wird, um die Produktion zu steigern. Irrt hier der Weltklimarat?

Nein, denn die Welt ist kein Treibhaus: Die Steigerung der Produktion tritt nur dann ein, wenn alle anderen Faktoren, vor allem Luftfeuchtigkeit und Temperaturen gleich bleiben. Dies ist aber global nicht der Fall – eine Welt mit mehr Kohlendioxid wäre wärmer und in vielen Regionen während der Wachstumszeit auch trockener. Das wichtige Enzym Rubisco ist aber temperatursensitiv, seine Leistung geht (oberhalb eines bestimmten Niveaus) bei steigenden Temperaturen zurück; und wenn es trockener ist, schließen die Pflanzen ihre Spaltöffnungen, um die Wasserverluste zu reduzieren. Durch diese nehmen sie aber auch Kohlendioxid auf, sodass trotz steigender Konzentration an Kohlendioxid in der Luft weniger in die Pflanze gelangt. Durch die verringerte Verdunstung steigt auch die Temperatur des Blattes, was wiederum die Leistung der Rubisco verringert.

Was sind alles Treibhausgase?

Zu den Treibhausgasen gehören Kohlendioxid (CO_2), das der Hauptverursacher des Klimawandels ist, Methan (CH_4), Distickstoffoxid (N_2O) und sog. F-Gase (FCKW, FKW(Fluor(chlor)kohlenwasserstoff), perfluorierte Kohlenwasserstoffe (PFC) und Schwefelhexafluorid (SF_6)). Auch Staub und Ruß verschmutzen die Atmosphäre.

Treibhausgase können auf natürlichem Wege in die Atmosphäre gelangen (Vulkanausbruch, Atmung) (natürlicher Treibhauseffekt), aber auch verstärkt durch die Energiegewinnung aus fossilen Brennstoffen wie Erdöl, Gas oder Kohle. Besonders Kohlekraftwerke verursachen die meisten CO_2-Emissionen (anthropogener

Treibhauseffekt). Ursachen für eine steigende CO2-Konzentration ist zum einen eine rasant wachsende Weltbevölkerung, zum anderen steigender Wohlstand, weshalb es insgesamt immer mehr Menschen gibt, die nach einem höheren Lebensstandard streben, der »Hunger« nach Energie immer größer wird und drittens dieser durch fossile Brennstoffe wie Öl, Gas oder Kohle, bei deren Verbrennung zwar sehr viel Energie gewonnen wird, aber auch sehr viel CO2 in die Atmosphäre gelangt, gedeckt wird.

Wie ist die Welt noch zu »retten«?

Forscher haben berechnet, dass 35% der der gegenwärtig förderbaren Öl-, gut 50% der Gas- und sogar 90% der Kohlereserven ungenutzt bleiben müssten, um die Erderwärmung in erträglichen Grenzen zu halten. Neben fossilen Brennstoffen empfehlen sich daher zukünftig erneuerbare Energien (Wasser-, Wind-, Sonnen- und geothermische Energien). Führen Flüsse weniger Wasser (aufgrund ausbleibendem Schmelzwasser aus den Bergen), so lässt sich weniger Energie aus Wasserkraft gewinnen. Doch Photovoltaikanlagen könnten in Zukunft sehr rentabel sein. Ein Solarzellenfeld in der Sahara von einer Fläche von 2.500 km² würde reichen, um die BRD, von 16.000km² die EU und von 65.000 km² die Welt mit Strom zu versorgen.

Folgen der globalen Erwärmung

Veränderte Jahreszeiten
Eine der bereits sichtbaren Folgen der globalen Erwärmung ist das zeitlich veränderte Auftreten der Jahreszeiten in klimatischer Hinsicht. Der Frühling beginnt regional unterschiedlich fast zwei Wochen früher, wie beispielsweise das Wanderverhalten von Zugvögeln zeigt. Des Weiteren wird eine Verspätung der Herbstphasen beobachtet, sichtbar am Beginn der Laubverfärbung. Diese Veränderungen variieren jedoch stärker und sind nicht so stark wie die der Frühjahrsphasen ausgeprägt. Eine weitere Folge ist das vorgezogene Aufbrechen von See- und Fließeis, dem das verspätete Einfrieren im Winter entspricht. Ein daraus resultierendes Problem besteht daher für andere Lebewesen. Küken ernähren sich von Insekten. Da sich diese aufgrund verschobener Jahreszeiten früher verbreiten, müssen sich die Küken anpassen und ebenfalls versuchen,

früher zu schlüpfen, was nicht zur Gänze gelingt, weshalb Vogel-populationen darunter leiden.

Regionale Wärmerekorde

Problematisch wird es auch für die Landwirtschaft. Äpfel wuchsen schlecht in Italien, weil es dort zu warm ist, aber noch relativ gut am Bodensee. Seit einiger Zeit gedeihen aber auch dort Äpfel schlechter, weil es immer häufiger zu warm ist.

Verschiebung der Klimazonen

Es entstehen neue »Klimaräume«. Dies sorgt dafür, dass Arten aus ihren Lebensräumen verdrängt, und diese von neuen Arten, die diese als Nische für sich entdeckt haben, besetzt werden. In Afrika wurden Städte wie Nairobi (Kenia) in einer gewissen Höhe gegründet, dass Moskitos unterhalb ihrer Lebensraumgrenze bleiben. Durch neue klimatische Verhältnisse steigt die »Moskitohöhe« und die Städte verlieren ihren Schutz. Insgesamt sind bei einer Erderwärmung zwischen (mind.) 1 bis 2°C etliche Arten bedroht, da sich ihre Lebensräume verschieben. Die Vegetationszonen passen sich der Klimaverschiebung an.

(Klima)Gebiet	Folgen *(prognost.)*
Polargebiet	- Schrumpfung der Tundren - Auftauen Permafrostboden!!!
Kaltgemäßigtes Klima	- Insektenbefall; Waldbrände!; Krankheiten
Warmgemäßigtes Klima	- Dürren; Insektenbefall; Waldbrände; Krankheiten - Weinanbau in GB; Dattelpalmen in Südeuropa
Subtropen	- Trockenheit
Tropen	- Savannen/Sahel-Zone profitieren von zunehmenden Niederschlägen - Feuchtgebiete: Waldbrände!; Trockenheit

»Ergrünen« der Sahara?

Es ist zu erwarten, dass sich der u.a. Golfstrom abschwächen wird, was zur Folge hat, dass die Temperaturen im Golf von Guinea steigen würden. Der westafrikanische Monsun bräche zusammen und würde auf die Sahara ausweichen. Diese würde fruchtbarer werden. Andere Klimamodelle sehen dagegen einen Rückgang der Niederschläge in der Sahelzone vor. Klar ist jedoch, dass mit steigenden Temperaturen mehr Bodenfeuchtigkeit entweicht und die daraus resultierenden Niederschläge ungleichmäßig verteilt niedergehen. Somit werden einige Regionen noch trockener, wieder andere müssen mit Überflutungen kämpfen.

Rückgang der Gletscher

Durch höhere Temperaturen schmelzen nicht nur die Polkappen, sondern auch die Gletscher. Im Himalaya verursacht die beispielsweise große Probleme, weil die dortige Bevölkerung auch Schmelzwasser für die Agrarwirtschaft angewiesen ist. Bleibt dieses aus, so haben Millionen Menschen mit Hunger und Wassermangel zu kämpfen. In Europa trifft es vor allem die Schweiz und Österreich, die Umsatzeinbußen im Tourismussektor befürchten müssen. Wird die »Schnee-Saison« kürzer, das Klima wärmer und schneeloser, bleiben Touristen aus und die Skipisten leer.

Polkappen/Eisschilde schmelzen

Durch höhere Temperaturen schmelzen die Polkappen. In der Arktis führt das dazu, dass das für Eisbären lebensnotwendige Packeis zunehmend ausbleibt. Daher sind auch hier Arten bedroht. Das Schmelzen in der Arktis ist für den Meeresspiegel irrelevant, da das Eis ohnehin auf dem Meer treibt. Eis reflektiert allerdings die Sonnenstrahlen, Wasser absorbiert sie. Das bedeutet, dass die Temperaturen in der Arktis steigen, weshalb noch mehr Eisfläche verloren geht usw.… Steigen die arktischen Temperaturen, nimmt das auch Einfluss auf das grönländische Eis. Schmilzt dieses wie das antarktische und fließt vom Land ins Meer, so steigt der Meeresspiegel. Hier gilt das Prinzip des Eiswürfels im Wasserglas. Weil externes Wasser in die Ozeane dazu fließt, erhöht sich der Meeresspiegel.

Erhöhung des Meeresspiegels

Je mehr Schmelzwasser in die Ozeane fließt, desto mehr erhöht sich der Meeresspiegel. In der Folge werden tiefergelegene Gebiete (besonders in Küstennähe) überflutet. Die Küsten verschieben sich tlw. drastisch. Die Niederlande könnten vollständig überflutet werden, so dass Köln an der Nordsee liegen würde. Weitere Regionen sind z.B. Florida (USA) und Bangladesch. Wie weit der Meeresspiegel steigt, hängt von der Temperaturerhöhung ab. In der Folge würden hunderte Millionen Menschen weltweit ihre Heimat verlieren. Die Zahl der Klimaflüchtlinge wäre immens. Ein politisches und ökonomisches Debakel drohe.

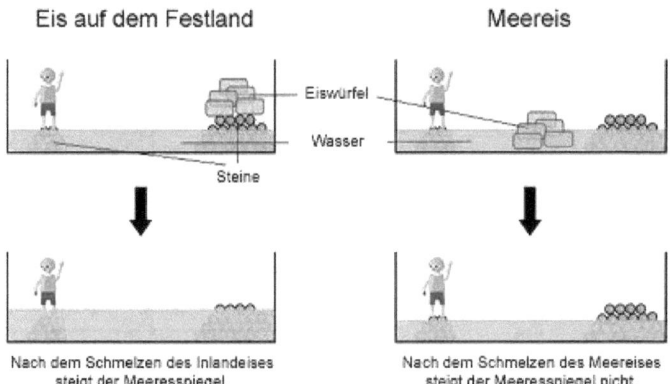

Eis auf dem Festland — Meereis

Eiswürfel
Wasser
Steine

Nach dem Schmelzen des Inlandeises steigt der Meeresspiegel.

Nach dem Schmelzen des Meereises steigt der Meeresspiegel nicht.

http://www.sonnentaler.net/aktivitaeten/meteorologie/klima/klima-planet-ich/ue2/images/inland-und-meereis.jpg

Auswirkungen auf Meere

Meere absorbieren ca. 1/3 des von Menschen verursachten CO_2, da sie 50mal mehr davon enthalten als die Atmosphäre und als Kohlenstoffdioxidsenken fungieren. In oberen Schichten wird es durch Fotosynthese gebunden. Durch Temperaturerhöhungen können sie weniger aufnehmen. Mit zunehmender CO2-Gas- Konzentration in der Atmosphäre versauern auch die Meere. Kohlenstoffdioxid senkt nämlich den pH-Wert der Ozeane, in dem sich daraus und Wasser Kohlensäure bildet. Dies zieht schwerwiegende Folgen für Korallen(-riffe), Tiere (mit einem Kalk-Schutzmantel) wie Plankton oder Meeresschnecken nach sich.

Erwärmung der Meere

Über wärmeren Meeren verdunstet mehr Wasser. Es bilden sich mehr und größere Wolken, aus denen Stürme entstehen. Somit wird die Zahl und Stärke der jährlichen Hurrikans zunehmen. Auch zu bedenken ist, dass warmes Wasser ein größeres Volumen als kaltes einnimmt, weshalb auch dadurch der Anstieg des Meeresspiegels unterstützt wird. Darüber hinaus gilt wie an Land, dass der Lebensraum zahlreicher Arten bedroht ist. Meerestiere werden wie Landtiere polwärts wandern. Im Nordmeer wird der Fischfang effektiver und ausgewogener, Korallen fallen der Korallenbleiche zum Opfer. Da Korallenriffe ein wichtiger Lebensraum für viele Arten sind, sind diese bedroht, wenn die Riffe zerfallen.

Veränderung der Meeresströmung

Auch die Meeresströmung, welche um den ganzen Globus reicht, wird durch den Klimawandel beeinflusst. Der Golfstrom bring warmes Wasser aus den Tropen nach Europa, was dort – bei uns – für ein mildes Klima sorgt. An Irlands Küsten wachsen sogar Palmen, obwohl es auf etwa den gleichen Breitengraden liegt wie das kanadische Neufundland. Das Meerwasser kühlt ab und sinkt, aufgrund höherer Dichte (thermohaline Zirkulation), nach unten ab. Dabei zieht es förmlich einen Strom Wasser mit, fließt südwärts in den Indischen Ozean und von dort wieder zurück, bis es in den Tropen erneut erwärmt wird. Gelangt nun aber immer mehr Schmelzwasser in die Meere, so sinkt der Salzgehalt ab und der Golfstrom reist ab. Europa würde nicht mehr mit Wärme versorgt und das Klima näherte sich sibirischen Verhältnissen an.

Rückkopplungen

Die Globale Erwärmung ist ein Phänomen, welches sich selbst verstärkt. Steigt die Temperatur an, dann schmelzen auch die Permafrostböden. Diese enthalten Methanhydrate, welche Treibhausgase sind und entweichen. Sie verstärken die Erwärmung und so weiter. Durch das Schmelzen des Permafrostbodens kommt es auch zu Einstürzen, da sich unterirdische Löcher im Boden bilden und diesen absinken lassen. Auch im Meeresboden sind Methanhydrate gespeichert, die bei einer Meereserwärmung freigesetzt werden können. Dies ist auch bei Waldbränden ähnlich. Dadurch wird mehr CO_2 freigesetzt. Gerade durch Rodungen verschwinden große Flächen Wald, sodass es auch weniger Bäume gibt, die CO_2 in Sauerstoff umwandeln können.

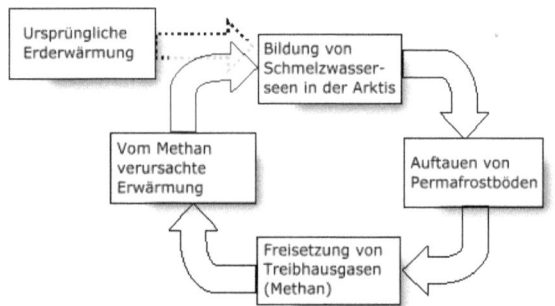

http://www.oekosystem-erde.de/html/klimawandel-03.html

Volkswirtschaftliche Schäden

Das Deutsche Institut für Wirtschaftsforschung (DIW) schätzt, dass bis zum Jahr 2050 Schäden von bis zu 200 Billionen US-Dollar entstehen könnten. Besonders Versicherungen zählen aus wirtschaftlicher Sicht zu den »finanziellen Verlierern« des Klimawandels, denn sie müssen für entstehende Schäden aufkommen. Da es mehr Stürme und Überflutungen gibt, ist die Zahl jener stark angestiegen. 2008 starben bei Naturkatastrophen über 200.000 Menschen. Versicherungen mussten Policen in Höhe von 200 Mrd. $ auszahlen. Besonders groß sind die entstehenden Schäden in der Landwirtschaft. Durch verschobene Vegetationszonen, andere Klimazeiten, Dürren oder Überschwemmungen kommt es immer häufiger zu Ernteausfällen. Millionen Menschen müssen hungern.

»Fünf Wege die Welt zu retten«

Ein riesiger Spiegel im Weltraum schützt die Erde vor Sonnenstrahlen

Dieser müsste lediglich 2% des Sonnenlichts ablenken. Dazu müsste er 100.000km breit sein. In den Weltraum transportiert man ihn am besten mit elektromagnetischen Raketenwerfern, denn bis das Spaceshuttle seine 20 Mio. Tonnen transportiert hat, müsste es 870.000 Mal starten, was 330 Billionen $ kosten würde.

Wolken sollen Klima kühlen (Reflexion)

Dichte Wolken können Sonnenlicht zurückwerfen. Futuristische Schiffe (via Windkraft betrieben) könnten Meerwasser zerstäuben und so Wolken verdichten. Diese reflektierten mehr Licht. 50 Schiffe würden benötigt. Jedes versprüht 500 Liter pro Sekunde an Salzwasser. Der Vorteil: kostengünstig, sofort abbrechbar, keine Konsequenzen beim Misslingen!

100 Schwefel-Raketen in Stratosphäre bringen

Würden eine Million Tonnen Schwefel in eine Höhe von 25 km via Raketen gebracht, so hätte dies den gleichen Effekt wie ein schwerer Vulkanausbruch: Schwefeldioxid hält die Sonnenstrahlen nämlich von der Erde ab! Die globale Temperatur würde sinken, ähnlich wie nach dem Pinatubo-Ausbruch (Philippinen, 1991). Weil es jedoch die Ozonschicht angreift und zu saurem Regen führt, ist sein Ausstoß durch den Umweltschutz verboten worden und muss daher gefiltert werden. Einige Forscher halten dies für paradox, denn während CO_2 die Wärme speichert, hat SO_2 auch positive Eigenschaften (s.o.). Hier muss man das Risiko abwägen (Ozon-Loch ⇔ Klimaerwärmung).

Den CO_2-Gehalt der Atmosphäre verringern

Pflanzen wandeln über die Fotosynthese CO_2 in Sauerstoff um. Nährstoffe wie stickstoffreicher Harnstoff bzw. Eisen könnten Phytoplankton im Wasser als Nahrung dienen. Dieser betreibt Fotosynthese. Gibt es zu viel Phytoplankton, so können Fische absterben. Dieser könnte daher in nährstoffarmen Gebieten »gezüchtet« werden.

»Künstliche Bäume« (Spitzenreiter)

Künstliche Bäume filtern Kohlenstoffdioxid aus der Atmosphäre, in dem sich aus Natriumhydroxid (NaOH) und CO_2 flüssiges Natriumhydrogencarbonat ($NaHCO_3$) ausbildet, welches in Gas umgewandelt und so im Meeresboden gelagert werden kann. Ein »Baum« kann jährlich 90.000 Tonnen CO_2 aufnehmen, was der Emission von 20.000 Autos entspricht.

Politische Lösungsansätze

Global agierende Konzerne könnten international besteuert werden. Die Einnahmen, über die Nationalstaaten gegenwärtig nicht verfügen können (Steueroasen), könnten Entwicklungsländern des globalen Südens zukommen, sodass diese Klimaschäden und Krisen bewältigen können. Im Gegenzug verpflichten sich die Länder des globalen Südens, keine Klagen an internationalen Gerichten gegen die Industriestaaten für Schadenersatzzahlungen einzureichen.

Quellennachweise

Zul. abg. April 2015

- http://www.bmub.bund.de/themen/klima-energie/klimaschutz/internationale-klimapolitik/ipcc/
- http://de.wikipedia.org/wiki/Folgen_der_globalen_Erw%C3%A4rmung
- http://www.oekosystem-erde.de/html/klimawandel-03.html

- Film: https://www.youtube.com/watch?v=pfZcS5B1Nd4
  https://de.wikipedia.org/wiki/Folgen_der_globalen_Erw%C3
  %A4rmung
- http://www.pik-potsdam.de/~stock/presentations/2006-06-
  15_luebeck_stock.pdf
- http://bildungsserver.hamburg.de/klimawandel/
- http://www.umweltbundesamt.de/sites/default/files/medien
  /publikation/long/2291.pdf
- https://web.archive.org/web/20141129060703/http://www.at
  mosphere.mpg.de/enid/7056b5b685f50825d101a7d699c652cf,0/
  Spezial__Sept__5_Wirbelstuerme/F__Zukunfts-
  Modelle_4xg.html
- https://www.globalisierung-fakten.de/globale-erwaermung/

Die Hybris der kybernetischen Zivilisation

Stephen Hawking warnte bis zuletzt:

>»Wir stehen an der Schwelle eines zweiten Atom-
zeitalters und einer Periode eines noch nie dagewesenen Klimawandels. Wissenschaftler haben eine
besondere Verantwortung dafür, die Öffentlichkeit
zu informieren und die politischen Führungsper-
sönlichkeiten hinsichtlich der Gefahren zu beraten,
vor denen die Menschheit steht. Als Naturwissen-
schaftler kennen wir die Gefahren von Atomwaffen
und ihre verheerenden Auswirkungen. Wir haben
studiert, wie menschliche Aktivitäten und Technologien die Klimasysteme in einer Art und Weise angreifen, die das Leben auf Erden auf Dauer verändern kann. Als Weltbürger haben wir die Pflicht,
dieses Wissen nicht für uns zu behalten, sondern
die Öffentlichkeit auf die unnötigen Risiken hinzu-
weisen, mit denen wir täglich leben. Wir sehen eine
große Gefahr auf uns zukommen, wenn Regierungen und Gesellschaften jetzt nichts unternehmen,
um Atomwaffen überflüssig zu machen und dem
fortgesetzten Klimawandel Einhalt zu gebieten.
Gleichzeitig leugnen viele der besagten Politiker
die Realität eines vom Menschen verursachten Klimawandels — oder jedenfalls die Fähigkeit des

Menschen, ihn aufzuhalten, und das genau zur selben Zeit, da unsere Welt mit mehreren höchst bedrohlichen Umweltkrisen konfrontiert ist.

Die akute Gefahr besteht, dass die globale Erwärmung selbsterhaltend wird, wenn das nicht schon eingetreten ist. Das Abschmelzen der Eiskappen in der Arktis und Antarktis reduziert den Anteil an Sonnenenergie, der in den Weltraum zurückgestrahlt wird, und erhöht damit die Temperatur noch weiter. Der Klimawandel vernichtet mutmaßlich den Regenwald im Amazonasgebiet und andere Regenwälder, womit einer der wichtigsten natürlichen Prozesse verschwindet, durch den Kohlendioxid aus der Atmosphäre beseitigt wird. Der Anstieg der Meerestemperatur könnte große Mengen Kohlendioxid freisetzen. Beide Phänomene würden den Treibhauseffekt und damit die globale Erwärmung insgesamt verstärken. Beide Auswirkungen könnten dazu führen, dass wir ein Klima wie das auf der Venus bekommen: siedend heiß, Schwefelsäureregen und eine Temperatur von weit über 250 Grad. Menschliches Leben wäre nicht mehr möglich. Wir müssen mehr tun, als das Kyoto-Protokoll vorgibt. Dieses internationale Abkommen, das 1997 beschlossen wurde, verlangt, dass wir jetzt die Kohlendioxidemissionen radikal reduzieren. Die Technologie dazu haben wir. »Nur« der politische Wille dafür fehlt uns.

Wir können ein ignoranter, gedankenloser Haufen sein. Als wir in unserer Geschichte mit vergleichbaren Krisen konfrontiert waren, konnte man sich anderswo ansiedeln. Man denke nur an Kolumbus und seine Entdeckung der Neuen Welt 1492. Aber jetzt gibt es keine neue Welt mehr, kein Utopia gleich um die Ecke, Unser Lebensraum wird knapp. Uns bleibt keine andere Wahl, als auf andere Welten auszuweichen. Das Universum ist ein Weltraum voller Gewalt: Sterne verschlingen Planeten, Supernovas feuern tödliche Strahlen ab, Schwarze Löcher prallen aufeinander, und Asteroiden rasen mit einer Geschwindigkeit von Hunderten von Meilen pro Sekunde durchs All. Natürlich lassen diese Phänomene den Weltraum nicht sonderlich einladend erscheinen, aber sie sind genau die Gründe, warum wir uns ins All hinauswagen sollten, statt auf der Erde stillzuhalten.

Dem Zusammenstoß mit einem Asteroiden hätten wir nichts entgegenzusetzen. Der letzte Zusammenstoß fand vor 70 Millionen Jahren statt, er vernichtete die Dinosaurier, und es wird wieder dazu kommen. Science-Fiction ist das keineswegs, sondern es ist durch die Naturgesetze und die Gesetzmäßigkeiten der Wahrscheinlichkeit vorgegeben. Gegenwärtig bedeutet ein Atomkrieg wahrscheinlich immer noch die größte Bedrohung für die Menschheit — eine Gefahr, die wir schon fast verdrängt haben.«[50]

In dem Film *Don´t look up*, der im Januar 2022 auf *Netflix* erschien, wird das Leben auf der Erde durch einen Asteroiden bedroht. Aber die Präsidentin der USA – unverkennbar eine Parodie auf Donald Trump – verharmlost nur: Letzte Woche habe einer von Seuchen geredet, dann rennt einer rum: »Die Polkappen schmelzen«, und heute ist es ein Asteroid. Nida-Rümelin schrieb 2020 in *Die Realität des Risikos. Über den Vernünftigen Umgang mit Gefahren*, doch über ein Jahr später blieb sein Buch der Präsidentin offensichtlich unbekannt. Weder Verdrängung noch Dramatisierung sind vernünftige Umgänge mit Gefahren. Woher kommt aber die allgemeine Tendenz, die viele Menschen zeigen, vor Gefahren die Augen verschließen zu wollen?

Als eine Ursache macht Fromm die »Illusion der Unsterblichkeit« aus, während die »Wirklichkeit des Todes« geleugnet und verdrängt wird. Wir glauben bei Gefahren und Risiken oft, es treffe nur die anderen, niemals uns selbst. Unglücklich verlieben, das tun sich nur die anderen. Corona bekommen nur die anderen und über die, die man selbst kennt, sagt man leicht: »Die kenne ich, die haben das nicht.«

Natürlich bin ich im Kontakt mit mir vertrauten Personen entspannter, weil ich weiß, dass »wenn man was ist«, ich kontaktiert werde. Wie aber soll mich ein Fremder erreichen, wenn er mich nicht kennt und nicht meine Kontaktdaten hat? Hier besteht eine größere Unsicherheit. Ob ich nun aber von jemandem angesteckt werde, den ich liebe oder den ich nicht kenne, ist aus Sicht des Virus unerheblich. Die Gefahr bleibt dieselbe, auch wenn es sich nicht so anfühlt, als sei es das Gleiche.

Fromm geht also der Frage nach, weshalb unsere Kultur den Tod leugnet? Er beschreibt: »Der Leichnam wird schön gemacht; das Begräbnis wird von einem professionellen Leichenbestatter in die Hand genommen und zu einem gesellschaftlichen Ereignis gemacht, bei dem Gefühle der Trauer weitgehend unterdrückt werden müssen. Meines Erachtens hängt diese Verleugnung des Todes tief mit einer unsere gesamte Kultur durchdringenden Einstellung zusammen: mit der Entfremdung von der Natur.«[51]

Seit der Renaissance ist die Natur zum Gegenstand unserer Beherrschung geworden. »Der Mensch setzt seinen ganzen Stolz darein, die Natur völlig zu erobern und eine neue vom Menschen bestimmte Welt zu erschaffen und (durch Naturwissenschaft und Technik) wie Gott allwissend und allmächtig zu werden.«[52]

Nun sei aber der Tod das einzige Phänomen, das unseren Mythos von der Naturbeherrschung Lügen strafe, da er uns die Grenze unserer Technik aufzeigt und nichts liege näher, als dass wir mit diesem unerträglichen Tatbestand dadurch fertigzuwerden versuchen, dass wir ihn einfach leugnen würden, »zwar nicht im wissenschaftlichen Sinn, aber im alltäglichen Leben. Sterben und Tod sind sozusagen aus der Sprache und dem Gefühlsleben verbannt.«

Das Phänomen der Verleugnung wird noch viel offensichtlicher, erklärt Fromm weiter, wenn wir unsere Haltung mit der der meisten früheren Kulturen vergleichen, in denen der Mensch ein Teil der Natur blieb, anstatt sie zu beherrschen. »Damit in Zusammenhang steht etwas anderes, das in der besonderen Struktur unserer Gesellschaft wurzelt. Diese gründet sich offensichtlich auf die Prinzipien des Egoismus und der uneingestandenen Selbstsucht. Die zugrunde liegende Ideologie lautet, wenn jemand seinen persönlichen Vorteil verfolge, so werde das letzten Endes zur Wohlfahrt aller beitragen. Die einzige Gelegenheit, bei der dieses Prinzip außer Kraft gesetzt wird, ist der Krieg.«[53] Dagegen ist Immanuel Kants *kategorischer Imperativ* das moralische Handlungsprinzip, das besagt: Handle nur nach derjenigen Maxime, durch die du zugleich wollen kannst, dass sie ein allgemeines Gesetz werde.

Im Krieg wird Solidarität und gegenseitiges Verantwortungsgefühl bekundet, wie man es im Frieden nur sehr selten sehen kann. Es wirft ein schlechtes Licht auf unsere Gesellschaft, denn wenn wir im Gegensatz dazu vorindustrielle Gesellschaften des Mittelalters und viele primitive Gesellschaften betrachten, stellen wir fest, dass sie sich auf den Grundsatz der Solidarität und des gegenseitigen

Mitgefühls gründen. »Fehlt dieses, wie es bei uns ungeachtet unserer Beteuerung des Gegenteils weitgehend der Fall ist, dann kümmert mich der Tod meines Nächsten in Wirklichkeit kaum. Ich leide nicht mit ihm, ich empfinde kein Mitgefühl mit seinem Schicksal, ich habe nur das Gefühl, dass er »eben Pech hatte«. Mein Egoismus sagt mir, das sei ja höchst bedauerlich, aber mir selber würde so etwas nicht passieren. Ich habe den Verdacht, dass hinter diesem »Mir wird so etwas nicht passieren« ein ungeheurer Egoismus steckt, der nur noch mit der Einstellung »Nach mir die Sintflut« in Bezug auf die nächste Generation zu vergleichen ist.«[54]

Fromm würde vielleicht sogar noch einen Schritt weitergehen und die Frage stellen, ob heute »in völligem Gegensatz zum äußeren Anschein sehr viel Destruktivität und Lebenshass vorhanden sind, dass die Anziehungskraft, die alles Nicht-Lebendige und rein Mechanische auf den heutigen Menschen ausübt, einem unverkennbaren, wenn auch unbewussten Charakterzug bei ihm entspricht.« Diese Lebenseinstellung, die »Liebe zum Toten«, hat Fromm als »Nekrophilie« bezeichnet (im Gegensatz zur Liebe zum Leben«, der »Biophilie«): »Es gibt gute Gründe zur Annahme, dass diese selbstzerstörerische Haltung bei vielen Menschen ziemlich stark ausgeprägt ist, auch wenn sie sich ihrer nicht bewusst sind. Sie zeigt sich unverhohlen in der zunehmenden Gewalttätigkeit gegen andere; wenn sie sich jedoch nach innen kehrt, darf man annehmen, dass sie nicht bewusst ist, weil sie im Widerspruch zu den allgemein akzeptierten ethischen Werten steht.«[55]

Eine andere Hypothese ist, dass viele Leute nicht zu den ärztlichen Vorsorgeuntersuchungen gehen, weil sie eine solche Angst vor dem Tod haben, dass schon die Möglichkeit, dass sie die Auskunft erhalten könnten, sie seien todkrank, für sie ein Tabu ist. Sie wollen ein Thema nicht aufgreifen, das ihre Angst vor dem Tode antreiben könnte. Sie betreiben Eskapismus, sie flüchten vor der Realität in eine Scheinrealität, in der es den Tod nicht gibt. Sie sagen zum Beispiel: »Es gibt kein Corona, und wenn doch, dann ist es nur eine leichte Grippe oder ein Schnupfen.«

Dies ist etwas völlig anderes, als zum Zahnarzt zu gehen, weil man Zahnschmerzen hat. Die meisten wollen vielleicht nicht hingehen, weil sie Angst vor Schmerzen haben. Als ich als Kind im Fernsehen einmal sah, wie eine Friseurin jemandem versehentlich ein Ohr abgeschnitten hatte, weigerte ich mich Jahre lang, zum Friseur gehen zu wollen. Lieber ließ ich meine Haare wachsen und begann, sie selbst zu schneiden, bevor mich meine Mutter alle paar Monate zwangsweise zum Friseur zerren musste. Wahrscheinlich aber ist der Grund, weshalb die meisten doch zum Zahnarzt gehen, weil sie keine Antwort zu fürchten haben, die sie psychisch erschüttern könnte, im Gegensatz zu solchen Erkrankungen, bei denen eine frühzeitige Untersuchung ihre Angst vor dem Tode auslösen könnte.[56]

Dafür spricht auch, dass viele Menschen Angst davor haben, ihr Testament oder eine Patientenverfügung zu machen. »Aus eben diesem Grunde rationalisiert man eine solche krankhafte Einstellung oft bewusst damit, dass man »das Schicksal nicht herausfordern sollte«. In Wirklichkeit steckt in dieser Einstellung ein Gutteil Aberglauben: Gewisse schreckliche Dinge dürfen nicht erwähnt werden, weil schon ihre Erwähnung bewirken könnte, dass sie sich wirklich ereignen.«[57]

Es ist ein Unterschied, erklärt Fromm, »ob ein Mensch den starken Wunsch zu leben oder ob er schreckliche Angst vor dem Sterben hat. ... Die Angst vor dem Tod wächst mit dem Gefühl, nicht richtig lebendig gewesen zu sein, das heißt, ein Leben geführt zu haben, das ohne Freude und Sinn war. Ein Mensch, der wirklich lebendig ist, hat keine Angst vor dem Tod, weil er seine Identität in seinem *Sein* und seiner inneren Aktivität findet. Dagegen orientieren sich all jene, die sich wie die meisten in unserer Kultur mit dem, was sie haben, identifizieren (mit ihrem materiellen Besitz, ihrer gesellschaftlichen Stellung, ihrem Prestige, ihrer Macht usw.) an der Devise: Ich bin, was ich *habe*. Ihr Selbst ist die Summe dessen, was sie *haben*, und ihr kostbarster Besitz ist ihr Ich, ihre Person«,[58] deren ganze Lebensweise im *Haben* gründet:

> »Die Angst vor dem Tode ist bei ihnen nicht so sehr die Angst, nicht mehr am Leben zu sein, als die Angst vor dem Verlust des Kostbarsten, was sie haben, ihrer Person. Alle großen humanistischen Denker der verschiedenen Religionen sind sich darin einig: Diejenigen haben am meisten Angst vor dem Tode, die nicht ganz lebendig sind und die ganz von sich selbst erfüllt sind, während für die, welche ihr Ich transzendiert, der Tod tatsächlich seinen Schrecken verliert.«[59]

Der Ausspruch: »Ich muss mich nicht impfen lassen, denn ich bin ja gesund,« drückt dieses sehr gut aus. Der Betreffende will betonen, dass er gesund *ist*, um zu überdecken, dass er eigentlich nur das *ist*, was er *hat*. Er hat den Glauben, er wäre nicht krank. Verliert er diesen Glauben, verliert er, was er zu *sein* glaubt. Diese Erkenntnis ist für viele so grauenvoll, weil sie dann fürchten müssen zu sterben, nachdem sie gelebt *haben*, ohne je lebendig gewesen zu *sein*. Dann klammern sie sich so verzweifelt an ihrem Glauben fest, dass sie noch im Sterben ihrem Arzt erklären, sie seien gar nicht krank, Corona sei nur eine Grippe. Entweder verstehen sie nicht, weshalb das alles gerade passiert, oder sie bezichtigen den Arzt, er habe sie ermordet, wahrscheinlich mit einer »Giftspritze«. Nur diejenigen, die einen Funken an ICH-Stärke in sich tragen, lassen hier die Einsicht erkennen, dass sie sich vor einer drohenden Gefahr doch hätten besser schützen müssen, statt zu sagen: »Don't look up!«

Alle haben über den Asteroiden gesprochen. Einige haben versucht, ihn zu zerstören, andere wollten ihn in kleinere Einzelteile zerlegen, um nach seiner Ankunft auf der Erde seine Rohstoffe ausbeuten zu können. Als aber der Asteroid am Himmel zu sehen war, waren die Lager beider Seiten – das der Präsidentin, die propagierte: *Don't look up*; und das der Wissenschaftler, die sagten: *Just look up* – schockiert. Dies ist in Filmkritiken oft als ein Widerspruch angekreidet worden, der es aber nicht ist. Auch wenn wir wissen, dass eine Gefahr besteht und sie ernstnehmen, sind wir oftmals dennoch schockiert, wenn sie eintritt. Wenn wir die Gefahr leugnen, indem wir sie verdrängen, reden wir vielleicht darüber, aber in dem Moment, wo es uns wie Schuppen von den Augen fällt und wir sie erkennen müssen, sind wir zu Tode schockiert und geraten in Panik.

Vermutlich dürfte Hawking recht behalten, dass wir einem Asteroiden wenig entgegenzusetzen hätten. Aber nicht so sehr deshalb, weil wir ihm nichts entgegenzusetzen hätten, sondern vielmehr deshalb, weil wir die Gefahr einfach nicht sehen *wollen*. Auch im Angesicht des Endes der Geschichte versuchen die Menschen in *Don´t look up* noch, den Asteroiden nicht zu zerstören, sondern Profit mit ihm zu machen, indem er in kleinere Teile gesprengt und diese dann auf der Erde aufgesammelt werden sollen.

Alf erklärte einmal, er wüsste einen »segenreichen Einsatz für Atomwaffen«: »Auf den Müll damit! Sie sind zu gefährlich.« Andererseits könnte man eine Monsterwelle auch mit einer gegenläufigen Welle auslöschen und so die Gefahr beseitigen, was bedeutet:

Mein Vorschlag für einen »segensreichen Einsatz von Atomwaffen« wäre, einen auf die Erde zufliegenden Asteroiden damit zu zerstören. Tatsächlich gibt es in dieser Hinsicht einige interessante Ansätze.[60] Das setzt aber voraus, dass wir als Menschheit in der Lage sind, beides als Gefahr zu erkennen und erkennen zu *wollen*.

Flucht vor Krieg und Klimakatastrophen

Panem entstand aus den Trümmern einer untergegangenen Zivilisation. Pandemien, Klimakatastrophen, in Folge eine Verknappung der Ressource Wasser und ein Schwinden der bestellbaren Agrarflächen lösten Kriege aus, und damit auch Fluchtbewegungen. Vor diesem Hintergrund sollte uns Panem eine eindringliche Mahnung sein, wie wir als Weltgemeinschaft mit den wertvollen Ressourcen dieses einen Planeten umgehen.

Nicht nur haben Raubbau an der Natur für die Gewinnung von Erdöl und Kohle zu massiven CO_2-Emissionen gesorgt, der einen Treibhauseffekt zur Folge hat und eine globale Erwärmung herbeiführt. Das Verschwinden ganzer Ökosysteme durch klimatische Veränderungen, der Verschiebung von Klimazonen und Jahreszeiten, starken Extremwetterereignissen wie Waldbrände und Hochwässer, das Abschmelzen der Gletscher und der Polkappen, die Erwärmung der Meere, das Verschwinden von Korallenriffen und des Phytoplanktons, die drohende Gefahr eines abreißenden Golfstroms und damit ein raueres Klima in Europa, dem Auftauen von Permafrostböden und der Freisetzung jahrtausendalter Krankheitserreger, steigende Meeresspiegel, die Erosion der Küsten – all das ist nur ein kleiner Teil dessen, was sich an Umweltzerstörung durch den Mensch als Spezies benennen lässt.

Die meisten Umweltschäden stehen nicht in Verbindung mit dem Messwert »CO_2«. Dazu gehören die Überfischung der Meere, die Schädigung der Ozonschicht durch andere Treibhausgase, das Verpesten ganzer Landstriche durch die chemische Industrie, das Umgraben ganzer Landesteile für Bergbau von Erzen und seltenen Erden, das Austrocknen natürlicher Ökosysteme und das Roden ganzer Urwälder – die Spezies Mensch bedroht das Leben auf der Erde wie keine andere.

Die bittere Ironie der Geschichte ist nun, dass durch das Auftauen der Permafrostböden wie das Vordringen in evolutionäre Hotspots, um Regenwälder für Agrarwirtschaft zu roden, die Menschheit mit ganz neuen Krankheitserregern konfrontiert, dass durch Hochwasser, Starkregen oder Waldbrände ganze Städte von der Natur verschlungen werden, dass durch den steigenden Meeresspiegel Küstenlinien, an denen Millionenstädte liegen, drohen zu verschwinden und der Menschheit ihr eigener Raubbau an der Natur zum Verhängnis wird.

Aber was ist die *Menschheit*? Den *historischen Preis der Freiheit*, den der Streifzug der Industriestaaten in der zweihundertjährigen Geschichte der Industrialisierung fordert, zahlen nicht die Ausbeuter, sondern die Ausgebeuteten. Die großen Krisen dieses Jahrhunderts werden zu Krieg um Wasser und Ackerland besonders in den ohnehin schon ärmsten Teilen der Welt führen. Viele Millionen Menschen werden ihre Heimat verlieren durch Naturkatastrophen, durch Kriege, durch Armut, durch Hunger. Dies bedeutet auch eine Herausforderung für die industrialisierte und wohlhabende Welt. Einerseits hat die Flüchtlingskrise des Jahres 2015 gezeigt, dass die Europäische Idee im Angesicht von Fluchtmassen *versagt*, was auch in Zukunft zu innenpolitischer Instabilität führen kann; andererseits ergeben sich so ganz neue außenpolitische Herausforderungen in einer globalisierten Weltordnung. Unterdrückte, ausgebeutete, drangsalierte und alleingelassene Völker sind nicht selten die, die ihren vermeintlichen wie wirklichen Verwahrlosern destruktiv gegenübertreten.

Nicht erst in einem im Jahr 2017 erschienen Artikel warnen 50 Nobelpreisträger vor den »größten Gefahren für die Menschheit«.[61] Weiterhin nennen sie – noch nicht angesprochene Risiken – eine atomare Kriegsführung, Populismus und Terrorismus. Im Hinblick auf Verschwörungstheorien und die Radikalisierung einiger gesellschaftlicher Randgruppen während der Corona-Pandemie steht in Deutschland in der Tat der innere Frieden der Gesellschaft auf dem Spiel, können neue Terror- und Untergrundorganisationen wie die RAF oder der NSU hieraus entstehen (von links- und rechtsextremistischer Wurzel ganz zu schweigen).

Insbesondere Terror kann einerseits religiös-fundamentalistisch motiviert sein, aber ich möchte auch darauf hinweisen, dass durch Klimakatastrophen und fehlende Hilfe durch die internationale Gemeinschaft eine ganz neue Brutstätte für terroristische Motive entstehen kann. Dies kann auch vor einem ganz anderen, nämlich innenpolitischen Hintergrund relevant werden; dann nämlich, wenn Umweltbewegungen nicht gehört und ernstgenommen werden, und auf immer drastischere Protestaktionen zurückgreifen. So etwa im Sommer 2021, als ein *Greenpeace*-Aktivist mit einem motorisierten Gleitschirm in einem Fußballstadion zu landen versuchte und dabei mehrere Menschen verletzt wurden.

Ein »Klimalockdown« kann – das darf nicht übersehen werden – auch faktisch von der Natur selbst auferlegt werden und muss nicht zwangsläufig das Resultat von Regierungshandlungen sein; dann nämlich, wenn die Natur Städte vernichtet, Fabriken zerstört und Infrastruktur blockiert und Waren unbrauchbar macht. Umweltbedingte Schäden könnten, wenn die wichtigen Klimaziele von Paris nicht erreicht und die Erderwärmung auf 1,5°C oder maximal 2°C begrenzt werden, einen erheblichen Teil der jährlichen Wirtschaftsleistung weltweit kosten und damit erheblichen Wohlstand zerstören. Schätzungen gehen in den zweistelligen Billionenbereich, was in etwa dem Bruttoinlandsprodukt der USA oder der Europäischen Union heute entspricht.[62] In diesem Sinne ist der Klimalockdown die vielleicht größte Bedrohung für die menschliche Zivilisation in diesem Jahrhundert.

Ökoterrorismus ist jedoch etwas ganz anders als ein solcher, der in Vergeltung für zerstörte Lebensräume begründet liegt. Der kybernetische Mensch ist dem vorindustriellen Menschen so überlegen, dass diesem als letzter Ausweg nur der Akt des Terrors übrig bleibt. Soweit darf es im internationalen Gefüge der Nationen und Völker nicht kommen.

Bio- und Gentechnologie

»Jedem sein eigenes Medikament«, war der Titel eines Beitrags im Spiegel[63] über das Mainzer Biotechnologie-Startup *Biontech*. Nur drei Jahre später gelang es mit der neuartigen mRNA-Technologie, einen wirksamen und sicheren Impfstoff gegen das Coronavirus zu entwickeln. Biontech war eines der ersten Unternehmen und zeigte das gewaltige Potenzial der neuen Biotechnologie auf. Das Unternehmen, welches sich eigentlich auf die Entwicklung von Medikamenten oder Immuntherapien gegen Krebserkrankungen spezialisierte, wurde weltbekannt. Zugleich haben wir erkennen müssen, dass mit der Entgrenzung der Medizin und neuen Gentechnologien der Mensch zu verschwinden droht, wie auch die natürlichen Prozesse der Evolution.

Genmodifizierte Agrarwirtschaft kann auch in Dürre- und Trockenzeiten eine überdurchschnittliche Ernteerträge einbringen. Pestizide und Schädlingsbekämpfungsmittel erhöhen ebenfalls die Erträge und ermöglichen so eine sichere Ernährung einer rasant wachsenden Weltbevölkerung, deren Bedarf nach Genussgütern (Tee, Kakao), Grundnahrungsmitteln (Getreide), synthetischen Kraftstoffen (Mais, Raps) und Fleisch (Tierhaltung) mehr und mehr anwächst. Auf der anderen Seite führte genmanipuliertes Saatgut eines amerikanischen Saatgutherstellers zu Ernteausfällen und – da aus der Ernte keine neue Saat gezogen werden konnte – auch zu zahlreichen Selbstmorden unter zum Tode verurteilten indischen Bauern.

Um den auftauenden Permafrostboden in Sibirien zu festigen, versuchen Forscher das ausgestorbene Mammut zu klonen, welches wieder durch die weiten Ebenen und Steppen wandern soll. Auch die Rückkehr der Dinosaurier ist eine Faszination für sich, wenn es gelingen könnte, sie aus fossiler DNA erneut zum Leben zu erwecken. Wo aber sollen die Grenzen der Eingriffe des Menschen in die Natur liegen? Allen Mahnungen der Skull Islands und Jurassic Parks und Jurassic Worlds werden die Bedrohungen vollständig ausgeblendet. Man lebt in der Traumvorstellung, einen T-Rex als Streicheltier halten zu können und übersieht dabei, dass ein T-Rex entweder *tödlich* oder als harmloses Tier schlichtweg *langweilig* ist. Mit Gentechnologie kann es gelingen, Embryos »krankheitsfrei« auf die Welt zu bringen. Längst ist auch eine intensive Debatte um die Ethik des Klonens aufgekommen. In mehreren gesellschaftskritischen Büchern und Filmen (wie etwa *The Island*)wird bereits die Möglichkeit zum Gegenstand gemacht, für zahlungskräftige Kunden »baugleiche« Menschen zu züchten, die als biologisches »Ersatzteillager« gebraucht werden können.

Durch die Fortschritte der Medizin ist es gelungen, das durchschnittliche Lebensalter eines Menschen von 40 auf 80, 90 oder bald sogar 100 Jahre auszudehnen. Dies führt jedoch zu ganz neuen Problemen, welche zuvor nicht existierten. Man denke nur an den »Pflegenotstand«, der seit den 1980er Jahren in Deutschland öffentlich diskutiert wird. Das Problem, dass Menschen würdelos in ihren Exkrementen liegen und Pfleger sich nicht um sie kümmern können, weil sie gerade mit jemand anderem beschäftigt sind, gab es früher – im Mittelalter – noch gar nicht, weil die meisten Menschen gestorben sind, ehe sie alt werden konnten.

Die Bio- und Gentechnologie ist eine große Chance, aber sie birgt ihre ganz eignen Gefahren zugleich. Die größte Chance sind Gesundheit und Langlebigkeit für alle Menschen, die größte Gefahr das Verschwinden des Menschen und das Ausrotten der natürlichen Evolution.

Hunger und Überfluss

Katniss fragte sich, wie es sich anfühlen würde, in einer Welt zu leben, in der Essen auf Knopfdruck erscheint. Und was würde man mit all der Zeit anfangen, die man weder beim Jagen noch bei der Arbeit auf Feldern verbringen würde?

Die neolithische Revolution, in der der Mensch den Ackerbau erfand, war bahnbrechend in dem Sinne, als dass die existenziellen Lebensgrundlagen aus biologischer Sicht gesichert waren. Im Zuge der Industrialisierung entkamen die Menschen mehr und mehr der Agrarwirtschaft oder der fertigenden Industrie. Die Dienstleistungsgesellschaften entstanden. Die Chance, dass Menschen einander als Freunde begreifen, die einander brauchen, einender helfen und für einander da sind, blieb unbegriffen. Der Kapitalismus, dessen Verdienst großer Wohlstand ist, forderte den Preis des Wettbewerbs. Menschen waren Konkurrenten und damit potenzielle Gegner. Die neu gewonnene Zeit durch technischen Fortschritt wurde erneut in mehr Arbeit und mehr Produktivitätssteigerung *investiert*, nicht in soziales Miteinander oder humanistische Bildung. Das Hamsterrad der Megamaschine läuft schneller und schneller. Der Preis für materiellen Wohlstand und Nahrung im Überfluss war nicht minder als die Seele des Menschen selbst.

Wie fühlt es sich also an, in einer solchen Welt zu leben? Ist der Mensch denn noch mehr als ein gutgenährter Automat, der seine Kleidung mit jedem neuen Modetrend wechselt, der alle paar Wochen das alte obsolet werden lässt? Die Fesseln der Natur abzustreifen, brachte dem Menschen die *Freiheit von* diesen Bedingungen, aber er hat die *Freiheit zu* leben noch nicht voll entwickelt. Während in einigen Teilen der Welt, besonders in Entwicklungsländern in Südamerika, Afrika, Zentralasien oder auch in Indien Menschen Hunger leiden, werden in den USA oder Europa Fresswettkämpfe ausgetragen, bei denen Menschen vierzig Hot Dogs in sich reinstopfen.

Wer danach erbrechen muss, wird disqualifiziert. Daher trainieren die Wettkämpfer ihre Mägen vor den Turnieren, in dem sie schon Monate zuvor gewaltige Mengen Nahrung in sich reinstopfen. Um nicht so schwergewichtig zu werden, wie etwa die Sumoringer in der japanischen Kultur, treiben sie daher viel Sport. Es ist interessant nebenbei zu erwähnen, dass Sumoringer ein Vielfaches dessen an Kalorien täglich zu sich nehmen müssen, die ein durchschnittlicher Erwachsener zum Leben braucht, allein um ihr immenses Gewicht zu halten.

Während es im europäischen Mittelalter als Schönheitsideal galt, korpulent zu sein, so ist das Ideal der heutigen Zeit ein Schlankheitswahn, der bis in die Magersucht führt. Auch die Medizin hat diesen Markt für sich entdeckt. Mit Fettabsaugungen und Operationen können überschussige Pfunde veräußert werden, die aber eigentlich einem Überangebot an Nahrung geschuldet sind, während in Afrika ein- oder zweijährige Kinder sterben, weil außer Haut nichts Beleibtes mehr an ihren Knochen hängt.

Während es Nahrung im Überfluss gibt, zuweilen diese auch vergammelt einfach weggeworfen wird, hungerten 2017 weltweit etwa 821 Millionen Menschen,[64] 20 Millionen sind akut durch den Hungertod bedroht.[65] Zwar ging die Zahl der Hungerleidenden seit 1990 trotz stark wachsender Bevölkerungszahlen – besonders in Afrika und Indien – um 200 Millionen zurück, doch steigt sie seit 2017 wieder an. Auch durch die Corona-Pandemie und die weltweiten Unterbrechungen von Lieferketten wurde die Hungersnot größer.

Zugleich ist aber auch eine andere Entwicklung zu beobachten. Mexiko galt 2016 als das »dickste Land der Welt«.[66] Jeder dritte Erwachsene ist übergewichtig, jedoch liegt die Ursache dafür nicht in einem Überfluss an Lebensmitteln, sondern vor allem an dem Konsum zuckerhaltiger Getränke wie Cola oder Limonade. Während in Frankreich die Einführung einer Zuckersteuer keine Auswirkungen auf das Konsumverhalten hatte, nahm die Nachfrage nach süßen Getränken in Mexiko um 12% ab.[67] Die gesundheitlichen Schadfolgen einer überzuckerten Ernährung ist nicht nur in Industriestaaten ein großes Problem geworden, sondern vor allem auch in Entwicklungsländern.

Fertigprodukte sind nicht nur günstig, sondern auch zuckerhaltig. »Die Weltgesundheitsorganisation schlägt Alarm: *Big Food*, die multinationale Nahrungsmittelindustrie, ist noch gefährlicher als die Tabak- und Alkoholindustrie. Aggressiv erobern die Konzerne jetzt arme Länder und drängen mangelernährten Müttern und ihren Kindern krankmachendes Junkfood auf – Instantnudeln, Kekse, Chips, überzuckerte Drinks. Die Folge: eine Pandemie der Fettleibigkeit – allein in China starben 2016 1,3 Millionen Menschen an Diabetes.«[68]

Die reichhaltige und exotische Nahrung im Kapitol stammt keinesfalls aus einem Paralleluniversum, sondern ist – darauf haben die Macher hingewiesen – ein Sammelsurium an kulinarischen Spezialitäten, welche heute überall auf der Welt zu finden sind. Die Esskultur im Kapitol ist so dekadent wie die der alten Römer, die zum Ende ihres Reiches Flamingozungen aßen. Diese dekadente Kultur jedoch, hält uns nur den Spiegel vor. Doch auch in reichen und wohlhabenden Ländern gibt es Arme, Obdachlose und Hunger.

Allein in Deutschland mussten dem statistischen Bundesamt zufolge 4,4 Millionen beim Essen sparen.[69] In das gleiche Deutschland flüchten gleichzeitig tausende Menschen wegen Vertreibung, Kriegen, aber auch Hunger. Der Reichtum der westlichen Welt ist heute so ungleich verteilt, wie er es in der Geschichte der modernen Zivilisation selten war.

Arm und Reich

Das Gemälde Girl with Balloon *des britischen, anonymen Straßenkünstlers Banksy, das ein Mädchen mit einem Ballon zeigt, wurde 2018 für etwa eine Million Pfund an eine Sammlerin versteigert. Kurz nach der Auktion schredderte sich das Bild durch einen eingebauten Mechanismus bis zur Hälfte selbst. 2021 rechnen Experten mit einem Erlös zwischen vier und sieben Millionen Pfund.[70] Am gleichen Tag verhungerten 24.000 Menschen, die meisten davon Kinder unter fünf Jahren.[71]*

Am Ende des Jahres 2020 war schätzungsweise jeder 16. Amerikaner Millionär, was in etwa 19 Millionen an der Zahl sind. Der Hintergrund liegt in der sehr positiven Entwicklung der internationalen Aktien- und Finanzmärkte, von deren Teilhabe ein Großteil der Bevölkerung ausgeschlossen sind, da sie finanziell am Existenzminimum leben.[72] 39% der Amerikaner können nicht einmal 400 $ aufbringen, weil sie keinerlei Rücklagen besitzen. 17% der Amerikaner können ihre monatlichen Rechnungen nicht voll begleichen, 20 % sind mit Kosten für medizinische Behandlung aus dem Vorjahr belastet, die sie noch nicht bezahlen konnten und jeder Vierte verzichtet auf medizinische Behandlung, weil man sich diese nicht leisten kann.[73] Besonders Afroamerikaner und hispanische (weiße) Amerikaner verdienen deutlich unterhalb des Durchschnitts.[74] Sutherland, der ein enzyklopädisches Wissen und ein exzellentes Gedächtnis besitzt, erkennt keinen gravierenden Unterschied zwischen den ökonomischen Verhältnissen in Panem und den USA heute:

> »Panem ist kein speziell faschistischer Staat, aber es geht um Hegemonie, um eine Vereinigung der reichsten Menschen, welche Regierung und Gerichte unter Kontrolle halten: Genau das geschieht momentan in den [USA]. … 1% der US-Bürger besitzt mehr Reichtümer als die unteren 90% zusammen. Die sechs Walmart-Erben besitzen mehr als die unteren 41% der Bevölkerung. Jeder der sechs größten Hedgefond-Manager hat 2013 mehr als zwei Milliarden Dollar verdient.«[75]

Der Kapitalismus hat zum Verdienst, Gesellschaften aus Armut zu Wohlstand geführt zu haben. Heute leben auch viel weniger Kinder in bitterer Armut als noch vor hundert Jahren. Doch diese Erfolgsgeschichte hat durchaus ihren Preis, besonders in ökologischer Dimension. Die extremen Auswüchse des Kapitalismus spalten die Gesellschaft zusehends. Die Kritik des Sozialismus und Kommunismus, diese Systeme haben historisch evident nie funktionieren können, lässt außen vor, dass auch der Laissez-faire Liberalismus des 19. Jahrhunderts gescheitert ist. Der *freie Markt* hat sehr starke eigene Kräfte, aber dass der Markt selbst alles regeln könne, ist weder richtig noch ein universelles Naturgesetz. Extreme Wirtschaftsverhältnisse treiben Millionen Menschen in Armut, Krankheit, Hunger und verkürzen die allgemeine Lebenserwartung.

In den USA etwa führt der Laissez-faire Liberalismus dazu, dass Insulin-Medikamente so teuer sind, dass sich einige Bevölkerungsschichten diese nicht mehr ausreichend leisten können und daher rationieren müssen; bereits in Einzelfällen mit tödlichen Folgen. Dabei ist ein solch hoher Preis keineswegs notwendig und extreme Preissteigerungen sind besonders in den vergangenen Jahren zu beobachten gewesen. In der Geschichte war oft zu beobachten, dass nicht nur Politik und Wirtschaft eng miteinander zusammenhängen, sondern auch über die extremen Auswüchse der Wirtschaft politische Unruhen bedingt waren, welche schließlich zu deren Versagen und auch zum Zivilisationsbruch führte.

Wirtschaft ist aber kein Krieg. »Wirtschaft und Krieg haben viele gemeinsame Elemente, aber aufgrund der unterschiedlichen und unvereinbaren Kräfte, die sie antreiben, und aufgrund der Ergebnisse, die sie hervorbringen, bleiben sie für immer getrennte Phänomene. Wirtschaftliche Aktivitäten sind untrennbar mit der Schaffung von Werten zum Nutzen für die Gesellschaft und mit dem Wunsch des Einzelnen nach einem produktiven Engagement in der Gesellschaft verbunden. Das gilt heute mehr denn je. Die Wirtschaft, traditionell von großen Organisationen geprägt, hat sich zu einer für kreative Bürger gewandelt, die nach wirtschaftlicher Unabhängigkeit streben und sich den Spannungen des Marktes aussetzen, Kriege haben damit nichts gemeinsam.«[76]

Stadt und Land

Die Zerspaltenheit zwischen Stadt (Kapitol) und Land (Distrikte) ist für unsere Welt im Jahr 2020 problematischer denn je geworden. In weiten Teilen der Welt entkoppeln sich hier soziale, wirtschaftliche, politische und kulturelle Lebenswirklichkeiten voneinander. Das zeigt sich in Russland, in der Türkei, mehr und mehr in China, auch zunehmend in Deutschland oder Frankreich und ganz besonders in den USA.

Nicht zuletzt waren es Trumpisten aus dem Umland, die am Wahltag des 11. November 2020 mit ihren Jeeps und mit Gewehren bewaffnet in die Städte strömten, um Auszählungen zu Ungunsten ihres Präsidenten Trump zu verhindern. Was in den USA die »flyover states« sind – eine abwertende Washingtoner Bezeichnung für ländliche, republikanische Binnenstaaten, ist in Deutschland »Dunkel-Deutschland«, was eine abwertende Betitelung der neuen Bundesländer ist.

Schon in den fünfziger Jahren wies Hannah Arendt auf einen Zusammenhang hin, »der heute mehr und mehr an Bedeutung gewinnt: auf das prekäre und bisweilen verhängnisvolle Verhältnis zwischen Isolation und Politik. ... [Arendt warnte] davor, dass der Verlust sozialer Beziehungen anfällig machen kann auch für Intoleranz und Ideologien. Und wenn Vereinsamung und Isolation zu einem andauernden Zustand werden, ist die Gefahr besonders groß, erst recht in individualistischen Gesellschaften. Interessant ist, wie Hannah Arendt Vereinsamung und Isolation in diesen Zusammenhang versteht. Sie sprach von der ‹Verlassenheit›, die entsteht, wenn ein Mensch ‹aus dieser Welt hinausgestoßen wird›, wenn ‹jeder von jedem verlassen und auf nichts mehr Verlass ist›.

Vor allem ländlichen Regionen haften diese Attribute und Funktionsweisen an, nicht nur in Deutschland. Gleiches gilt in Großbritannien, in Frankreich, in Belgien. Wer einmal durchs Hinterland von Lyon oder Dijon gefahren ist, durch die Provinzen nahe des schottischen Glasgow oder Dumbarton, aber auch durch viele deutsche Dörfer und Gemeinden im tiefen Osten, der weiß, warum der Volksmund das Wort ‹Kaff› erfunden hat. Verblichene, handgemalte Namen kleiner Geschäfte gammeln an schimmeligen Fassaden, die Läden längst aufgegeben. Die wenigen Damenboutiquen bieten vorgestrige Mode an, spätestens am frühen Abend ist kein Mensch mehr zu sehen. Manche mögen diesem Maroden einen gewissen Charme abgewinnen. Meistens sind das jedoch nicht jene Menschen, die in der Tristesse wohnen (müssen).

Kaff. Es ist ein spöttisches Wort. Wie auch alle seine Brüder, die das Land auf ähnliche Weise katalogisieren. Walachei, Pampa, Arsch der Welt. Die Benennung des Ländlichen fällt oft beleidigend aus, ebenso die seiner Bewohner. Dorfpomeranzen sind es, Torfköpfe und Hinterwäldler, die jenseits der Städte leben. Die Bezeichnungen sind bezeichnend. Sie drücken allzu deutlich die Kluft aus, die zwischen Stadt und Land herrscht, zwischen ‹mittendrin› und ‹außen vor›, zwischen Teilhabe am Zeitgeschehen und Ausgeschlossenheit.«[77]

Während im Jahr 2016 noch knapp die Hälfte der Weltbevölkerung im ländlichen Raum lebte, so werden schätzungsweise bis 2030 etwa 70 % in Städten leben.[78] Nicht nur der ländliche Raum droht abgehängt zu werden, sondern auch das Stadtleben verändert sich in den Megametropolen: Die Menschen leben nicht mehr miteinander und nebeneinander, sondern – wie Helmut Schmidt im Jahr 2007 besorgt feststellte – übereinander. Die Schnelllebigkeit und die mechanisierte Entfremdung vom Leben und der Menschen untereinander führt auch zu Vereinzelung im städtischen Leben. Die gemütlichen und nahbaren Innenstädte werden ebenso verschwinden wie nachbarschaftliche Freundlichkeit einer allgemeinen Anonymität weichen muss.

Schmidts Sorge, dass es zu großen sozialen, politischen und gesellschaftlichen Konflikten kommen werde, ist berechtigt, denn ein *Homo singularis* erlebt den Zustand verschärfter Vereinzelung. Von der Angst ergriffen versucht er diesen Zustand loszuwerden. Dies bildet die Grundlage für das Entstehen totalitärer Bewegungen. Ist eine Masse, eine ganze Gesellschaft von Vereinzelung, Vereinsamung, Abgetrenntheit und Isolation ergriffen, ist nicht selten politische Radikalisierung und die Erosion der Demokratie zu beobachten: »Spätestens dann wird Einsamkeit zur Gefahr«, stellt Kinnert fest.[79] Der Mensch »kann durch Hunger oder Unterdrückung leiden, aber er leidet nicht an dem Allerschmerzlichsten – an völliger Einsamkeit und Zweifel.« [80] Beschallt von Massenmedien und dadurch leicht »hysterisierbar« gemacht, wie Schmidt meinte, seien Konflikte unter den unzähligen *Singularitäten* unvermeidlich.

Die sozialen Spannungen innerhalb der Städte sind das eine, etwas anderes ist das Gefälle zwischen Stadt und Land. Das Prekariat, welches vom Leben ausgeschlossen ist, fällt wie das frühere Proletariat seine Entscheidung an der Wahlurne entsprechend, nämlich immer rechts und zunehmend rechtsradikal, wo man in aller Offenheit die Verbrechen an Staat und Verfassung ankündigt. Verwunderlich ist das nicht. Es ist der Durst nach Drama und die Destruktivität bietet dieses Drama als Ausflucht der billigsten Art. »Der Mensch, der nichts erschaffen kann, will zerstören.«[81]

Die Popularität totalitärer Führer, schreibt Arendt, »ist keineswegs das Produkt einer meisterhaften und lügnerischen Propaganda, welche die Dummheit und Unwissenheit der Massen auszunutzen versteht; denn die Propaganda totalitärer Bewegungen, die der totalen Herrschaft vorausgehen und sie bis zu einem gewissen Punkt weiterhin begleiten, ist zwar letztlich verlogen, aber keineswegs geheimnistuerisch; totalitäre Führer beginnen ihre Karriere meist damit, dass sie sich ihrer vergangenen Verbrechen mit unvergleichlicher Offenheit rühmen und ihre zukünftigen mit unvergleichlicher Genauigkeit ‹voraussagen›. ... Um die Bedeutung ... ihrer Lügen nicht zu überschätzen, muß man sich die an sich viel zahlreicheren Fälle vor Augen halten, in denen [etwa] Hitler an Aufrichtigkeit und brutaler Eindeutigkeit in der Definition der eigentlichen Ziele nicht das geringste zu wünschen übrigließ, die aber dann von einem auf diese Konsequenz nicht vorbereiteten Publikum einfach nicht zur Kenntnis genommen wurden.«[82]

Der Satiriker Dieter Hallervorden hatte im Jahr 1995 einen Sketch mit dem Titel »Aktionsgemeinschaft Freunde der Diktatur« gedreht, in dem er als Verfechter der Diktatur als Alois Moosbrecher interviewt wird. Die Anspielungen auf die NS-Zeit sind dabei unverkennbar. Moosbrecher sagt, Hitler habe die Diktatur missbraucht für seine Zwecke, er hingegen wolle die Demokratie im Ganzen abschaffen und mit Stumpf und Stiel ausrotten. Dies ginge nur mit Gewalt, »anders geht es nicht.« Es müssten auch nicht alle Zuschauer zustimmen, denn diejenigen, »die jetzt nicht zustimmen, können wir uns nachher nochmal gesondert vornehmen.«

Hallervordens Sketch ist harte Satire, die tief unter die Gürtellinie geht; es ist empörend. Er ist deshalb empörend, weil der Sketch eigentlich keine Satire ist, sondern historische Wahrheit. Das selbstbewusste Auftreten und die erschreckende Offenheit, wie Moosbrecher seine Verbrechen und antidemokratischen Absichten ankündigt, sind keinesfalls freie Erfindungen, sondern evidente Strategien totalitärer Führer.

Trump warb im US-Wahlkampf 2016 damit, Muslime an der Einreise zu hindern – viele seiner Wähler waren daraufhin entsetzt, als er per angeordnetem Dekret einen dreijährigen Jungen »als Gefahr für die nationale Sicherheit« am Flughafen verhaften ließ. Bolsonaro gab sich während des Wahlkampfes zur Präsidentschaft in Brasilien 2018 als großer Fan der überwundenen Militärdiktatur zu erkennen und in Europa haben es Rechtspopulisten offen zum Ziel erklärt, die Europäische Union zerstören zu wollen. Die Polemik, mit der uns Hallervordern vor unserer eigenen Blindheit warnen will, ist eine wichtige Mahnung. Nur leider ist gerade dieser Aspekt seines Sketches in der Bitterkeit des *schwarzen Humors* in der breiten Masse untergegangen.

Die totalitären Führer rühmen sich offen mit ihren begangenen Verbrechen und kündigen in erschreckender Klarheit ihre künftigen, noch folgenden an. Das alles fasziniert die destruktiven Massen. Man denke nur an die Verbrechen an Menschlichkeit, Staat und Verfassung, welche Trump vor seiner Wahl ankündigte. Putins Kernwählerschaft, wie auch Erdogans Machtbasis wurzeln in den ländlichen Regionen. In Deutschland sind es nicht nur AfD-Funktionäre, sondern zunehmend auch extreme Politiker in anderen Parteien, die auf dem Vormarsch sind.

In den neuen Bundesländern, besonders in Sachsen und in Thüringen – wo man die AfD nicht trotz, sondern gerade wegen ihrer radikalen Führer wie Björn Höcke wählt – sind es nicht unbedingt die älteren Menschen, welche die DDR-Diktatur noch miterlebt haben, sondern vor allem die jungen Menschen, deren Lebenswirklichkeit an Isolation und Langweile erstickt, die in der Schule nicht Bildung verinnerlichen, sondern stumpf das konsumieren, was ihnen die Reklame vorgibt.

Soweit eine politische Radikalisierung unter älteren Menschen zu beobachten ist – tendenziell ins linke Spektrum –, so lässt sich dies gewiss auch durch eine nach wie vor defizitäre Bildung einer deutschen Einheit erklären. Man darf nicht übersehen, dass die Gesellschafts-Charaktere einer sozialistischen Diktatur mit einer Planwirtschaft und einer liberalen Demokratie mit (sozialer) Marktwirtschaft gesellschaftlich-kulturell und psychisch um Welten auseinanderliegen.

Die Mentalitäten, Wertvorstellungen, das Denken, Fühlen und Handeln lässt sich nicht ohne Weiteres verändern. Eine von der Internationalen Erich-Fromm-Gesellschaft im Jahr 1995 herausgegebene Studie trägt den provokanten Titel *Die Charaktermauer*.[83] Die Erkenntnisse dieser Studie waren zwar nicht repräsentativ, aber umkreisen einen wichtigen Punkt: Während in den neuen Bundesländern der Gesellschafts-Charakter im Jahr 1995 noch stark »autoritär« war, so traf dieser auf einen »marketing- oder narzisstisch-orientierten« Gesellschaftscharakter in den westdeutschen Bundesländern.[84]

Der *autoritäre* Gesellschafts-Charakter ist durch Herrschaft und Hierarche gekennzeichnet, wohingegen der *Marketing*-Charakter eine immerzu konformistische Anpassung an die Bedingungen des Marktes betreibt, ohne sich selbst zu binden und zu identifizieren. *Leicht narzisstische* Charaktere sehen Personen immer nur vor dem Hintergrund des Nutzens oder Wertes für einen selbst oder als Spiegelbild oder Ergänzung des eigenen Ichs. Der humanistische, *produktive* Charakter, der sich auf sich, andere und die Natur in einer liebenden und vernünftigen Weise bezieht, lässt sich hingegen nur in geringem Maße feststellen. Eine *produktive* Orientierung führt zu Integration und Wachstum des Selbst, wohingegen eine *nicht-produktive* Charakterorientierung zur Entfremdung führt.[85]

Da einerseits mit den wirtschaftlichen Umbrüchen durch die Wiedervereinigung viele berufliche Tätigkeiten »an Wert verloren«, andererseits Werte und Normen sich veränderten und so Unsicherheiten entstanden, tat sich ein – bis heute im Jahr 2021 – bestehendes, gesellschaftliches Ost-West-Gefälle auf, bei denen die »Ossis« oft als »rückständige Hinterwäldler« das Nachsehen haben. Durch die strukturschwäche der Industrie, aber auch den damit folgenden »Bildungsverfall« erzeugt diese gesellschaftliche Spaltung und Frustration unter den »Abgehängten«. Während Lehrkräfte von »reichen« West-Ländern aus »armen« Ostländern abgeworben werden, um den bundesweit bestehenden Lehrermangel zu kompensieren, vergrößert sich so das Bildungsgefälle, sodass sich die Menschen in »Dunkeldeutschland« nur noch mehr als »lästiges Anhängsel« einer Gesellschaft fühlen, zu der sie kaum mehr eine starke Bindung fühlen oder diese nie richtig aufbauen konnten.

Sie sind die »Globalisierungsverlierer«, verlassen und vergessen im *analogen* Land, das weder Industrie- noch IT-Standort ist. Viele junge Menschen sind in die westbundesdeutschen Länder umgezogen. Im Landtagswahlkampf in Thüringen im Jahr 2018 warb der Spitzenkandidat der christ-demokratischen Union Mike Morhing sogar mit einer Prämie, wenn Menschen nach Thüringen ziehen. Vor dem Hintergrund des »Begrüßungsgeldes«, welches nach dem Fall der Mauer ehemaligen DDR-Bürgern durch die alten Bundesländer gewährt wurde, erscheint dieser Vorstoß vor einer tragischen Ironie der Geschichte in zweifacher Hinsicht, denn auch Fromm schrieb bereits 1941:

> »Wenn jedoch die wirtschaftlichen, gesellschaftlichen und politischen Bedingungen, von denen der gesamte Prozeß der menschlichen Individuation abhängt, keine Grundlage für die Verwirklichung der Individualität ... bieten, während die Menschen gleichzeitig die Bindungen verloren haben, die ihnen Sicherheit boten, dann macht dieser leere Raum die Freiheit zu einer unerträglichen Last. Sie wird dann gleichbedeutend mit Zweifel, mit einem Leben ohne Sinn und Richtung. Es entstehen dann machtvolle Tendenzen, vor dieser Art von Freiheit in die Unterwerfung oder in irgendeine Beziehung zu anderen Menschen und der Welt zu fliehen, die eine Milderung der Unsicherheit verspricht, selbst wenn sie den Menschen seiner Freiheit beraubt. ...[86]
>
> Der Verlust des Selbst und sein Ersatz durch ein Pseudo-Selbst erzeugt im Menschen einen Zustand intensiver Unsicherheit. Er ist von Zweifeln besessen, weil er gewissermaßen seine Identität verloren hat, weil er im wesentlichen ein Spiegelbild dessen

ist, was andere von ihm erwarten. Um die aus diesem Identitätsverlust entspringende Panik zu überwinden, muß er sich anpassen und seine Identität in der ständigen Billigung und Anerkennung durch andere suchen. ...

Die Automatisierung des Individuums in unserer gegenwärtigen Gesellschaft hat die Hilflosigkeit und Unsicherheit des Durchschnittsmenschen noch verstärkt. Er ist deshalb bereit, sich neuen Autoritäten zu unterwerfen, die ihm Sicherheit anbieten und seine Zweifel mindern. Im nächsten Kapitel wollen wir uns mit den speziellen Bedingungen befassen, welche die Voraussetzung dafür waren, daß die Deutschen dieses Angebot annahmen.«[87]

Fromms Thesen erscheinen vor den heutigen Entwicklungen im Hinblick auf Polarisierung, Radikalisierung, dem Aufmarsch der Rechtsextremen in Europa und in Deutschland erneut hochaktuell.

»Durchschnittsbürgers nicht sehen, dann erkennen wir die Gefahr nicht, die unserer Kultur von der menschlichen Basis her droht: die Bereitschaft, jede Ideologie und jeden Führer zu akzeptieren, wenn er nur etwas Aufregendes verspricht und eine politische Struktur und Symbole anbietet, die dem Leben des einzelnen angeblich einen Sinn geben und wieder Ordnung hineinbringen. Die Verzweiflung des automatenhaften Konformisten ist ein fruchtbarer Boden für die politischen Ziele des Faschismus.«[88]

Kapitel 5: Die Zukunft Europas zwischen Krieg und Frieden

Putins Angriffskrieg gegen die Ukraine

Die nachfolgenden Gedanken haben mich am Abend des 24. Februar 2022 beschäftigt. In den Tagen bis zum 27. Februar habe ich dann diesen Essay verfasst und an einigen Stellen noch weiter ausgefeilt. Entwicklungen, die sich danach als relevant erwiesen, habe ich in Fußnoten beschrieben, die jedoch auch sehr lesenswert sind.

Ein Alptraum wird Wirklichkeit

Am 24. Februar 2022 wachte ich aus einem unruhigen Traum auf. Nachdem uns Dudelsackspieler in ihren Kilts auf der Heimfahrt mit meiner Familie auf eine Seitenstrecke geleitet hatten, setzte auf der unebenen und einen Berg hinauf verlaufenden Straße ein Unwetter ein. Überall lagen umgestürzte Bäume, die von Baggern und Kränen beseitigt werden sollten. Als der Regen stärker wurde, stellte man die Arbeiten ein. Wir versuchten weiter, mit unserem Wohnmobil den Berg hinauf zu kommen, während sich die starken Regengüsse bereits zu einem reißenden Fluss ausdehnten, dessen Wassermassen tiefe Erdlöcher in den Boden gruben. Baufahrzeuge kippten um und wurden den Hang hinunter gespült. Alles war mit braunem Schlamm bedeckt. Vor einem Abgrund stehend erblickten wir eine freigelegte Granate und wussten, jetzt müssen wir springen, wenn wir nicht lebendig zerfetzt werden wollten. Unser kleiner Hund sprang und versank sofort im Schlamm wie in Treibsand. Es war unnötig, ihm nachzuspringen, weil ich wusste, dass er tot war.

Erschreckt wachte ich auf, sprang aus dem Bett und schaltete panisch sofort mein Smartphone ein, was ich sonst nie tue. Als ich die Nachrichten verfolgte, realisierte ich, dass in der Ukraine viele Menschen einen ähnlichen Traum gehabt haben mussten – aus dem sie aber, anders als ich, so schnell nicht wieder aufwachen werden. Zum ersten Mal seit dem Zweiten Weltkrieg gibt es wieder Krieg auf europäischem Boden, waren die Schlagzeilen. Russland hat die Ukraine angegriffen. Putins Krieg hat begonnen.

Br.de: Butscha in der Nähe von Kiew, Anfang April 2022[89]

So schockierend die Ereignisse und Bilder auch sind, so wenig machen sie mich fassungslos. So menschlich und solidarisch die Bekundungen von Personen öffentlichen Lebens hierzulande auch sind, so sehr machen sie mich fassungslos. Man sah nicht oder konnte nicht sehen, dass schon allein die Illusion eines friedlichen Europas seit dem Zweiten Weltkrieg und dem Niedergang der faschistischen Nazi-Diktatur nichts anderes ist als eine eben solche.

Der Angriffskrieg Russlands in der Ukraine im Jahr 2022 ist wirklich schrecklich und die gesellschaftliche Empörung ist verständlich. Trotzdem frage ich mich: Was war das denn 2014? Soldaten, die nur »Urlaub« gemacht haben, wie Putin meinte? Ein SPD-Politiker sagte am 23. März 2022 bei *Markus Lanz*: »Die Lage 2017 war nicht so, dass Russland die Ukraine angegriffen hat.« Merkel sagte 2014 über Putin, er lebe in »seiner eigenen Welt« – genauso wie wir. Besser könnte man die deutsche/westliche Realitätsverweigerung gleichsam nicht auf den Punkt bringen.

Damals hat Putin gesagt: Geht, aber ohne Abzeichen, und wir schauen, was passiert. Es ist nichts oder nicht genug passiert. Dann hat Putin gesagt: Ich mache eine Ansage und wir schauen, was passiert. Es ist nichts passiert. Dann hat Putin gesagt: Jetzt ziehen wir das durch!

Und erst zögerlich sind Sanktionen beschlossen worden, die auch wirklich als solche bezeichnet werden können. Zweimal war ich an diesen Tagen irritiert. Das erste Mal fragte ich mich, welche Sanktion überhaupt beschlossen werden sollen, weil ohnehin ja schon schwere Sanktionen gelten. Das zweite Mal fragte ich mich, nachdem klar wurde, was man noch alles an Sanktionen machen kann, ob das, was bisher galt, überhaupt »Sanktionen« genannt werden darf.

Teile in der Öffentlichkeit, beschreibt Robin Alexander als Journalist am Abend des 24. Februars bei *Maischberger*, seien völlig von der Realität entfernt. Die deutsche Gesellschaft habe sich dazu entschieden, zuzuschauen: »Wir schauen zu, was Putin dort tut. Das ist unsere Entscheidung als Gesellschaft.« Die Ukraine sei nicht in der NATO, weil die deutsche Regierung 2008 dies mit einem Veto blockiert habe. Es sei viel darüber geredet worden, wo die »russische Aggression« aufhöre: Kontaktlinie? Donbass? Kiew? Es endete am alten Lemberg an der polnischen Grenze, »weil die in der NATO sind«. Putin erklärte, Lenin habe einen Fehler gemacht, als er 1917 »das Selbstbestimmungsrecht des Ukrainischen Volkes« anerkannte. Dies sei ein »historischer Fehler«, das »ukrainische Volk« gebe es gar nicht. »Was soll denn noch passieren, damit unsere Debattenkultur irgendwie an die Realität ankommt … ? Was soll noch passieren?«

Alexander erklärt: »Sonntag saß Frau Wagenknecht im Fernsehen und hat gesagt: ‹Putin wird niemals die Ukraine angreifen. Das wird nicht passieren.› Dienstag saß Frau Krone-Schmalz im Fernsehen und hat gesagt: ‹Also ich hab diese Rede von Putin nicht gelesen, dass er die territoriale Integrität der Ukraine in Frage stellt›, und heute hat Herr von Dohnanyi gesagt: ‹Bombenteppiche der NATO› … Wir sind in Teilen der Öffentlichkeit außer Kontakt mit der Realität geraten.«[90] Gleichzeitig schwenken Außenpolitiker in ihrer Meinung um, man habe vielleicht doch Waffen liefern sollen oder einen Fehler gemacht, dies kategorisch auszuschließen.

Viele »Experten« bekunden im Fernsehen: »Was Putin da macht, ergibt auch spieltheoretisch überhaupt keinen Sinn. Er schadet Russland, den Russen und seinem eigenen Regime.« Alle sind fassungslos, was einmal bedeutet, die Dinge »nicht fassen« zu können und zum anderen, sich selbst nicht ordnen und gefestigt finden zu können. Diese Fassungslosigkeit ist, so meine These, Teil des Kriegsplanes, der uns in der Folge handlungsunfähig – da fassungslos – machen soll. Alexander nach war dieser psychologische Teil der Kriegsführung außerhalb der Ukraine bisher sehr erfolgreich.

Wie aber konnte es dazu kommen? In diesem Essay möchte ich einen Beitrag aus einer psychoanalytischen Perspektive in Verbindung mit meiner Qualifikation im Bereich der mathematischen Spieltheorie leisten. Es geht darum zu verstehen, was passiert und warum es passiert, was in naher Zukunft passieren könnte und welche Handlungsanforderungen sich daraus für die Zukunft der Europäischen Union/NATO ableiten lassen. Dabei möchte ich zunächst die psychologischen und psychoanalytischen Grundbedingungen erläutern, welche wir in Russland und dem Putin-Regime vorfinden. Mein Ergebnis wird sein, dass Putins Strategie in dem Sinne spieltheoretisch sehr viel Sinn ergibt, als dass er in einem Schachspiel nicht nach den erwarteten Regeln, sondern Räuberschach spielt.

Während der Pyrrhussieg einer Niederlage gleichkommt, so ist hier der Niedergang der Sieg geworden. Putin will etwas kaputt machen, damit er in die Geschichtsbücher schreiben lassen kann, er habe etwas aufgebaut. Da dies ein selbstzerstörerischer Prozess ist, der dem eigenen Lebenstrieb gegenläufig ist, kann dies nur durch unbewusste und unterbewusste Motive geleitet werden, weshalb eben die Psychoanalyse eine so zentrale Rolle bei meiner Betrachtung einnimmt. Wer den Selbstmord scheut, wird jemand anderen dazu bewegen müssen, dies zu übernehmen.

Die psychoanalytischer Grundannahmen meiner Erörterung

Putin, der in Russland als Ministerpräsident und Präsident schon fast seit meinem Geburtsjahr, seit 1999, an der Macht ist, ist heute – wie es in totalitären Regimen innenpolitisch üblich ist – ein Gefangener seines eigenen Käfigs geworden. Sein Schicksal ist untrennbar verbunden mit dem eigenen Machterhalt, und daraus folgt eine unendlich verdichtete Verwobenheit Putins mit dem Staat Russland als ein Ganzes. Auch psychoanalytisch ist das Verhältnis der totalitären Führer zu ihren Massen sehr identisch, und das bezieht sich nicht nur auf den autoritären Charakter, wie Erich Fromm in seiner klassischen Studie *Die Furcht vor der Freiheit* im Jahr 1941 erarbeitet hat (oder auch Wilhelm Reich in seiner *Massenpsychologie des Faschismus* 1933).

Wir können heute beobachten, dass sowohl *Russland* (hier im Sinne der russischen Gesellschaft, die den Staat, seine Regierung, die Bevölkerung und die wirtschaftliche Infrastruktur umfasst) als auch Putin selbst alt, krank und schwach werden. Dass Putin wirklich Angst vor Corona habe und sich deshalb so isoliert und auf Distanz zu anderen Personen hält, die mehrfach negativ getestet wurden, kann auch damit zusammenhängen, dass er wirklich akut schwer vorerkrankt ist. Dieser Abstand zu anderen Staatsoberhäuptern und Regierungschefs sah so aus, alle wolle er sie damit düpieren. (Mao hatte seiner Zeit eine solche Angst in Anwesenheit von Fremden, dass er gezittert hat, weil er immer ein Mordkomplott befürchtete.)

Während das Wirtschaftsmodell mit seinen Staatseinnahmen aus Öl und Gas ein auslaufendes Modell ist und sich die russische Wirtschaft nur zwei Jahre vor den nächsten Präsidentschaftswahlen in einer schweren Krise befindet, so soll auch Putin Anzeichen von Parkinson zeigen. Es ist allgemein anzunehmen, dass Stress und Belastung nach einem Vierteljahrhundert in hohen Ämtern totalitärer Staaten den Körper des Machthabers stark verschleißen lassen. Ebenso wird Putin – wie wir alle – nicht jünger, und je älter er wird, desto mehr bewegt er sich auf sein eigenes Ende zu und wird sich seiner Vergänglichkeit bewusst, so wie im Grunde das ganze Regime.

Die Machthaber im Kreml spiegeln dabei den nekrophilen Gesellschaftscharakter wieder, der heute in weiten Teilen der russischen Gesellschaft verbreitet ist (ebenso wie in den USA, China und auch in Europa). Diesen Charakterzug kann man auch an kleinen Dingen feststellen. Die Mächtigen des FSB, die mit Putin im Grunde Russlands Führung übernommen haben, teilen nicht nur eine leblose Mimik, sondern unterdrücken auch jeden Versuch einer schönen Atmosphäre in den Räumen des Kremls. Alles dort ist steril und unbelebt. Ein weiterer wichtiger Aspekt ist neben der Bezogenheit auf die Geschichte und die Gewissheit der die Vergangenheit (im Gegensatz zur Ungewissheit der Zukunft) auch die Sprache, die sich sehr auf Gewalt bezieht. Putin sprach nach den Anschlägen auf Wohnblocks in Moskau 1999 davon, die man später inländischen Terroristen in Tschetschenien zuschrieb, die Täter an Flughäfen zu verfolgen »bis an die Toilette und dort das Klo runterzuspülen«. Über diplomatische Verurteilungen in schriftlicher Form im Jahr 2008, als Putin in Georgien einfiel, sagte er, man solle sich diese »scharfen Papiere« zusammenrollen und »in den Arsch schieben«. (Die Gewalt in der Sprache lässt sich auch bei Trump, Bolsonaro oder Xi Jinping beobachten.)

Der Nekrophile ist zwanghaft verliebt in die Gewalt, weil diese für ihn – um mit Simone Weil zu sprechen – die Macht ist, einen Körper in einen Leichnam zu verwandeln. Der totalen Herrschaft kann immer nur der Tod unterworfen werden, niemals aber das Leben, das durch den Versuch der Unterwerfung gleichsam mit diesem zusammenfällt. Gewalt und damit Destruktivität ist für den Nekrophilen Selbstzweck geworden. Es ist nicht sinnlos, dass er alle Figuren auf dem Schachbrett nach und nach aus der Hand gibt, sondern Teil seines Räuberschachspiels, bei dem es eben darum geht, alle Figuren an den Gegner zu verlieren.

Wer nicht gewinnen kann, der will verlieren und anschließend behaupten, er habe gewonnen. So schreibt Fromm in *Die Furcht vor der Freiheit*: »Destruktivität ist die Folge ungelebten Lebens«; in *Die Seele des Menschen* erklärte er: »Der Mensch, der nichts erschaffen kann, will zerstören«; und in die *Anatomie der menschlichen Destruktivität* formulierte er trefflich: »Indem ich die Welt zerstöre, rette ich mich davor, von ihr zerschmettert zu werden.«

Für Putin ist nicht so sehr relevant, was auf dem Schachbrett passiert (zu dem er eine engere Verbindung haben könnte als zur Wirklichkeit), sondern für ihn ist entscheidend, dass *er* weiterhin derjenige ist, der die Truppen seiner Mannschaft bewegen *darf*. Damit ist zugleich der zweite Aspekt ausgemacht, weshalb gerade jetzt mit dem fortgeschrittenen Niedergang Putins Regimes, auf dessen Gunst Putin selbst angewiesen ist, um an der Macht zu bleiben, destruktives Verhalten *getriggert* wird.

Russland steckt in einer schweren Wirtschaftskrise, die Bevölkerung altert und seit dem Zerfall der Sowjetunion ist mit dem Schwund der Geburtenraten (wie man sie in vielen nekrophilen Gesellschaften beobachten kann) die Zahl junger Menschen gering geworden. Die Urangst aus der Erfahrung des Systemzerfalls mit dem Niedergang der Sowjetunion und den Hungersnöten ist wieder da, und mit ihr alle faschistischen Tendenzen, die auf einen drohenden Zivilisationsbruch hindeuten. Die meisten jungen Menschen sehen im »System Putin« keine Zukunft und protestieren. Einige gehen ins Ausland, die anderen werden in einem immer repressiver werdenden System in »Gulags deportiert« – beides verstärkt die negative Entwicklung. Durch gezielte Störung in der politischen Kultur und der Herstellung von Konsens wird im Ausland versucht, die

Klimadebatte auszuhöhlen, sodass das Regime durch weitere Energie- und Rohstoffexporte weiter palliativ am Leben gehalten werden kann.

Dieses Regime steht im wahrsten Sinne des Wortes mit dem Rücken zu Wand. Wie bereits im 20. Jahrhundert, als man im »Angriff die beste Verteidigung« zu sehen glaubte, flüchtet das Regime geradezu in die Destruktivität. Dass Putin mit seinem Handeln Russland, den Russen und sich selbst schadet, ist weniger egal, als dass es viel mehr der eigentliche Zweck seines Handelns geworden ist, und nicht mehr bloß ein Mittel.

Zu Angela Merkel hatte Putin ein außergewöhnliches Autoritätsverhältnis. Er bewunderte sie für ihre Standfestigkeit und wie es für einen Sadisten üblich ist, bewundert er den, den er für stark hält – ungeachtet aller inhaltlicher und politischer Differenzen. Dass Merkel selbst auch Russisch sprach, sorgte für einen Ausgleich im psychologisch basierten Machtgefälle, welches mit dem Ausscheiden aus dem Amt der Bundeskanzlerin die Machtarchitektur in ganz Europa so erheblich ins Wanken bringen sollte wie zu der Zeit, als »der Lotse« Bismarck »von Bord ging«.

Mit der Aggression gegenüber der Ukraine gelingt es Russland, das eigene Ohnmachtsgefühl durch ein Großmachtgefühl zu kompensieren, während es gleichzeitig dem Regime gelingt, die Gesellschaft von den »wahren Problemen im Land« abzulenken. Putins Projektionsfläche für die Verbrechen des eigenen Regimes werden die »drogenabhängigen Neonazis« in Kiew:

> »Die Politik zur Ausrottung der russischen Sprache und Kultur und zur Förderung der Assimilierung wird fortgesetzt ... Menschen, die sich als Russen identifizieren und ihre Identität, Sprache und Kultur bewahren wollen, erhalten das Signal, dass sie in der Ukraine nicht erwünscht sind. Nach den Gesetzen über das Bildungswesen und die ukrainische Sprache als Staatssprache hat die russische Sprache keinen Platz in Schulen oder öffentlichen Räumen, selbst in gewöhnlichen Geschäften. Mit dem Gesetz über die sogenannte Überprüfung von Beamten und die Säuberung ihrer Reihen wurde ein Weg geschaffen, um unerwünschte Beamte loszuwerden. Es gibt immer mehr Gesetze, die es dem ukrainischen Militär und den Strafverfolgungsbehörden ermöglichen, gegen die Meinungsfreiheit

und abweichende Meinungen vorzugehen und die Opposition zu verfolgen. … Die sogenannte zivilisierte Welt, als deren einzige Vertreter sich unsere westlichen Kollegen bezeichnet haben, zieht es indes vor, dies nicht zu sehen, als ob es diesen Horror und den Genozid, dem fast vier Millionen Menschen ausgesetzt sind, nicht gäbe.«[91]

Putin muss sich gar nicht viel anstrengen, um den »Faschisten« in Kiew Verbrechen zu unterstellen. So nannte er in einem Fernsehinterview im Juli 2021 schon haargenau die Verbrechen – den Genozid, die Degradierung von Russen zu »Menschen zweiter Klasse«, zu »Nicht-Einheimischen«, die ins Ausland fliehen müssen und aus dem Land verschwinden würden, so als bekämpfe man sie mit Massenvernichtungswaffen – die er im Grunde selbst in seinem eigenen Land verübt (von seinen Verbrechen im Donbass ganz zu schweigen), und um davon abzulenken, dem wütenden Volk einen bösen Feind von außen präsentiert. Sein Aufruf an das ukrainische Militär, die Regierung in Kiew zu stürzen, erscheint so geradezu als Hilferuf, ihn selbst endlich aus seinem zum Gefängnis gewordenen Käfig zu befreien, indem das russische Militär die Regierung in Moskau stürzen möge, wo drogenabhängige Neonazis weder ein noch aus wissen. (Mein erster Gedanke, als ich Putins Rede hörte, war: Ist Putin drogenabhängig? Das wusste ich noch nicht.)

Dieser »Genozid« (in Russland und der Ostukraine) ist der »zivilisierten Welt« – dem Westen – lange verborgen geblieben, weil man Hitler immer als so böse ansah, dass man sich dem Irrglauben hingab, nichts und niemand dürfe damit verglichen werden. Bis heute erkennt die »zivilisierte Welt« Stalins Holodomor, als in den Jahren 1932 bis 1934 bis zu sieben Millionen Ukrainer den Hungertod fanden, nicht als Völkermord an. Der bösartige Zynismus liegt darin, dass Hitler ja böse war, weil er verantwortlich war für sieben Millionen Tote beim Holocaust (darunter sechs Millionen Juden), und Stalin ist nicht Hitler, sondern Stalin hat Hitler besiegt. Entrüstet schimpft man darüber, wie könne denn ein heute demokratisch gewähltes Staatsoberhaupt mit Diktatoren verglichen werden, so als habe man ganz vergessen, dass nicht nur Trump, sondern auch schon Hitler demokratisch gewählt war und dieser die demokratische Ordnung dann nach allen geltenden Regeln des Rechts auszuhöhlen wusste – ganz zu schweigen von den Wahlen, die Putin im Amt bestätigten sollten. Es erfüllt mich mit Scham, ein Teil dieser

»zivilisierten Welt« zu sein. Manchmal glaube ich, ein »Stück von Ursula Haverbeck« steckt heute in uns allen – dabei ist die Definition des Begriffs bekannt:

> Entgegen dem Wort Völkermord kann ein solcher auch vorliegen, ohne dass eine einzige Person umgebracht wird. Als Genozid gilt laut der Konvention etwa auch, wenn einer Gruppe schwerer körperlicher oder seelischer Schaden zugefügt wird. Das zielt darauf ab, nicht nur einen offensichtlichen Versuch der Vernichtung eines Volks zu ächten, sondern auch ein «schleichendes» Vorgehen, das dieselbe Folge haben kann. In diesem Sinn fasst das Vertragswerk den Begriff weiter als der umgangssprachliche Gebrauch. Erforderlich ist aber immer, dass solche Handlungen in der Absicht geschehen, eine Gruppe ganz oder teilweise auszulöschen.[92]

Das Narrativ, ein Kriegsverbrecher müsse ein Diktator sein, weil ein Demokrat niemals einen Krieg führen könne – da die demokratische Öffentlichkeit kein Interesse an Kriegskosten hätte –, entstammt einer Theorie der internationalen Beziehungen, die vor dem Irak-Krieg entwickelt wurde, und schon damals nicht sah, dass die USA trotz des Versprechens der Neutralität dann doch in den Ersten Weltkrieg eingegriffen haben und die Bevölkerung entsprechend durch Propaganda darauf eingestellt werden musste.

Mit jedem Krieg, den Putin bisher geführt hat, stiegen seine Umfragewerte. Putin ist in diesem Sinne kein Diktator, sondern ein »lupenreiner Demokrat«. Es gehört zur Selbstüberschätzung des Westens, dies nicht sehen zu wollen, weil man dann auch auf die eigenen Kriegsverbrechen demokratischer Regime schauen müsste, die etwa die USA seit dem Zweiten Weltkrieg in vielen Teilen der Welt begangen haben. Als Putin auf der Pressekonferenz mit Kanzler Scholz erneut und abermals von einem Genozid sprach, wäre es ein Geniestreich gewesen, hätte der deutsche Kanzler seinerseits ganz klar und für jeden unverständlich verklausuliert, »was los ist«, wenn der Kreml die Ukraine angreifen sollte. So hätte man Putin in aller Klarheit und in seiner Sprache unmissverständlich zum Ausdruck bringen können:

> Wir sehen die Notlage vieler Menschen und wir werden den Genozid in Osteuropa nicht länger tatenlos hinnehmen. Wir versichern dem russischen Volk unsere volle Unterstützung, konsequent gegen das Regime vorzugehen, das für den Völkermord an Russinnen und Russen und anderen Volksgruppen verantwortlich ist. Als westeuropäische Wertegemeinschaft können und werden wir dies nicht länger dulden, denn es passiert nicht irgendwo in der Welt, sondern in Osteuropa. Die deutsche Außenpolitik wird sich darum bemühen, mit allen uns möglichen Mitteln das verantwortliche faschistische Regime aus drogenabhängigen Neonazis zu beseitigen und die Menschen, die unter Repression und Verfolgung leiden, zu befreien.

In einem persönlichen Gespräch hätte man Putin danach noch erklären können: »Wenn es einen Völkermord in Osteuropa gibt, werden wir, sollte uns das verantwortliche Regime herausfordern, nichts unversucht lassen, um es zu entmachten.« Doch würde dies Putin in seiner paranoiden Wahnvorstellung nicht bestätigen? Ich glaube, man könnte kaum etwas sagen, was Putin aus seiner Sicht nicht bestätigen würde. Vielmehr würde er in gutgemeintem Zureden eine Falle sehen und gerade dies als Bestätigung auslegen, weil er dies eben genau so auslegen muss, um seine Motive der Zerstörung und Selbstzerstörung zu rechtfertigen.

Doch diese wahren Motive des Kreml-Regimes blieben der »zivilisierten Welt« verborgen, ebenso wie der Genozid in Osteuropa. Scholz sagte nur, »dann weiß jeder, was los ist«, und Putin antwortete durch sein Verhalten: »Nein, ich bin neugierig. Zeig es mir, *was los ist*.« Hätte Scholz sich wie oben geäußert, man hätte es im Westen nicht verstanden, so wie man Putin in dieser klaren, unmissverständlich missverständlichen Sprache nie verstanden hat. Wichtig wäre aber gewesen, dass Putin es verstehen hätte können: *Wenn der Kreml die Ukraine angreift, kommt dies einem Angriff auf die westlichen Demokratien und die freiheitliche Art zu leben gleich.*

Stattdessen stichelte Scholz nur leicht an der Oberfläche, als er erklärte, Putin und er würden nicht ewig in ihren Ämtern sein, statt diesem klar vor Augen zu führen: *Wenn du die Ukraine angreifst, werde wir deine Amtszeit beenden* – was gleichermaßen Putins biologisches Ende bedeuten würde, auf welche Art der körperlichen Zersetzungsprozess von außen und von innen auch immer. Wie aber soll Putin jemanden ernst nehmen, der (wenn nicht öffentlich, dann in persönlichen Gesprächen) diese Drohung unverhohlen ausspricht, wenn dieser Jemand es nicht einmal schafft, intelligent zu sein, diese entsprechend unmissverständlich missverständlich zu verklausulieren? Dass Putin seine Drohungen ebenfalls nicht länger verklausuliert, zeugt von großem Druck und einer enormen Belastung, die auf ihn einwirken.

Entscheidend ist aber nicht allein, dass Putin den Befehl zu einem Angriff gegeben hat, sondern ganz im Sinne Hannah Arendts und Michel Foucaults, dass alle mitmachen, nämlich alle die, die gedankenlos dabei zusehen und das Hamsterrad selbst am Laufen halten, von dem sie glauben, dass es sie am Laufen hält, oder genauer: Die glauben *wollen*, dass es so ist, wie sie *glauben gemacht* werden, wie es sei. Bis auf wenige Proteste gegen den Krieg stemmt man sich in Russland nicht dagegen.

Hierzulande *wollen* viele an das Narrativ glauben, es sei »Putins Krieg«, um die Beziehungen zum russischen Volk – das den Krieg seit Jahren mitträgt und nicht wenige in Putin gerade wegen der Invasion in Georgien 2008 und der Krim-Annexion 2014 den »starken Mann« sehen, was auch im Februar 2022 Putins persönliche Zustimmungswerte in Russland steigen lässt[93] – auch nach dem Krieg nicht zu belasten. Doch dies ist eine weitere Illusion über die russische Gesellschaft, die eben nicht mehrheitlich dem Westen und einer demokratischen, freiheitlichen Lebensart zugewandt ist, sondern nur punktuell und partikular (wohl aber besonders jüngere Bevölkerungsgruppen). Über kollektive Verantwortung schrieb Arendt, dass niemand ohne Gemeinschaft leben kann, man also immer in die Taten und Untaten des Gemeinwesens verstrickt ist, auch ohne etwas getan zu haben – oder um es noch näher zu präzisieren: *gerade* ohne etwas (dagegen) getan zu haben.

Offenbar *wollen* viele glauben, die das Putin-Regime gewähren lassen, dass in Kiew Faschisten an der Macht sind, die einen Genozid an der in der Ukraine lebenden russischen Bevölkerung verüben. (So wie die Deutschen 1939 an einen Angriff durch Polen glauben wollten und sich nur allzu bereitwillig die »gequirlten Fäkalien« (Beetee in Mockingjay I) hörig schluckten, während das Regime all denen, die lieber nur zusehen *wollten*, ein Alibi verschaffte, indem es repressiv gegen Widerständler vorzugehen drohte.) Putins Narrativ gründet in einer tiefen Angst der Russen, ausgelöst zu werden, so wie sie die Deutschen vor einem Jahrhundert erlebten. Man glaubt, wenn man jetzt nicht kämpfen und morden würde, würde man selbst bekämpft und gemordet.

Durch die Propaganda aber, die Putin verbreitet, kanalisiert sich die daraus entstehende Aggression nicht zu einem Fluchttrieb, sondern zu einer »heroischen« Kampfbereitschaft. Flucht würde von einem biologischen Standpunkt aus sinnvoller erscheinen, um sein Leben zu retten, sodass politische und militärische Führer aus der Erfahrung um die menschliche Natur wissen, dass sie ihre Krieger anspornen und zu wilden Bestien aufstacheln müssen, die in die Richtung »fliehen«, die sie vorgeben, und dabei alles und jeden gleichermaßen im Rausch aus dem Weg fegen.[94]

Daher ist es auch bedauerlich, dass der Tod von angreifenden russischen Soldaten (von Ukrainern) gefeiert wird. Viele von ihnen haben sich zum Militärdienst gemeldet, um einer eigenen Not zu entkommen oder verpflichteten Wehrdienst leisten. Als Kampfmaschinen abgerichtet finden sie sie plötzlich in ukrainischer Gefangenschaft wieder und realisieren, dass sie Befehlen in einem echten Krieg, und nicht nur einem Übungsmanöver gefolgt sind. Das exkulpiert sie nicht von ihren Gräueltaten, aber es macht verstehbar, dass sie selbst auch Opfer des Kreml-Regimes sind.

Da der Mensch, der aus den Abhängigkeiten der Natur herausgetreten ist und nicht mehr durch Instinkte, sondern von seinem Charakter in seinem Verhalten determiniert und geleitet wird, fehlt ihm die Fähigkeit, einen Artgenossen als solchen sicher erkennen zu können. Unterschiedliche Kulturen in einer Gesellschaft wirken daher so, als handele es sich um Parallelgesellschaften innerhalb einer Gesellschaft, die dadurch gleichermaßen zersplittert. Rechtsextreme in den USA und Deutschland verstehen einander besser als ihre eigenen Landsleute, mit denen sie nur akustisch die gleiche Sprache teilen, nicht aber sozial und kulturell. Untereinander kommunizieren sie über akustische Barrieren hinweg in Symbolen und Bildern. Rechtsextreme in den USA schwingen Hakenkreuzflaggen und tragen Nazi-Abzeichen, so wie es Rechtsextreme in Deutschland und überall in der Welt auch tun und Putin als Führer einer Weltordnung, wie sie sie sich vorstellen, für seine Kriegsverbrechen bewundern und preisen. So ist Putin bei Rechtsextremen in den USA beliebter als Joe Biden.

Donald Trump, der nach wie vor im Dauerwahlkampf ist, ist durch seine Propaganda drauf und dran, einen großen Krieg in Europa vorzubereiten. Ob es dazu kommt und ob er so versuchen könnte, im Falle seiner Wahl zum Präsidenten ab dem Jahr 2025 in einem Dritten Weltkrieg ebenso wie Franklin D. Roosevelt ohne Beschränkung an der Macht zu bleiben, ist spekulativ, muss ihm aber zugetraut werden. Seine Anhänger, die unter ähnlichen sozioökonomischen Einflüssen stehen wie in Deutschland 1933 oder Russland unserer Tage, mobilisiert Trump schon heute und versetzt sie in einen Rausch der Destruktivität. Auch Trump ist in diesem Sinne ein »lupenreiner Demokrat«.

Nur allzu leicht sieht der einzelne Mensch in anderen Menschen, wenn er geschickt manipuliert und abgerichtet wurde oder er es selbst so glauben will, heilsbringende Führer und Erlöser oder nur »ein Ding der anderen Seite«, welches eine Gefahr ist und also vernichtet werden muss – ohne Skrupel und ohne Gewissensbisse, denn das Zielobjekt ist ja kein Mensch, sondern nur ein Ding. Hitlers SS war eine echte »Schutzstaffel«, die vor allem und jedem »schützen« sollte, der sich nicht in die »Einheit der Reinheit« des Kollektives eingliedern ließ.

> »Da die menschliche Lebensform nur zum Teil genetisch determiniert ist, kennt die menschliche Spezies eine Vielzahl unterschiedlicher, eben kultureller Lebensformen. Die biologischen Spezieseigenschaften lassen hinreichend Spielraum für kulturelle Prägungen, für kulturell unterschiedlich verfasste Lebensformen, in welche die Sprachpraxis eingebettet ist. ... Auch wenn die jeweilige Sprachpraxis mit den geteilten Selbstverständlichkeiten der jeweiligen Kultur unauflöslich verbunden ist, so sind wir doch in der Lage, uns über Sprach- und Kulturgrenzen hinweg zu verständigen. Allerdings wird dies schwieriger, je geringer die geteilten Selbstverständlichkeiten sind. Zu diesen Selbstverständlichkeiten gehören nicht nur Verhaltensregularitäten, sondern vor allem auch Wertungen und Normen, die erst dann thematisch werden, wenn sie umstritten sind. Die Begründung einer Handlung gegenüber einer anderen Person wird erst dann nötig, wenn diese Handlung nicht selbstverständlich war.«[95]

Sprache und Denken sind ebenso wie Verhalten und Handeln Ausdrucksformen des Fühlens und Empfindens. Der Mensch ist fähig zu rationalem und kritischem Denken, welches er in Wort und Schrift zur Entfaltung bringen kann.

Putin, der selbst unter den Einflüssen seines Umfeldes steht und von dem man nicht recht weiß, ob er wirklich glaubt, was er sagt, nutzt diese Folie in seiner Propaganda geschickt. Vermutlich ist es für den Rest der Welt noch günstig, dass Putin »der Entscheider« im Kreml ist, wenn man sich vor Augen hält, dass er *weiß*, was er tut, wohingegen andere in diesem Regime noch unkontrollierter und demnach aggressiver und kurzsichtiger handeln würden. Putin traut sich selbst nicht, deshalb weiß auch er nicht, was er als nächstes tun wird, aber wenn er etwas tut, weiß er, was er tut. Und wie Fromm formulierte, ist die größte Gefahr nicht der Unhold oder der Sadist mit außergewöhnlicher Macht, sondern der gewöhnliche Mensch mit außergewöhnlicher Macht.

Versuch einer mathematischen Spieltheorieanalyse

Was also tut Putin? Was ist sein Ziel? Darüber kann im Grunde ohne Zugang zu exklusiven Informationen nicht geurteilt werden, schon gar nicht zu annähernd gleicher Zeit. Meine Betrachtung beschränkt sich also – ausgehend von diesen psychoanalytischen Grundlagen – auf eine reine Erörterung innerhalb der mathematischen Spieltheorie, die mit Bedacht der oben genannten Parametern zu dem Ergebnis kommen wird, dass Putin eine »faschistische Intelligenz« (Jürgen Habermas) erkennen lässt und seine Strategie spieltheoretisch sehr viel Sinne ergibt, ja sogar sehr schlau ist und mich persönlich als Führer eines totalitären Staates, der dem Untergang geweiht ist, vermutlich genauso handeln lassen würde. (Putins Strategie ist schlau, aber nicht klug – ein wesentlicher Unterschied, der von denen nicht begriffen wird, die sich auf die Frage: »Haben oder Sein?« immer für das *Haben* entscheiden.)

Putin dürfte sich wohl kaum für das Territorium der Ukraine interessieren, welches über keine ausgebaute Infrastruktur verfügt und nach einem Krieg zu weiten Teilen zerstört sein dürfte. Dort gibt es auch keine Rohstoffe. Über »Lebensraum« und Ressourcen verfügt Russland in den heutigen Grenzen in ausreichendem Maße. (Die Annexion der Krim war in der Hinsicht relevant, als dass die russische Schwarzmeerflotte im Hafen von Sewastopol einen geopolitisch wichtigen Stützpunkt unterhält, dessen Verpachtung an Russland aus Sicht Moskaus mit einer weiteren Annäherung Kiews an Westeuropa gefährdet war.)

Weiterhin sagte Putin, man werde sich »niemandem aufdrängen« und die Ukraine nicht besetzen. Daran habe ich zum gegenwärtigen Zeitpunkt keinen Zweifel. Eine Besetzung (oder Eingliederung/Annexion) würde zu einem massiven Widerstand der dortigen Bevölkerung führen, was nur Ärger macht und teuer wird. Sehr interessant ist in dieser Hinsicht Putins erste zitierte Äußerung. Im Donbass ist es gelungen, die Menschen von der Versorgung durch die Ukraine abzuschneiden. Um überleben zu können, haben sie sich Putin »aus Freude an den Hals geworfen«, können aber nicht »feste zudrücken«, weil ihr eigenes Überleben nun vom russischen Staat abhängt. Da die Verbindung zwischen Russen und Ukrainern seit jeher eine sehr enge ist, dürfte es zu kaum kulturellen Hürden kommen. So erklärt Putin:

> »Ich möchte nochmals betonen, dass die Ukraine für uns nicht nur ein Nachbarland ist. Sie ist ein unveräußerlicher Teil unserer eigenen Geschichte, Kultur und unserer Religion. Es sind unsere Kameraden, die uns am Herzen liegen – nicht nur Kollegen, Freunde und Menschen, die einst zusammen gedient haben, sondern auch Verwandte, Menschen, die durch Blut, durch Familienbande verbunden sind.«[96]

Die Umsiedlung von »Klein-Russen« in das Land der »Groß-Russen«, die kulturell und historisch eine enge Geschichte verbinde, so Putin, erklärt dabei, so meine Analyse, worum es Putin eigentlich geht.

Gegenwärtig nehme ich an, dass Putin (langfristig) die territoriale Integrität der Ukraine, der er nicht das Existenzrecht abspricht, »im weitesten Sinne« achten dürfte.* (Auch wenn er betont, die Ukraine

---

* Sehr interessant ist in dieser Hinsicht eine versehentlich veröffentlichte Meldung vom 28.02.2022, nach der Russland den Krieg schnell gewonnen habe. Darin heißt es: Die Ukraine sei zu Russland zurückgekehrt. Die Staatlichkeit der Ukraine solle erhalten bleiben, aber »umstrukturiert« werden. Innerhalb welcher Grenzen allerdings, das sei noch nicht klar. Diese Sätze bestätigen Einschätzungen von Russland-Experten, dass Putin geplant hatte,

sei aus »russischem Land« hervorgegangen. So wurde etwa die Krim an die Ukraine übertragen.) Viel interessanter ist, dass Putin den Ukrainern als Volk das Existenzrecht abspricht. Damit nimmt er direkten Bezug auf ein zentrales Element eines Staates: das Staatsvolk oder die Bevölkerung.

Während sich Russland nicht für Rohstoffe oder Territorien interessiert, so ist die dort lebende *Biomasse* von weitaus größerer Bedeutung. In dem diese einverleibt wird, kann der eigene Schwund an Biomasse kompensiert werden – zumindest auf dem Papier, um weiter formal als *Großmacht* und *Weltmacht* gelten zu können.[*] Während das eigene System von immer weniger Menschen am Laufen gehalten wird und man glaubt, im Begriff zu sein zu verschwinden, muss eine Lösung für dieses Problem her.

Verfügbarkeit kann hergestellt werden durch Kreativität oder Gewalt. Ersteres erfordert eine große Anstrengung, da etwas, das noch nicht verfügbar ist oder nicht existiert, erst ganz neu erschaffen werden muss. Hingegen stellt die Gewalt in allen Fällen, in denen etwas, das zwar nicht verfügbar, aber bereits in der Welt ist, eine bequeme Versuchung dar, da es eben nicht erst von Grund auf neu geschaffen werden muss, sondern mit Gewalt einverleibt werden kann. Putin liegt nicht so falsch, wenn er feststellt, die moderne ukrainische Identität sei »vollständig« von Russland geschaffen worden, dies ist nämlich seit der Annexion der Krim im Jahr 2014 besonders zutreffend.

Vor diesem Hintergrund ist auch der Bürgerkrieg in Suzanne Collins Dystopie eines totalitären Staates Panem zu verstehen. Nach der Epidemie in Distrikt 13 sind viele Kinder verstorben. Katniss beschrieb die Menschen dort als gierig auf neue Genpools. Diese Epidemie ist gewiss ein wesentlicher Faktor, weshalb der sozialistische Distrikt 13 sich dem kapitolistischen Kapitalismus hätte zuwenden müssen:

erneut eine pro-russische Regierung in der Ukraine zu installieren. (https://www.tagesspiegel.de/politik/wollte-russland-schon-samstag-den-sieg-feiern-panne-bei-russischen-staatsmedien-offenbart-kalkulationen-des-kremls/28114580.html?utm_source=pocket-newtab-global-de-DE Zul. abg.: 01.03.2022; 22:50 MEZ)

[*] Dazu passt auch eine Meldung vom 20. März, dass bereits 300.000 Menschen (darunter 60.000 Kinder) aus dem Donbass nach Russland »deportiert« worden seien. (https://www.sueddeutsche.de/politik/krieg-ukraine-russland-liveblog-mariupol-1.5550487 Zul. abg.: 20.03.2022; 08:38 MEZ)

»Die Zunahme der Produktion hat zur Folge, daß mehr Menschen erwünscht sind. Je mehr erzeugt wird, desto mehr Abnehmer scheinen vonnöten. Der Absatz an sich, wenn er ganz eigengesetzlich wäre, würde einmal darauf abzielen, alle Menschen als Käufer zu erreichen, die erreichbar sind, also eigentlich alle Menschen. In diesem Punkte gleicht er, wenn auch nur oberflächlich, den Universalreligionen, die auf jede Seele aus sind. Alle Menschen müßten eine Art von idealer Gleichheit erlangen, nämlich als zahlungskräftige und willige Käufer. Damit wäre es aber nicht getan, denn wenn sie alle erreicht sind und alle gekauft haben, würde die Produktion noch immer zunehmen wollen. Ihre zweite und tiefere Tendenz ist dann die auf eine Zunahme der Zahl der Menschen. Die Produktion braucht mehr Menschen: Über die Vermehrung der Gegenstände greift sie zurück auf den ursprünglichen Sinn aller Vermehrung, die der Menschen selbst.«[97]

Man stand in Distrikt 13 buchstäblich am Rande der Ausrottung, doch Präsidentin Coin wollte das sozialistische und totalitäre System erhalten und die Menschen in Distrikt 13 wollten ihre Ideale von Freiheit und Demokratie nicht veräußern. Die einzige Flucht war dann die Flucht nach vorne, in den Krieg, in den Tod. Mit allen Mitteln wurde nun versucht, einen Funken zu entfachen, den es zu einer Feuersbrunst anzuheizen galt. Dies war die treibende Kraft hinter dem Bürgerkrieg. Ohne ein bedeutendes Individuum wie Katniss wäre es erforderlich gewesen, ein anderes Individuum zu kreieren oder aber die offene Begegnung mit dem Kapitol zu wagen. Da dieses aber eine Wiedervereinigung niemals mit freiheitlichen und demokratischen Rechten akzeptiert hätte und Distrikt 13 – wie alle anderen Distrikte – singulär abgeschottet geblieben wäre, so ist damit zu rechnen, dass die kriegerische Auseinandersetzung nur durch Waffen und Gewalt hätte stattfinden können.

Panem scheiterte nicht nur am ideologischen Fanatismus, sondern auch an den ökonomischen Verhältnissen, die schließlich und endlich den Nährboden für eine Rebellion bereiteten. Bei der Gründung machte man sich offenbar keine Gedanken darüber, wie sich eine Gesellschaft fortentwickeln würde, wenn Sicherheit und Wohlstand in die Lebenswirklichkeiten der Menschen zurückkehrten und aus dem *Überleben* ein *Leben* werden konnte, während aber das System dieses nachhaltig und dauerhaft weiterhin unterdrückt, stets unter dem Dogma der Sicherung des Überlebens.

Für die hier vorgetragene Analyse ist diese Betrachtung des Bürgerkrieges in Panem besonders wichtig. Anders als Distrikt 13 möchte das Regime in Russland Demokratie und Freiheit aber nicht durch eine Widervereinigung oder Annäherung mit der Ukraine »riskieren«, sondern es geht darum, diese Ideen auszulöschen (ähnlich wie die KP in Peking in Bezug auf Hongkong und Taiwan). Das Mittel dabei ist Gewalt und nur Gewalt, die gleichermaßen zum eigentlichen Zweck wird. Der Faschismus, schrieb schon Wilhelm Reich 1942, hat keine Antwort auf die von ihm – oft auch zu Recht – ausgemachten Probleme. Seine Lösung ist Gewalt und nur Gewalt. Auf die Frage, so Reich: »Was tust du, außer Völker zu morden, hat er [der Faschismus] keine Antwort.« Wirtschaftliche, gesellschaftliche und politische Reformen werden vom Putin-Regime deshalb radikal abgelehnt, weil diese die (politische) Stabilität des Systems und besonders des Regimes gefährden würden. Stattdessen wird versucht, mit Gewalt ein kaputtes System aufrecht zu erhalten. Mahatma Ghandi formulierte einst: »Die Geschichte lehrt die Menschen, dass die Geschichte die Menschen nichts lehrt.«

Donald Sutherland hatte ein sehr bitteres Verständnis von Macht. In seinem *Brief aus dem Rosengarten* schrieb er während der Dreharbeiten zu *The Hunger Games* an den Regisseur Gary Ross:

> »Macht. Darum geht es? Ja? Die Macht und die Kräfte, die von den mächtigen Männern und Bürokratien manipuliert werden, die versuchen, die Kontrolle und den Besitz dieser Macht zu erhalten? Macht verübt Krieg und Unterdrückung, um sich zu erhalten, bis sie schließlich mit dem bürokratischen Gewicht ihrer selbst stürzt und in die Seiten der Geschichte einsinkt (außer in Texas), sodass Lektionen, die gelernt werden müssen, nicht gelernt werden. Macht korrumpiert, und in vielen Fällen macht die absolute Macht einen richtig geil. Clinton, Chirac, Mao, Mitterrand.«

In diesem Sinne geht auch Putin vor. Während Arendt noch beschrieb, dass die Bewegungen totalitärer Massen ebenso schnell zerflössen, wie sie entstanden seien und anschließend niemand sich erinnern oder damit in Verbindung gebracht werden wolle, beweist die KP in Peking, dass die Ausdehnung der Eiszeit jedoch über viele Jahrzehnte möglich *gemacht* werden kann. Aber darum soll es an dieser Stelle nicht gehen. Relevant ist, wie bereits erwähnt, dass in Russland alle *mitmachen* und durch Propaganda und Repression *mitmachen gemacht werden*. Auf diese Weise wird der Krieg geführt und dadurch, dass alle davon reden, das Unausweichliche verhindern zu wollen, wird dieses zur selbsterfüllenden Prophezeiung.

Die Strategie dabei ist die Folgende: Wenn du darauf angewiesen bist, mit jemandem zusammenzukommen, musst du dich eigentlich anstrengen. Wenn du dich aber nicht anstrengen willst, um selbst zu jemanden zu kommen und auf ihn zuzugehen, lasse ihn zu dir kommen. *Wenn du willst, dass jemand zu dir kommt (der eigentlich gar nicht zu dir kommen möchte), zerstöre seine Heimat und präsentiere dich als Retter.*

In diesem Sinne war es wichtig, die Menschen in der ganzen Ukraine in Panik und Aufregung zu versetzen: Niemand darf sich mehr sicher fühlen. Vor die Wahl gestellt, ob sie nach Westen fliehen oder nach Osten, um mit einem russischen Pass in Russland als »Klein-Russen« Schutz für sich und die eigene Familie zu finden und nicht zu verhungern oder von Bomben zerfetzt zu werden, dürften sich – so die Idee – nicht wenige auch schon aufgrund der sprachlichen Nähe für Russland entscheiden. (Dass in den Tagen bis zum 8. März »humanitäre Korridore« zur Flucht von Zivilisten eingerichtet wurden, die ausschließlich nach Belarus und Russland führten, werte ich als Beleg für meine Vorhersage.)

Erde hat Russland genug, Bevölkerung aber nicht. Putins Strategie ist also deshalb so schlau, weil es gelingt, die Menschen in der Ukraine zu sich kommen lassen zu wollen *zu machen*. Es ist also das Ziel Putins Krieg, die Ukraine in ihren staatlichen Strukturen zu zerstören, um »Klein-Russen« wieder »heim ins Reich« der »Groß-Russen« zu holen. Dabei stellt er sich sehr intelligent an. Er betont nicht nur die »historische Verbindung« beider »Völker« (nicht Staaten!). Die Propaganda Putins und des Kremls, die seit Jahren verbreitet wurde, wird auf einmal verständlich – weshalb sie mich auch nicht fassungslos macht, denn ihre innere Logik ist sehr klar und sauber durchdacht und somit für Außenstehende nachvollziehbar.

Der erste Aspekt ist, dass die Menschen, die kommen, auch wirklich kommen »wollen«. Die Ukrainer wurden selbst über viele Jahre durch eine unnachgiebige Oligarchie unterdrückt und ausgebeutet und erfahren wie die Russen seit einigen Jahren einen unaufhaltsamen Bevölkerungsrückgang. Putin hoffte, so glaube ich, mit seinem Narrativ gleiche Ängste unter den Ukrainer zu wecken, die ja seit jeher mit den Russen eng verbunden sind. Die Ukrainer sollten sich ebenso gegen das faschistische Regime erheben, wie es auch die Russen tun. Und damit niemand auf die Idee käme, dieses in Moskau zu suchen, propagierte er, es sei in Kiew zu finden.

Der zweite ist, dass die, die kommen, als »Klein-Russen« oder »Groß-Russen« ohne Probleme in die bestehende Gesellschaft eingegliedert werden können. Da diese nämlich zuvor von einem faschistischen Regime verfolgt wurden und einem Genozid ausgesetzt waren, *muss* man ihnen einfach helfen, denn schließlich sind es ja im Grunde die eigenen Landsleute, die seit dem Zweiten Weltkrieg stolz darauf sind, den Faschismus im Westen mit seinen drogenabhängigen Nazi-Führern besiegt und den Genozid an Osteuropäern und Russen beendet zu haben. Das Narrativ vom Genozid bietet zugleich einen Kristallisationspunkt für alle realen und eingebildeten Gefahren an, welche man getrieben von der Angst, ausgelöscht zu werden, allesamt für real hält:

>»Falls die Ukraine in den Besitz von Massenvernichtungswaffen kommt, wird sich die Lage in der Welt und in Europa drastisch verändern, insbesondere für uns, für Russland. Wir können nicht anders, als auf diese reale Gefahr zu reagieren, zumal, ich wiederhole es, die westlichen Schutzmächte der Ukraine helfen könnten, diese Waffen zu erwerben und so eine weitere Bedrohung für unser Land schaffen. … Die Vereinigten Staaten und die Nato haben damit begonnen, das ukrainische Territorium auf unverschämte Art und Weise als Schauplatz möglicher Militäroperationen zu nutzen. Ihre regelmäßigen gemeinsamen Truppenübungen sind offensichtlich antirussisch ausgerichtet. … Die Ukraine beherbergt Nato – Ausbildungsmissionen, die in Wirklichkeit ausländische Militärstützpunkte sind. Sie nannten eine Militärbasis einfach eine Mission und damit hatte sich die Sache erledigt. … Das gewählte Sicherheitssystem sollte keine Bedrohung für andere Staaten darstellen, während der Beitritt der Ukraine zur Nato eine direkte Bedrohung für die Sicherheit Russlands ist.«[98]

Da das Putin-Regime auf den Zuzug von Biomasse (aus der Ukraine) angewiesen ist, steht man dort mit dem Rücken zur Wand und so ist Putin bereit, bis zu jedem notwendigen Ende zu gehen, um seine Macht zu erhalten, wie er es auf die Bolschewiki projiziert, die bereit waren, für den Machterhalt das Land aufzuteilen und so, aus seiner Sicht, zu zerstören:

> »Auf den ersten Blick erscheint dies absolut unverständlich, ja sogar verrückt. Aber nur auf den ersten Blick. Dafür gibt es eine Erklärung. Nach der Revolution war es das Hauptziel der Bolschewiki, um jeden Preis an der Macht zu bleiben, absolut um jeden Preis. Dafür taten sie alles.«[99]

Und da Putin weiß, dass sein fragiler Einfluss auf diese Macht im Begriff ist zu schwinden, flüchtet er in die Destruktivität. Man darf aber nicht übersehen, dass »Putins Krieg« ein solcher ist, der wie in der Geschichte immer aus ökonomischen, territorialen und geopolitischen Gründen geführt wird, auch wenn die treibenden Kräfte von psychologischen und emotionalisierbaren Parametern verstärkt werden können.

Man darf auch nicht übersehen, dass – wie Freud gezeigt hat – die in der Masse wirksamen psychologischen Mechanismen in den im Einzelnen psychologisch wirksamen Mechanismen gründen und wurzeln. Das macht die Russen in ihrer Gesamtheit so anfällig für Putins Kreml-Propaganda, aber Putin selbst kann als öffentlicher Kommunikator nichts motivieren, was der Bereitschaft nach nicht ohnehin schon zuvor angelegt war. (So wie Hitler.)

Die besonderen Wirkungsweisen und Erfahrungen von Familienaufstellungen etwa verstehe ich also nicht als »übersinnliche Kraftfelder«, sondern als Resultat eines Verstehens der Situation eines anderen. Fühlt man sich in jemand anderen ein, welche Kräfte auf ihn wirken und in welchen Abhängigkeitsverhältnissen er sich befindet, so kann man seine Lage nachvollziehen. In extremen Fällen reagieren und verhalten sich Menschen sogar genau gleich, manchmal entwickeln sie sogar wie der Betroffene selbst körperliche Reaktionen wie Bauchschmerzen. Diese Kräfte sind sehr stark. Es handelt sich hierbei um Fromms angesprochene Gesetze und Mechanismen, aber ist auch im Hinblick auf das Denken Georg Büchners interessant: »Unter gleich Umständen würden wir wohl alle gleich werden.« Das betrifft ebenfalls den Gesellschaftscharakter. Das

Aufkeimen des Faschismus in Form der Trumpisten in den USA belegt, dass der Faschismus in Deutschland (und Italien) der 1930er Jahre keine historische noch eine sozio-kulturelle Geschichte, die einmalig ist. Auch Weber vertritt die These, dass »jede soziale Gruppe durch ihre objektive soziale Lage genötigt [wird], die Welt und sich selbst in einer vorgezeichneten Weise zu deuten.« [100]

Kurzum: Wenn es äußere Gründe für Individuen gibt, die ein bestimmtes Verhalten erfordern, dann werden sie – ob bewusst oder unbewusst - irgendwelche Vorwände und Tarnungen finden, um ihr Verhalten eben genau so zu rechtfertigen. Man wird gerade unbewusst alles dafür tun, um Pseudogründe als Vorwand einbringen zu können, um die äußeren Zwangsbedingungen zu erfüllen.

Wer sich weigert, selbst zu denken, eigenständig zu handeln, ganz er selbst zu sein und zu bleiben, auch wenn dies mit Nachteilen für ihn persönlich verbunden sein könnte, der weigert sich, selbst eine Person zu sein, worin gleichsam die Banalität des Bösen (Hannah Arendt) begründet liegt, die sich jedem moralischem Zugriff entzieht und das sich daher in die ganze Welt ausbreiten und von überall herleiten lässt, weil nur ein unbestimmtes Man gehandelt oder nicht-gehandelt hat, niemals aber eine echte Person, die sich dem von Menschen gemachten Übel entschlossen und kompromisslos entgegenstellt, statt in Gedankenlosigkeit und der Weigerung, ein Mensch zu sein und kein Automat, der auf Befehl gehorcht und mordet, dem *radikal Bösen* Vorschub zu leisten, das weder vergessen, noch verziehen werden kann.

Da der autoritäre Charakter der totalitären Führer und ihrer Masse sich besonders durch seine eigene, genuine Schwäche auszeichnet, so könnte »Putins Krieg« also ebenso gut auch »Lawrows Krieg« oder »Medvedevs Krieg« sein – nur dass ich annehme, wie bereits erwähnt, dass Putins »Zündschnur« im Vergleich zu anderen Gestalten in seinem Regime noch etwas länger ist und er *weiß*, was er tut. Wie rational handelt Putin also?

Kant definierte den Verstand als das »an Sinneseindrücke gebundene, aposteriorisch arbeitende« Erkenntnisvermögen. Bei der Vernunft unterschied er in die »reine«, *theoretische* und die *praktische* Vernunft. Die theoretische Vernunft ist nach Kant »die Fähigkeit, Schlüsse zu ziehen, sich selbst zu prüfen und unabhängig von der Erfahrung zu den apriorischen Vernunftsideen (Seele, Gott, Welt) zu gelangen«, während die praktische Vernunft sich nach Kant auf »das Setzen von ethischen Prinzipien« bezieht, »denen der Wille unterworfen wird und die so das Handeln individuell und sozial begründen und leiten«. Theoretische Vernunft also ist *schlau*, aber nur praktische Vernunft ist *klug*. Putin handelt sehr rational, aber eben nur in theoretischem Sinne.[*] Und wie auch schon die Holocaust-Forschung gezeigt hat, welcher ebenfalls bürokratisch zwar vollkommen rational, aber eben auch rein theoretisch konstruiert war: *Rationalität hängt dem Prinzip nach mit Moral und Ethik nicht universell zusammen.*

Das Ziel von Putins Strategie wird also sein, so die Vorhersage meiner Analyse, die allein durch die Geschichte bestätigt oder widerlegt werden kann (und in diesem Fall vermutlich zumindest für gegenwärtige Zwecke unnütz ist), folgendermaßen vorzugehen: Zunächst werden militärische Einrichtungen »unschädlich« gemacht, um die Ukraine zu entwaffnen. Die Ausdehnung der westlichen Kultur (Liberalismus, Demokratie, Marktwirtschaft) stellt anders als die Ausdehnung der NATO nach Osten keine nur eingebildete, sondern eine reale Gefahr dar, denn – so Fromm – der Mensch muss nicht nur biologisch, sondern auch psychologisch überleben können. Es ist so unvorstellbar und es muss unvorstellbar sein, dass es ein lebenswertes alternatives Modell zur russischen, totalitären Oligarchie gibt. So erklärt Putin:

> »Niemand hat die Millionen von Menschen, die dort leben, gefragt, was sie davon halten. … Deshalb entschied sie sich 1991 für die gedankenlose Nachahmung ausländischer Modelle, die nichts mit der Geschichte und den ukrainischen Realitäten zu tun haben. … Ist dem ukrainischen Volk bewusst, dass sein Land auf diese Weise verwaltet wird? Ist ihnen klar, dass ihr Land nicht einmal mehr ein politisches oder wirtschaftliches Protekto-

---

[*] So berichtet auch NTV über ein Telefonat zwischen Macron und Putin am 3. März 2022: »Das eineinhalb Stunden dauernde Gespräch sei auf Initiative Putins zustande gekommen, hieß es im Elysée. Es ist das dritte Telefonat der beiden Präsidenten seit Beginn der russischen Invasion in der Ukraine am 24. Februar. Das Gespräch sei ‹ernsthaft und schwierig› gewesen, allerdings habe es keinen hitzigen Schlagabtausch gegeben. Putin habe sich vielmehr ‹auf neutrale und klinische Weise› ausgedrückt.« (https://www.n-tv.de/politik/Macron-Das-Schlimmste-steht-noch-bevor-article23171294.html Zul. abg.: 03.03.2022; 21:43 MEZ)

> rat ist, sondern zu einer Kolonie mit einem Mario-
> nettenregime degradiert wurde? Der Staat wurde
> privatisiert. Infolgedessen handelt die Regierung,
> die sich selbst als ‹Macht der Patrioten› bezeichnet,
> nicht mehr national und treibt die Ukraine konse-
> quent auf den Verlust ihrer Souveränität zu. ... Wie
> lange kann diese Tragödie noch andauern? Wie
> lange kann man das noch hinnehmen? Russland
> hat alles getan, um die territoriale Integrität der Uk-
> raine zu wahren.«[101]

Demokratie und Freiheit aber sind Konzepte, die das eigene totali-täre Weltbild bis auf die Grundmauern in Frage stellen. Besonders marktwirtschaftliche Systeme stellen eine ernste Bedrohung für die Oligarchie in Russland dar, die ihrerseits für sich rationalisiert, den Ukrainern etwas »Gutes« zu tun, indem sie für diese entscheiden, wie sie zu leben haben sollen, nämlich nach dem russischen Modell, nicht nach dem des Westens. Denn würden die Ukrainer dieses er-folgreich leben, so würde dies auch zu Zweifeln an der Alternativ-losigkeit und Wahrhaftigkeit des russischen Modells führen.

In den 1970er Jahren unterstützte andererseits die USA die fa-schistische Pinochet Diktatur in Chile, um ihre Ideen einer neolibe-ralen Wirtschaft in diesem Land durchzusetzen. Pinochet kam nach dem von den USA geförderten Militärputsch gegen den demokra-tisch gewählten marxistisch-sozialistischen Präsidenten Salvador Allende an die Macht.

Die Ukrainer sind dem Prinzip nach Russen, die sich von der rus-sischen Art zu leben losgesagt haben und nun beweisen, dass es eine Alternative gibt. Die Ukraine, die wirtschaftlich und biopoli-tisch ähnliche Probleme hat wie Russland, wendet sich dem Kapi-talismus zu. Dies stellt für viele Russen eine Gefahr für das psycho-logische Überleben dar und ist besonders für das Kreml-Regime existenzgefährdend, sollten sich Ideen wie Demokratie, Freiheit und Marktwirtschaft in der Zivilbevölkerung ausbreiten. Jede Ge-sellschaft bringt ihre eigenen produktions-spezifischen Machteliten hervor. In einem Systemwechsel dürften nur wenige Oligarchen ihre Macht und ihren Reichtum erhalten können. Gleichzeitig weckt der Erfolg einer alternativen Lebensweise Zweifel an der Richtig-keit der eigenen Lebensweise.

Diese Zweifel kann man in Russland und besonders im machtha-benden Regime nicht ertragen, was hier die einzelnen Machthaber lebensexistenziell und nicht das Regime als System trifft (ebenso wie der Umstand, dass der Machtverlust begleitet werden würde von Strafverfolgungen und Gerichtsverurteilungen aufgrund begangener Verbrechen, die zu langen Haftstrafen oder sogar Todesurteilen führen könnten wegen Hochverrats am eigenen Land und Volk oder wegen Kriegsverbrechen in Tschetschenien, Georgien, Syrien und der Ukraine).

Die Russen als Volk (und Gesellschaft) sind nicht grundsätzlich unfähig zu dieser Art zu leben, aber es herrscht ein Regime, das ebenso sehr an seinem System verzweifelt festhält, wie es ein Großteil der dortigen Bevölkerung tut. Man glaubt, wie Präsident Coriolanus Snow in der berühmten geschnittenen Szene mit Peeta in *Mockingjay I* erklärt: »There might be a hundered things in a home that need to be fixed. But that doesn´t justify burning it to the ground." Verzweifelt klammert man sich an ein totalitäres System, von dem man glaubt, dass *ein* System besser sei als *kein* System, und nur in einem System Frieden herrschen könne.

Dass *Frieden herrsche*, wird oft über die Beständigkeit von liberalen wie autoritären Ordnungen im Gegensatz zum Krieg des Naturzustandes gesagt, doch dabei wird oft verkannt, dass totalitäre Systeme innen so instabil sind, dass im Grunde jeder verdächtig und jeder eine potenzielle Bedrohung sein kann. Alles und jeder giert und strebt nach Macht, Einfluss und Bedeutung. Es erscheint um einiges aufwendiger, sich in totalitären Systemen an der Macht zu halten, als in liberalen. Das Innen ist so fluktuativ und unbeständig, dass es sich verflüchtig und von außen droht zerschmettert zu werden. Dies ist der Grund, weshalb »Terror als Staatsform« allen totalitären Regimen innewohnend ist, mit Gewalt und nur mit Gewalt eine »Einheit der Reinheit« erlangt werden soll.

Der sogenannte Frieden im Innern kann nur als ein solcher bezeichnet werden, wenn man übersieht, dass Prügel, Hass, Verfolgung, Angst und Furcht Elemente des kriegerischen Naturzustandes, niemals aber wahrhaft friedlich sind. »Faschismus« ist keine Staatsform, sondern ein zwischenstaatlicher, zwischenzeitlicher, übergangsweiser Naturzustand, der nichts Geringeres verfolgt als den Anspruch, seine totale Herrschaft auf die ganze Welt auszuweiten und bis in die Ewigkeit zu erhalten, weil nur so der *Krieg als Frieden* und der *Frieden als Krieg* definiert werden kann, weshalb totaler Frieden nur und ausschließlich durch den destruktiven Terror des Faschismus installierbar ist, indem er mit dem totalen Krieg in

sich zusammenfällt. Der Mensch selbst, ja sogar das Menschengeschlecht als Ganzes ist im Faschismus zu einer transformativen
Masse geworden, in der der Einzelne wieder Kind geworden ist.
Wie ein Kind flüchtete Hitler in seine eigene Welt, in der er allmächtig war. So wie Putin heute.

Die Ukraine als demilitarisierte »Pufferzone« mit einer pro-russi-
schen Marionettenregierung zur Verwaltung der dort lebenden
»Restbestände« (zusammen mit Weißrussland) gegenüber dem
Westen, ist das militärische Ziel der Operation. Dieses geopolitische
Ziel verbindet sich eben aber auch eng mit einem biopolitischen Ziel.
Daher, so meine Vorhersage, wird im nächsten Schritt nicht nur die
ganze Bevölkerung in der Ukraine in Panik versetzt und zur Flucht
bewegt – auch in die Flucht nach Osten –, sondern es müssen auch
die wirtschaftlichen Einrichtungen zerstört werden, um längerfristig einen Zuzug der »Klein-Russen« »heim ins Reich« zu sichern.

Vor die Wahl gestellt, ob man lieber verhungern würde, nachdem
es in der Ukraine nichts mehr zu essen gibt und der Westen so zer-
stritten über seine Flüchtlingspolitik ist (und allein an der Zahl
schon gar nicht alle Ukrainer aufnehmen könnte), würden sich viele
in die Komplizität hineinziehen lassen, wie Arendt beschrieb, und
sich durch das Verbrechen der totalen Herrschaft hineinziehen lassen *gemacht werden*. (So wie die Nazis den Juden in Aussicht stellten,
wenn sie sich fügten, würde schon nicht alles so schlimm, sodass
sie aus Angst, ihre Heimat aufgegeben zu müssen und nicht recht
wussten, wo sie denn sonst hinsollten, in den Lagern fleißig arbeiteten, in der Hoffnung, das alles irgendwie überleben zu können, in
dem Glauben: »Arbeit macht frei«. Allein die Hoffnung stirbt zuletzt.)

Allerdings möchte ich gerade vor diesem Hintergrund eine deutliche Warnung ausgeben. In Deutschland hat man die totalitären
Führer der Gegenwart (Trump, Putin, Xi Jinping) lange unterschätzt (bis auf Merkel). Dies mag vielleicht damit zu tun haben,
dass Hitler vielen als das radikal Böse erscheint, als der gehörnte
Satan. Warum ist es aber gefährlich, in Hitler nur das radikal Böse
zu sehen? Hitler als gehörnten Satan darzustellen? Deshalb, weil
Hitler eben keine Hörner haben. Im Getriebe der mordenden NS-
Organisation war der Arzt für ein Kind in der Kinderpsychiatrie
weitaus gefährlicher, als Hitler oder Himmler es je hätten sein können. Vom Gutachten dieses Arztes hing dessen Schicksal ab. Mit

nur einer Unterschrift konnte der Arzt das Leben eines Kindes aus-löschen, das es zu heilen galt mit dem Tod als »legitimer Behandlungsmethode«. Hitler und Himmler nahmen davon für gewöhnlich keine Notiz.

Fromm warnte eindringlich: »Jede Analyse, die Hitlers Bild verzerrt, indem sie ihn seiner menschlichen Eigenschaften beraubt, würde uns nur noch blinder machen für die potentiellen Hitlers, die keine Hörner haben.« Auch der sadistischste und bösartigste Mensch sei ein Mensch, so wie es der heiligste ist. Nach dem Niedergang der NS-Herrschaft versuchten einige, sich selbst zu retten, indem sie Hitler die Schuld für etwas zuschrieben, was sie selbst in vorauseilendem Gehorsam getan haben und auch selbst tun wollten, wovon Hitler selbst oft gar keine Notiz nahm (auch weil der Vegetarier Hitler viel daran setzte, davon keine Notiz zu nehmen, um so seine eigene Destruktivität zu verdrängen). Vor diesem Hintergrund müssen wir auch Putin und das Regime verstehen.

In diesem Sinne ist vielen westeuropäischen Politikern unbemerkt geblieben, wie sehr Putin *die Kunst, zu lügen* beherrscht, indem er Wahrheit spricht, und gleichermaßen *die* Wahrheit so verhüllt.[*] Auf die Frage, ob er an einer russischen Schwarzmeer-Villa gewesen sei, antwortete er so selbstbewusst, er sei dort »noch nie im Pool geschwommen«, dass niemand auch nur auf die Idee käme, weiter zu fragen, ob er dort denn schon mal Hockey gespielt habe. Darauf würde Putin dann vielleicht sogar eiskalt antworten: »Ja klar, jede Woche Samstag« – so selbstbewusst, dass man es für einen Scherz halten *will*.

Ebenso erweckte er immer den Eindruck, er habe ein Interesse daran, sich politisch dem Westen zuzuwenden. So glaubten viele Politiker dort wiederum das, was sie glauben *wollten*. Auf die Frage, ob Putin sich Russland in der NATO vorstellen könne, entgegnete er: »Warum nicht?«, was sich frei übersetzen läse als: »Mir fallen hunderttausend Gründe ein, *warum nicht.«* Clausewitz erklärte in *Vom Kriege* trefflich: Die List ist »ein Betrug, wenn das Ganze fertig ist, aber sie unterscheidet sich ... dadurch, dass sie nicht unmittelbar

---

[*] Bernie Ecclestone nannte Putin am 3. März 2022 »einen ehrenwerten Mann«. Der britische Milliardär schwärmte sogar: »Als Person fand ich ihn sehr geradlinig und ehrenwert. Er hat genau das getan, was er gesagt hat.«

wortbrüchig wird. Der Listige lässt denjenigen, welchen er betrügen will, die Irrtümer des Verstandes selbst begehen, die ... plötzlich das Wesen des Dinges vor seinen Augen verändern.«

Garri Kasparow sagte einmal: »Diktatoren sagen nie warum, sondern fragen nur: Warum nicht?« Sie erklären ihre Befehle nicht, sondern fordern Folgsamkeit und Duldung, während sie gleichzeitig nicht *wissen*, was sie am Erteilen der Befehle hindern solle.

Ab 2005, als Politiker in Kiew nach den Wahlen im »Sieg der Demokratie« schwelgten, schlug Putin andere Töne gegenüber dem Westen an. Vielleicht liegt dies nicht nur an der Außenpolitik der USA im Hinblick auf die Ukraine und Georgien, sondern auch darin begründet, dass er erkannte, dass er Merkel nichts vormachen kann, und es deshalb auch gar nicht erst versuchte. Als er ihr einen Strauß Rosen schenkte, erinnerte sie andere Regierungschefs daran: Rosen haben Dornen. Das dürfe man nie vergessen. Putin wollte das »Haus Europa« bauen, aber da es ihm so unmöglich war, es in *seinem* Sinne zu bauen, scheiterten seine Bemühungen, etwas zu erschaffen. (Auch Hitler wollte ein »Zeitalter der Toleranz« schaffen.)

Das Motto war zwar: »Russland ist Putin, und Putin ist Russland«. Organisationen wurden gegründet, um die Bevölkerung zu gewinnen. Doch Putin unternahm keine Anstrengungen, um Russland zu modernisieren, sondern er wollte nur seine eigene Machtbasis in einer Eiszeit sichern. Statt harter Anstrengungen war er faul und wählte den Weg der Zerstörung. Er erklärte: »Wenn du auf Stahl triffst, lass es bleiben. Wenn du auf Brei triffst, mach weiter.« 2008 fielen russische Truppen in Georgien und 2014 in der Ukraine ein. Kasparow erkannte, Putins Fähigkeit, schnelle Entscheidungen zu treffen, ermögliche ihm Vorteile im Chaos, das seine »Luft zum Atmen« sei. Carl Schmitt erklärte in seiner faschistischen Demokratietheorie nicht nur, Schweigen sei Zustimmung, sondern auch, dass souverän sei, wer über den Ausnahmezustand entscheide.

Wenn Putin sagt, er habe keine Kontrolle über pro-russische Separatisten in der Ostukraine, so ist auch dies wahr, wenn man sich klar macht, dass in einer *Kriegsgesellschaft* (Wolfgang Sofsky) eigentlich ohnehin jeder macht, was er *will*. Ähnliches war auch in der Propaganda der letzten Tage zu vernehmen. Wird Russland am Mittwoch die Ukraine angreifen? »Mittwochs machen wir sowas nicht« – eine Woche später fiel das Datum auf einen Donnerstagmorgen. Man hätte im Prinzip die Uhr danach stellen können und so wurde mir die Bedeutung meines Traumes schlagartig klar (bis auf die Rolle der Dudelsackspieler). Dadurch wird die Wahrheit verdeckt, indem Wahrheit gesprochen wird.

Vor diesem Hintergrund muss auch ich eindringlich warnen. Wie der Krieg weiter verlaufen wird, wird auch davon abhängen, wie sich die Ukrainer verhalten. Es ist das Ziel, die Ukraine nach und nach in ihren staatlichen Strukturen (nicht als Staat!) zu zerstören. Das Regime in Moskau ist darauf angewiesen, und so droht Putin auch unverhohlen aggressiv, wer sich dem (erfolgreich) in den Weg stelle (womit das Regime gleichermaßen am Ende wäre), wird einfach gleich mit »weggesenst«. Wenn die Ukrainer sagen: »Wir sterben lieber mit der Waffe in der Hand, als uns gefügig zu machen!«, dann fürchte ich, werden sie genau dies tun. Ganz im Sinne von Hitler 1942 wird man im Kreml dann sagen: »Wenn die Ukrainer nicht als Klein-Russen bei uns leben wollen, dann sollen sie dort drüben sterben.« Dann ist anzunehmen, dass aus dem geplanten Ethnozid ein Genozid wird.[*] Es passt zum narzisstischen Gekränktsein, dann der Maxime zu folgen: *Wenn du etwas nicht haben kannst, mache es kaputt!*[†]

Dabei nehme ich an, dass man nicht alle erschießen würde. Aber eine Beschädigung der Schutzvorkehrungen in Tschernobyl könnte ebenso wie die zerstörte Infrastruktur die Menschen nach und nach aussterben lassen. Es steht zu befürchten, dass Putin dann – nachdem er den Ukrainern als Volk (nicht der Ukraine als Staat) das

---

[*] Siehe hierzu als Beleg meiner Vorhersage eine Analyse der Propaganda in den vom Kreml gelenkten russischen Medien, die sehr aggressiv zum Völkermord aufrufen. (https://www.spiegel.de/netzwelt/web/ukraine-krieg-wladimir-putin-ist-nicht-das-einzige-russische-problem-kolumne-von-sascha-lobo-a-9f0c129e-a3a0-4e4b-a3ad-00a52825a0d2 Zul. abg.: 08.04.2022; 20:29 MEZ)

[†] Am 2. März 2022 erreichten uns berichte, dass Städte belagert und Bürgermeister unter Druck gesetzt wurden, die Städte zu unterwerfen, andernfalls würden sie völlig zerstört werden. Gleichzeitig verhinderte das russische Militär die Flucht zahlreicher Zivilisten. Massenhafte Angriffe auf zivile Ziele sollten als Beleg für meine Theorie ausreichen. Die bittere Auszeichnung, die ich mir nun selbst verleihen darf, ist, dass diese Vorhersage vom Abend des 24. Februar eingetreten ist. Ich besitze also die Fähigkeit, in eine Zukunft blicken zu können, von der ich mir wünschte, sie würde mich nicht bestätigen, sondern widerlegen.

Existenzrecht abgesprochen hat, sich auf die Verbrechen Stalins einlässt und in einem unsichtbaren Holocaust, der sich über Jahrzehnte erstrecken wird, dieses Volk auslöschen wird.

Die Wahrscheinlichkeit eines Atomkrieges, den Putin befehligt und der sich gegen die NATO-Staaten richtet, halte ich alles in allem für unwahrscheinlich. Es ist zu vermuten, dass er alt und krank werdend nicht sehr an seinen letzten Jahren hängt, die er nur vor sich hinvegetieren würde. Putin, der zu Lebzeiten nichts erschaffen konnte, an das man sich nach seinem Tod noch erinnern könnte, will nicht leise abtreten. Er will, dass sich die Menschheit an seinen Tod – wie an den Tod Caesars – noch nach Jahrtausenden erinnern wird.

In diesem Fall würde Putin durch keinen inneren Selbsterhaltungstrieb mehr von seiner Destruktivität abgehalten werden, und erst recht nicht von Vernunft, oder anders gesagt: Im Angesicht des eigenen, unausweichlichen Todes würde der Tod als der einzige Feldherr in der Weltgeschichte, der es wagt, die NATO anzugreifen, wahrlich den Beginn seiner Unsterblichkeit markieren, wie Robespierre formuliert haben soll.

Allerdings gibt es um ihn herum ein Regime, welches an der Macht bleiben und auch familiäre Dynastien erhalten will, sodass von dieser Seite aus Putin schließlich seine letzten Unterstützer gegen sich haben dürfte. Das Risiko einer solchen Gefahr darf auf der anderen Seite jedoch auch nicht leichtfertig unterschätzt werden, besonders deshalb, weil wie bereits im Kalten Krieg »versehentliche« Befehle befolgt werden könnten, ehe sie sich eben als »Versehen« herausstellen.

Außerdem darf nicht übersehen werden, dass wenn Putin in den Massen noch Rückhalt findet, es zum Bruch zwischen diesen und dem Putin untreu gewordenen Regime kommen könnte, was einen Systemzusammenbruch verursachen könnte und der Verbleib von tausenden Atomwaffen ungewiss sei, die drohen, in die Hände von Terroristen zu fallen (so wie diese Gefahr im Zuge des Zusammenbruchs der Sowjetunion bestand). Es hängt von den Massen ab, ob sie bis in den Tod zu Putin halten, der versprochen hat, Charkiw nicht zu bombardieren, und wenn sie hören, er tue es doch, dann glauben sie, es sei eine Lüge, weil Putin versprochen habe, es nicht zu tun.

Stattdessen sorgen sie sich darum, wo sie jetzt noch aus leeren Bankautomaten Bargeld bekommen könnten. Sie sagen stolz, sie stehen weiter hinter Putin und allem, was er tut. Schuld sind die anderen und auch noch Jahre nach dem Krieg werden sie sagen, die anderen seien die wahren Bösen gewesen. So wie die Deutschen mehrheitlich zu Hitler gehalten haben, der in seinem Amt nie in Frage gestellt werden konnte und selbst in den letzten Stunden noch vermeintliche Verräter, wie er selbst in Göring einen sah, entfernen ließ. Wie viele Russen und Russinnen haben mehr Angst vor einem Leben nach und ohne Putin als vor dem Tod, wenn sie diesen doch für den Beginn der Unsterblichkeit halten?

Dass die deutsche Gesellschaft teilnahmslos daneben und die westliche Wertegemeinschaft – über deren Wertebegriff nie ein Konsens bestanden hat, wie Henry Kissinger erklärte – betont »geschlossen«, aber doch nur am Spielfeldrand verweilend »zusammensteht«, kann auch seine ganz eigenen politischen Gründe haben. Dabei möchte ich nicht darüber urteilen, ob Bundeskanzler Scholz, der oft so leblos und unbeteiligt wirkt, dass manche ihn als »Roboter« bezeichnen, selbst einen nekrophilen Charakter erkennen lässt. Vielmehr geht es mir um die Gesamtlage der Deutschen als Volk und Gesellschaft.

Ein Eingreifen in den Konflikt würde schwerwiegende Folgen mit sich ziehen. Weder sind Scholz noch Deutschland hier der treibende Aggressor. Im Sinne einer kosmopolitischen und internationalen, historischen Verantwortung lässt sich nur eine Verantwortlichkeit der zweiten Ordnung ableiten. Die Verantwortlichkeit erster Ordnung liegt im Kreml und – im Sinne der Selbstverteidigung – bei den Ukrainern.

Die »deutsche Realitätsverweigerung«, wie Robin Alexander sie beschrieb (nicht notwendigerweise kritisierte), kann auch in der Erkenntnis der deutschen Realität selbst begründet liegen, die sich in den Altersstrukturen und in den wirtschaftlichen Kernelementen der Industrie (Mittelstand, Fachkräfte) auf eine ähnlich desaströse Lage zubewegt wie die, in der Russland schon heute angekommen ist. Ohne Zuwanderung von Fachkräften, also Migration, würden dann auch die Sozialsysteme vor dem Kollaps stehen.

Etwa im Jahr 2060 dürfte Deutschland nicht nur hinter die Wirtschaftsleistung von Frankreich oder Großbritannien zurückfallen, sondern könnte von beiden Ländern in der Bevölkerungszahl zum ersten Mal seit zwei Jahrhunderten überholt werden (abgesehen von einer kurzen Phase nach der Teilung in BRD und DDR, ehe auch die BRD sich wieder an die Spitze absetzte), was in der zweiten Hälfte dieses Jahrhunderts zu einer ehrblichen machtpolitischen, da ökonomischen Verschiebung der Kräfteverhältnisse in Europa führen dürfte. (Da die Deutschen in ihrer Massenseele auf Machtverlust oft ängstlich reagiert haben, ergibt sich daraus auch eine erhebliche Gefahr innenpolitischer Spannungen und Unruhen.)

Daraus ergibt sich ein politisches Interesse, dass etwa Ukrainer als Flüchtlinge nach Deutschland kommen, und hier Fachberufe im Handwerk und in der Pflege ausüben, wo nicht erst seit der Corona-Pandemie ein chronischer Personalmangel besteht. (Aber nur so viele, wie dazu benötigt werden, ohne dass am anderen Ende rechtspopulistische »Umvolkungsparanoia« durch gezielte Propaganda genährt werden könnten.) Dieses langfristige Interesse dürfte noch größer sein als das, die deutsche Wirtschaft nicht kurzfristig und vorübergehend durch einen Abbruch von der Energieversorgung durch russisches Gas zu gefährden.

Man darf dieses Interesse jedoch nicht überschätzen. Deutschlands Interesse beruht mehr auf einer beiläufigen Vorteilssituation, die nicht durch kriegerische Handlungen wie 1939 im Rahmen einer Expansionspolitik erkämpft werden soll.

Sollte diese These richtig sein, so dürfte sich wahrscheinlich kaum ein Politiker (in Verantwortung) finden lassen, der dieses Interesse offen zugeben würde. Dabei geht es mir nicht um ein Verurteilen, sondern um ein Erkennen von politischen, wirtschaftlichen und sozialen Sachzwänge, die – bewusst, unbewusst und unterbewusst – politisches Handeln oder Nicht-Handeln *motivieren*. Das Interesse der Motivation, *nicht zu handeln*, liegt also darin begründet, mögliche Vorteile, die sich aus Nebeneffekten einer Reihe dramatischer Kollateralschäden ergeben, *nicht zu verspielen*. Sollte diese These in dieser speziellen Ausdifferenzierung nicht zutreffen, so dürfte sie im Hinblick auf energiepolitische Abhängigkeiten von Russland aber allemal zutreffen und schlussendlich zu dem gleichen Ergebnis führen.

Eine deutsche Regierung muss auch die spezifisch deutschen Interessen im Blick haben. Das Risiko einer militärischen Eskalation durch ein aktives Truppenengagement in der Ukraine wäre kaum einzuschätzen. Die Ohnmacht in der Zeit des Kalten Krieges – in der ein Atomkrieg vermutlich auf deutschem Boden hätte stattgefunden – brachte die Deutschen dazu, ihre Fähigkeiten in der Diplomatie zu entwickeln, an denen man nun verzweifelt festhalten wollte und nicht sah, dass der Kreml im Grunde gar kein Interesse an einem intensiven Friedensprozess hat.

Es ist unwahrscheinlich, dass andere Amtsträger zu anderen Schlüssen und Handlungsperspektiven kommen würden, auch wenn ihre Begründungen, Einwände und vorgetragenen Beweggründe an Vielfalt keinen Mangel erkennen ließen. Man könnte sogar schon weitergehen und die deutsche Öffentlichkeit darauf einstellen, eine nicht so kleine Zahl an ukrainischen Flüchtlingen geordnet – *damit sich 2015 nicht wiederholt* – aufzunehmen. In unserem Bekanntenkreis hat ein Freund meines Stiefvaters vor einigen Jahren eine Frau aus der Ukraine geheiratet. Ihre Mutter wollte, so wurde ein Tag nach Kriegsausbruch besprochen, sobald wie möglich nach Deutschland kommen, doch nach zwei Wochen war klar, dass es kein Durchkommen mehr gibt. Persönlich trifft es uns anders, wenn wir wissen, *wer* gerade in einem Vorort von Kiew belagert und bombardiert wird – statt den Krieg in der Ukraine als TV-Event zu sehen und bei Desinteresse zu »Klein gegen Groß – Das TV-Duell« umzuschalten.

Deutschland und die deutsche Bundesregierung haben sich mit ihrer Weigerung zu denken und insbesondere über das Unvorstellbare denken zu wollen, in der Welt blamiert, doch diese Blamage verdeckt einen wichtigen Aspekt. Es gehört zum unsäglichen Erbe des christlichen Glaubens, dass *Gut* und *Böse* entschieden dualistische Begriffe seien. Durch das Alleinlassen der Ukrainer nämlich ist anzunehmen, dass erst dies massive Kräfte für die selbstbehauptende, der Verteidigung dienende Aggression in der Zivilbevölkerung gegen die russischen Invasoren mobilisiert hat. (So hörten wir bereits am zweiten Tag des Krieges von Frauen, die sich mit Gewehren bewaffneten und Panzer mit Molotow-Cocktails angegriffen haben sollen.)

Putins strategischer Fehler war es, die Ukraine politisch und militärisch von Hilfe zu isolieren, indem er allen anderen möglichen Unterstützern radikal drohte. Auch ohne Drohungen hätte es vermutlich keine militärische Intervention seitens der NATO-Staaten gegeben, aber so nahm er allen Ukrainern die Hoffnung auf Hilfe von außen, sodass sie umso stärker eigene Kräfte mobilisierten. Von diesem zähen Widerstand wurde der Kremlchef ebenso wie seine Militärs überrascht.

Mit Gesprächsangeboten an Kiew versucht er nun, seinen Fehler zu korrigieren. Man darf nicht darauf hereinfallen, denn das Ziel war nie eine territoriale Einnahme des Landes, sondern ein Genozid an der dortigen Bevölkerung. Selenskyj so aus dem Land zu locken und anschließend seine Rückkehr zu verhindern, würde psychologisch die Bereitschaft der Ukrainer schwächen, so wie die Hoffnung, durch Verhandlungen den Krieg beenden zu können.

Es erfordert nicht nur als Zivilgesellschaft Charakterstärke, sondern auch umgekehrt als Regierung, um der Bevölkerung klarzumachen, worum es geht. Aber für Prinzipien zu sterben, ist leichter, als nach ihnen zu leben – das gilt auch für Deutschland. Wer immer nur auf seinen eigenen Vorteil aus ist und nicht bereit ist, Nachteile zu riskieren (wie schlechte Umfragewerte kurz vor wichtigen Landtagswahlen), der wird schließlich an sich selbst scheitern. Die Bedeutung der Solidarität formulierte der deutsche Pastor und Widerständler gegen die Nazis Martin Niemöller so treffend, wie kaum jemand anderes:

> Als die Nazis kamen, um die Kommunisten zu holen, da erhob ich meine Stimme nicht, denn ich war kein Kommunist.
> Danach kamen sie, um die Juden zu holen, und ich erhob meine Stimme nicht, denn ich war kein Jude.
> Danach kamen sie, um die Gewerkschafter zu holen, und ich erhob meine Stimme nicht, denn ich war kein Gewerkschafter.
> Danach kamen sie, um die Katholiken zu holen, und ich erhob meine Stimme nicht, denn ich war Protestant.
> Und danach kamen sie, um mich zu holen, und niemand protestierte, weil niemand mehr da war, um die Stimme zu erheben.

Es wäre ein schwerer Fehler zu glauben, durch Zuschauen könne man solidarisch sein. Betroffenheit als Handlungsmaxime folgt dem kategorischen Imperativ: »Sei betroffen, schaue zu«, und impliziert damit: »Sei fassungslos und handle nicht.« Der Terror des aggressiven russischen Regimes wird nicht an den Grenzen der Ukraine Halt machen, die hybride Kriegsführung hat seit Jahren begonnen und zielt auf eine Zerstörung der Zivilgesellschaft der westlichen Demokratien von innen heraus und durch Cyberangriffe auf wichtige Einrichtungen des öffentlichen Lebens.

Das späte Einlenken der Bundesregierung am folgenden Samstag, den 26.02.2022 (und noch deutlicher am Sonntag) ist sowohl auf den Druck internationaler Partner als auch auf Widerstände in der deutschen Zivilbevölkerung zurückzuführen, die auf Demonstrationen klar zum Ausdruck brachte, dass mögliche Nachteile durch ein härteres Vorgehen gegen das Terror-Regime Putins akzeptiert werden, weil die demokratischen und freiheitlichen Grundwerte einer offenen Gesellschaft im Innern der westlichen Welt selbst verteidigt werden müssen.

Aber es wäre ein Fehler zu glauben, dass Waffenlieferungen zum jetzigen Zeitpunkt (Februar/März 2022) die Befreiung der Ukraine sichern können. Die hybride Kriegsführung kann verdeckt und unsichtbar weitergehen. Die Gebiete im Osten des Landes gelten aus Sicht Moskaus als unabhängige Staaten. Die Menschen dort sind der Nationalität nach keine Russen, auf die man folglich keinen Einfluss habe. Wenn sie nun in der Ukraine über viele Jahre hinweg immer wieder Terroranschläge verrichten, dann ergeben sich daraus zwei Probleme:

Erstens. Die Nahrungsversorgung könnte unterdrückt und die Infrastruktur weiter zerstört werden, sodass es zu Hungersnöten oder sogar durch Beschädigungen der Tschernobyl-Ruine zu schweren humanitären Katastrophen kommen könnte.

Zweitens. Wenn die Regierung in Kiew auf den Inlandsterrorismus und die um sich greifende Angst reagiert, wird sie dies höchstwahrscheinlich mit Repression tun. Das Vertrauen schwindet und das Klima der Angst, formulierte Adlai Stevenson 1952, gebiert Repression. Dann aber stirbt die Freiheit und wie Learned Hand erkannte: »Freiheit liegt in unseren Herzen, und wenn sie stirbt, rettet sie keine Verfassung der Welt.« Das Ergebnis wäre ein anti-russisches Regime in Kiew, welches gleichermaßen undemokratisch und repressiv wäre wie man sich in Moskau ein pro-russisches Regime gewünscht hätte.

Kurzum: Putin kann auch dann gewinnen, wenn er den Krieg eigentlich verloren hat. Da es nie sein Ziel war, die Ukraine zu besetzen, wie er erklärte, und militärische Ziele »unschädlich« gemacht wurden, kann er gesichtswahrend alle Truppen wieder abziehen und notfalls auch ohne Regimewechsel in Kiew das erreichen, was er erreichen wollte.

Den Weltuntergang überleben die, die nur für sich selbst kämpfen. Dementsprechend ist es um den Humanismus in einer Gesellschaft nach dem Untergang nicht gut bestellt. Macht erstreckt sich im Zeitalter der Gouvernementalität nicht mehr über ein Gebiet, sondern über die Seelen. Die totalitären Regime unserer Zeit versuchen nicht, durch physische Gewalt und Krieg jeden Winkel der Welt zu erobern, sondern psychisch durch Angst und Terror jede Seele in jedem Menschen aufzuzehren. Panem wird über die Welt kommen, weil es schon längst in der Welt angekommen ist. Russland und China – wie auch die USA mit ihrem digitalen Überwachungskapitalismus – leben nicht im Weltbild des Imperialismus des 18. Jahrhunderts, sondern haben den Imperialismus ins 21. Jahrhundert transformiert.

Wenn man ein Gebiet nur besetzt, werden die Menschen, die eigenständig denken, Widerstand leisten. Wenn sie aber das denken, was sie denken sollen, werden sie keinen Widerstand leisten, auch wenn ihr Gebiet nicht besetzt ist. Oder sie werden wie die USA, das Land des totalen Überwachungskapitalismus, immer noch als das Land der Freiheit bezeichnen, weil sie nicht sehen und nicht sehen wollen, dass die Freiheit längst verschwunden ist.

Krieg geht auch immer einher mit Zerstörung. Gebiete zu besetzen ist teuer, wenn die dortige Bevölkerung unterdrückt werden muss. Das alles kostet viel Kapital unterschiedlicher Arten. Es ist daher auch günstiger, den Feind einfach aufzukaufen. Der Kalte Krieg wurde in den letzten Jahren immer heißer. Wir wollen nicht sehen, dass der Dritte Weltkrieg als Weltwirtschaftskrieg schon längst ausgetragen wird, weil er nur gelegentlich hier und da tatsächlich einen hohen Blutzoll forderte.

Politische und historische Schlüsse und Ableitungen

Die wesentlichen Annahmen meiner spieltheoretischen Betrachtungen waren, dass die Oligarchie in Russland »mit dem Rücken zur Wand« steht und zunehmend in die Destruktivität flüchtet. Je älter und kränker Putin selbst wird, desto mehr wird er, da er nichts hat kreativ erschaffen können, destruktives Verhalten zeigen. Die Gefahren, die sich daraus ergeben, dürfen weder überbewertet, noch unterschätzt werden. Ausgehend von diesen sozioökonomischen Indikatoren kam meine spieltheoretische Analyse zu den Vorhersagen, dass

- die Aggression des Regimes in den nächsten Jahren nicht verschwinden, sondern im Laufe des Jahrzehntes zeitlich eher global (bis auf lokale Effekte) zunehmen wird;
- Putin in der Ukraine eine Strategie verfolgt, der eine Ideologie zugrunde liegt, nach der Staat (Erde) und Biomasse (Volk) voneinander getrennt sind (Ziel ist also keine Besetzung, sondern eine Migration von »Klein-Russen« »heim ins Reich«);
- Putin auch im Falle eines verlorenen Krieges »gewinnen« kann (Inlandsterrorismus innerhalb der Ukraine durch pro-russische Separatisten im Osten könnte zu totalitärem Überwachungsstaat führen, sodass die Idee der Freiheit und der Demokratie in der ganzen Welt zerstört werden kann).

Eindringlich warnen möchte ich vor einem jahrelangen hybriden Krieg (Terroranschläge, Hungernöte, Zusammenbruch der Strom-, Wasser und Gesundheitsversorgung, sodass Seuchen sich ausbreiten). Durch seine Propaganda hat Putin seinerseits die »Grundlagen« für einen Völkermord an den Ukrainern geschaffen, denen er das Existenzrecht abgesprochen hat. Ganz gleich, wie sich die Ukrainer verhalten, so verschwindet das Problem nicht.

Die Wirtschaftssanktionen verschlimmern die Bedingungen in Russland nur noch mehr, indem sie – wie EU-Kommissionspräsidenten Ursula von der Leyen ankündigte – »die industrielle Basis Russlands abtragen«. Man könnte mit Sanktionen speziell auf die Zivilbevölkerung zielen – was man ausdrücklich nicht möchte –, um diese gegen das Regime aufzubringen – in der Geschichte führte dies jedoch oft zu einem genau gegenteiligen Effekt und stärkte den Rückhalt des Regimes, das den einzigen Schutz gegen eine aggressive Außenwelt darstelle.[*]

Da es keine Reformen in Russland gab, wird das Problem auch weiter bestehen. Das größte Land der Welt verfolgt keine Ausdehnung seiner Herrschaft im Weltmaßstab mehr, weil es für seine Begriffe diese schon längst gesichert hat. Vielmehr aber verfolgt es die

---

[*] Hierzu passt auch eine vielzitierte Aussage eines Nachrichtensprechers im russischen Fernsehen, der nach der Versetzung der Abschreckungsstreitkräfte (Atomwaffen) in Alarmbereitschaft durch Präsident Putin beschrieb, man könne mit 500 Atombomben Europa und die USA »sicher auslöschen«, und zwar »ganz nach dem Motto: Was soll Russland mit einer Welt, wenn Russland nicht mehr in dieser Welt ist?«

Ausdehnung der Einverleibung der Bevölkerungen im Weltmaßstab, um nicht »auszusterben«. Das betrifft auch das Angebot einer
»alternativen Heimat« für (ähnlich gesinnte) Rechtspopulisten in
ganz Europa und der Welt. Sie sollen durch den Einkauf öffentlicher Personen (Politiker wie Gerhard Schröder oder Prominente
wie Gérard Depardieu – der selbst noch immer in Frankreich lebt,
aber eine russische Staatsbürgerschaft auf seiner »Flucht vor der sozialistischen Politik« des französischen Präsidenten François Hol-
lande angenommen hat) dazu *motiviert* werden.

Putin ist im wahrsten Sinne des Wortes »National-Sozialist«. Man
weiß nicht recht, ob er recht oder links ist, was darauf zurückzuführen ist, dass dieses politische Koordinatensystem in totalitären Systemen nicht anwendbar ist. Der Hitlerismus und Stalinismus zeig-
ten in vielerlei Hinsicht, wie Hannah Arendt erarbeitet hat, große
Gemeinsamkeiten.

Daraus lässt sich längerfristig Folgendes ableiten: Wird Putins
Strategie in der Ukraine erfolgreich sein, könnte durch einen über
mehrere Jahre andauernden Zuzug von »Klein-Russen« der Bedarf
an Biomasse zunächst gesättigt sein. Doch die Probleme verschär-
fen sich weiter. Wenn die Strategie sich als erfolgreich erweisen
sollte, dann könnte man im Kreml auch geneigt sein – vom Macht-
rausch »geil gemacht«, wie Sutherland schrieb – auch im Baltikum
(Estland, Lettland, Litauen, Finnland) zu versuchen, durch Druck
von außen scheinbar anziehende Kräfte zur Entfaltung zu bringen.
Wenn die Strategie in der Ukraine jedoch ohne Erfolg bliebt, dann
wird man dies auch im Baltikum versuchen *müssen*.

Das ernüchternde Fazit dieser Analyse lautet also, dass die russische Aggression unter der Strahlmacht des Putin-Regimes in den
nächsten Jahrzehnten nicht verschwinden wird. Im Jahr 2024 sind
erneut Wahlen, die Putin sehr wahrscheinlich noch gewinnen wird,
allein schon, weil man dann noch immer im Krieg ist (so wie seit
2014). Doch der Druck auf das System und damit das Regime wird
bis 2030 – erneut in acht Jahren – massiv zunehmen und bis zur
nächsten Wahl, die Putin vermutlich auch dann noch gewinnen
wollen werden *muss*, einen neuen Höhepunkt erreichen. Sollte Putin trotz seines gesundheitlichen Zustandes älter als 84 Jahre alt
werden, so ist denkbar, dass über ein verhängtes Kriegsrecht die
Wahl 2036 ausgesetzt und auf unbestimmte Zeit verschoben werden könnte, sodass Putin wirklich seine Macht mit ins Grab nehmen
kann.

Psychoanalytisch betrachtet aber spielen Wahlen für die Aggression des Regimes und die, die durch die Allgemeinbevölkerung in Russland dann noch mehrheitlich unterstützt, mitgetragen oder stillschweigend akzeptiert und toleriert wird (oder werden muss), eine nur untergeordnete Rolle, wenn man nicht nur auf lokale, sondern globale Verläufe schaut. Putins Aggressionsstrategie orientiert sich dabei entlang von kurzzeitigen Wirtschaftszyklen, wie sie Ray Dalio in seiner »Wirtschaftsmaschine« beschrieben hat. In zeitlich lokalen Tiefs, also milderen Wirtschaftskrisen (2000, 2008, 2014[*]), werden kleinere Kriege geführt, um Ohnmacht zu kompensieren und von Problemen im Inland abzulenken. Die Aggression in der Ukraine aber, die wir 2022 sehen können, zeugt von einem zyklischen Tief und einer Regression, wie wir sie überall in der Welt im Sinne der Kulturzyklentheorie von Howe und Strauss beobachten können. Je älter Putin selbst wird und je kränker er wird, desto eher wird er seine Kompensationsbemühungen gegenüber einer empfundenen Ohnmacht im Angesicht des eigenen Todes bis zum Exzess steigern. (So wie Hitler noch in seinen letzten Tagen die Deutschen zum kollektiven Massenselbstmord aufrief.)

Es sind selten die Verführer, die die Massen verführen, sondern häufig die Massen, die ihre Führer verführen. Hitler war nicht der große Führer, sondern er wurde dazu gemacht. Man glaubte, Deutschland brauche einen Führer, und als er depressiv im Gefängnis saß nach dem gescheiterten Putschversuch, bauten ihn Mäzene und Financiers auf. Er war im Grunde nichts anderes als herausgepickt aus der Menge, ein unbedeutender Politiker, dem einige eine große Zukunft zutrauten und ihn förderten. Von einer Projektionsfläche wurde Hitler zu einem Produkt *gemacht.* Hitler selbst war faul und ohne Ambitionen und sah sich in der nationalsozialistischen Bewegung mehr als »Trommler«.

Auch Putin war wie Hitler faul, ohne Ambitionen und stolperte mehr unfreiwillig in politische Ämter. Durch die Propaganda wurde ein kleiner, schwacher und unsicherer Mann zu einem multitalentierten Nationalhelden aufgebaut, der es ganz allein mit der alten Garde der Oligarchie aufnehme und den Niedergang Russlands stoppen würde. Der Rausch der Macht aber stimulierte und

---

[*] Die Wirtschaft Russlands taumelte bereits vor den Sanktionen nach der Krim-Annexion in ein lokales Tief.

diese Stimuli mussten, da sie keine inneren Reize anregen, von außen immer weiter erhalten und verstärkt werden, um wie eine Droge noch wirken zu können. Ohne diese Stimulation dürfte der Machthaber nach seinem Machtverlust körperlich wie Staub zerfallen. Er wird daher alles tun, um an seiner Macht festzuhalten. Doch das darf nicht darüber hinwegtäuschen, dass es einst die Massen waren, die ihrerseits ihn als Führer *wollten*, um an ihm festzuhalten und von ihm festgehalten zu werden.

Daraus ergeben sich wichtige Aspekte für zukünftige Strategien. Die gegenwärtigen historische Entwicklungen lassen erwarten, dass die beste »Sicherheit« für die Ukraine, die heute noch erreicht werden kann, die ist, sie als Staatsgebiet vollständig zu demilitarisieren. Günstig wäre auch, wenn mehr Ukrainer als »Klein-Russen« nach Osten fliehen würden.

Eine weitere Alternative wäre, die Ukraine in einen West- und Ostteil zu teilen, wobei die Ostukraine aus den an Russland grenzenden Regionen bestünde, die den höchsten russischen Bevölkerungsanteil umfassen. Während die Westukraine in die Europäische Union und die NATO – zum Schutz vor weiterer Aggression durch staatliche und separatistische Akteure – aufgenommen werden könnte, fände sich im demilitarisierten Osten des Territoriums ein totalitäres Regime, welches pro-russisch gesinnt ist und die materiellen wie biologischen Restbestände unter der Kontrolle Moskaus verwalten könnte. (Dies könnte ein »europäischer Sicherheitsmechanismus« sein, wie ihn dann auch möglicherweise China diplomatisch befürworten und unterstützen würde.)

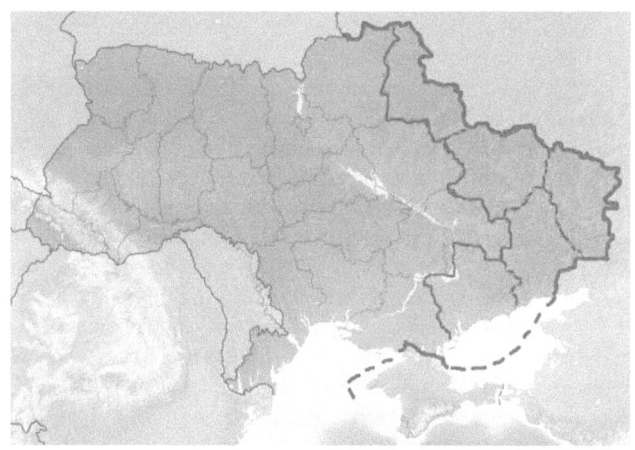

Grafik: West- und Ostukraine[102]

Beide Ansätze wären »Frieden« und »Sicherheit« auf kurze Zeit und würden im Grunde einen Freibrief für eine weitere Invasion russischer Truppen in einigen Jahren gleichkommen. Solange Putin nicht die Biomasse aus der Ukraine extrahieren kann, die er haben will, wird er weiter alle Ukrainer in Geiselhaft nehmen, auch wenn er betont, sein Amtskollege Wolodymyr Selenskyj würde »das Ukrainische Volk in Geiselhaft« halten. Schuld sind immer die anderen, so wie ein kleines Kind sagt, das sich an einem Tisch gestoßen hat: »Das ist ein böser Tisch!« Putin will Selenskyj somit – wie in dem Film *Sophies Entscheidung* – in die Täterschaft hineinziehen, indem dieser »freiwillig« auf Teile der Bevölkerung verzichtet und einen Teil des ukrainischen Territoriums für unabhängig erklärt. Selenskyj wird vor die Wahl gestellt: Einen Teil retten oder es riskieren, alles zu verlieren?

Es ist geradezu unmöglich, dass Selenskyj die Souveränität der Ukraine aufgibt und es erscheint unrealistisch, dass die Ukrainer sich »freiwillig« ergeben würden. Die Wahrung und Verteidigung der Souveränität muss erfolgen, auch wenn sie nicht als Ganze, sondern im Sinne einer Salamitaktik angegriffen wird. Die USA traten nach dem Angriff japanischer Truppen auf das tausende Kilometer vom Festland entfernte Hawaii in den Zweiten Weltkrieg ein; Thatcher entsandte Truppen, um britische Bürger auf den Falkland Inseln am anderen Ende der Welt vor der argentinischen Besatzung zu befreien. Wird die Souveränität zu einem Teil angegriffen, wird sie als Ganzes angegriffen.

Als Präsident der Ukraine kann Selenskyj andererseits unmöglich einen kollektiven Massenselbstmord seines Volkes erlauben. Putin würde, wenn die Ukrainer aber einfach flüchten, jedoch das Land als Trostpreis nehmen und sich dort einen außer-russischen Terrorstaat errichten und das Gebiet in ein Sammel- und Durchgangslager für Restbestände von Ukrainern umwandeln, welches rechtlich unabhängig ist, was bedeutet, dass die Gefangenen selbst für Unterbringung, Nahrung, medizinische Versorgung oder die Betreuung und Verpflegung der Kinder sorgen müssen – so wie Eichmann sich mit Theresienstadt ein Reich erschuf, das seinen sadistischen Bedürfnissen keinen Mangel an Befriedigung ließ.

Über ein solches Reich verfügen zu können, macht einen Machthaber im Kreml erst zum *historisch bedeutsamen* Machthaber im Kreml. So könnte man die von Moskau gelenkte DDR, deren Bevölkerung von Mauern eingeschlossen unterdrückt und sich selbst überlassen wurde, in diesem Sinne als das größte Gulag der Weltgeschichte bezeichnen, dessen Dimensionen so gigantisch waren, dass weder Hitler noch Eichmann davon zu träumen gewagt hätten. Die Revolution konnte friedlich verlaufen, weil der Charakter im Hitlerismus dominant nekrophil, im Stalinismus und in der späteren Sowjetunion dominant sadistisch und nur untergeordnet nekrophil war.

Putins Russland aber erscheint heute ebenso dominant nekrophil geworden zu sein, man denke nur an die Terrorherrschaft in Tschetschenien und den Vernichtungskrieg in Syrien. Sein Ziel ist es nicht, die Ukraine zu besetzen, sondern sie sich selbst überlassen ausbluten zu sehen. Und wann immer dort ein Mensch stirbt, findet man andere Gründe: Grippe, Alter, Hunger, Selbstmord, Kälte, Infektionen – aber niemals würde es jemand wagen, von Völkermord zu sprechen, denn die Verbrechen Stalins waren schließlich so grausam, dass nichts von heute damit verglichen werden dürfe, auch wenn diese Ignoranz einem Freibrief für die Verbrechen aller künftigen Hitler gleichkommt. Die »zivilisierte Welt« ist so unfähig, Genozide als solche zu erkennen und – wie in China an den Uigurin – zu benennen, dass man Putin in dieser Hinsicht wirklich zustimmen muss.

Und weil Hitler so böse war, darf man nicht von »Holocaust« sprechen, sondern nur in der verniedlichenden Form eines »kulturellen Genozides«, weil die Uiguren nicht ermordet, sondern ihre Kultur ausgerottet würde – so als gebe es im Hinblick auf den Fortbestand einer Kultur darin einen wesentlichen Unterschied. Da es Putin um die Auslöschung der ukrainischen Identität geht, die es nie gegeben habe und niemals hätte geben dürfen, müsste es doch zumindest in dieser Hinsicht offensichtlich sein, welches Ziel mit dem Angriffskrieg in Wahrheit verfolgt wird.*

Putins Strategie ist deshalb so schlau, weil sie kaum einen Spielraum erkennen lässt, wie er jetzt noch *nicht-gewinnen* kann – es sei denn, auf die Bitte Selenskyjs würde die Europäische Union Putin Geiseln aus der Hand schlagen, indem man nicht auf Rechtsfragen und langjährige Prozesse schaut, sondern kurzerhand die Ukraine als »noch näher zu definierenden Mitgliedsstaat« in die europäische Staaten- und Wertegemeinschaft aufnimmt, sodass auch Putin vor vollendete Tatsachen gestellt begreifen muss, dass er niemals alle Ukrainer beherrschen kann, sondern Friedensgespräche auch ernstnehmen muss. (Würde bereits ein europäisches Militär bestehen, so würde mit diesem Kniff auch sofort eine militärische Konsequenz erfolgen.) Zumindest ein offizieller Kandidatenstatus für die Ukraine wäre bedeutsam.

Wer aber ernsthaft glaubt, in einer Welt ohne Regeln an Regeln festhalten zu müssen, die in einer eben solchen Welt ohne Regeln nicht zu halten sind, der lebt so entfernt von der Realität in einer Verweigerung des Denken und Handelns, so wie Eichmann sich dem Denken und Widerstandshandeln verweigerte. »Nur weil heute so ein Tag ist, ändert man nicht gleich seine ganze Politik« – so als gebe es sonst keine Gründe, seine Politik zu ändern. Wer verbissen an der Vergangenheit festhält, wird die Zukunft verlieren.

---

* Putin schafft es mit seiner Propaganda, unser Denken zu beeinflussen, weil er unsere Schwächen und inneren Widersprüche gut erkannt hat. Weil Putin sagt, man darf nicht von Krieg sprechen, sprechen wir sehr oft von Krieg und übersehen dabei, dass es mehr sein könnte als nur ein Krieg. Putin spricht von einem Genozid in der Ostukraine. Scholz erklärte Anfang März, die Idee, dass es in der Ostukraine einen Genozid geben könnte, sei »lächerlich«.

Die größere Gefahr für die Sicherheit in der westlichen Welt ist vielleicht nicht so sehr, dass Hitler aus dem Osten droht, sondern dass Eichmann im Westen an den Schaltern sitzen könnte.[*]

Auch wenn durch einen solchen Kniff die Ostukraine verloren wäre und das Problem nicht verschwindet, sondern nur um einige Jahre aufgeschoben werden würde, so könnte es Europa dennoch wertvolle Zeit sichern, sich sicherheitspolitisch stabil und solide aufzustellen.

Je mehr Geld wir (im Westen Europas) für Rüstung und Verteidigung ausgeben, desto weniger bleibt für Soziales und Bildung und desto mehr nehmen gesellschaftliche Unruhen zu. Je mehr Geld für Sicherheit in der Gegenwart ausgegeben wird, desto weniger bleibt für die Gestaltung der Zukunft und desto weniger wird in den Umbau der Wirtschaft investiert.

---

[*] Am 8. März formulierte Selenskyj seinen Vorwurf sinngemäß ähnlich, in der Schärfe aber noch radikaler. Dagegen erklärte Scholz am 10. März: »Es ist ganz wichtig, dass wir die Dinge, die wir ja auch in der Vergangenheit beschlossen haben, weiter verfolgen.« Westliche Politiker schauen auf die Ukraine als Staat, also als unbelebtes Objekt, nicht auf die Ukrainer als lebendige Wesen. Putin schaut auf die Ukrainer, aber er tritt nur in dem Sinne mit ihnen in Beziehung, als dass er sie beherrschen oder auslöschen will. Beides spricht für ein nekrophiles Charaktersyndrom.

Marina Weisband ist am Ende die einzige in der Diskussionsrunde [bei *Anne Will* in der ARD am 20. März], die sich für ein deutlich härteres und schnelleres Vorgehen gegen Putin einsetzt. »Wir reden bei den verschärften Sanktionen von einem Beginn im nächsten Winter. Aber wenn es so weitergeht, wird es im nächsten Winter keine Ukraine mehr geben«, sagt sie. Am Ende der Sendung kann sie ihre Verzweiflung nicht mehr zurückhalten. »Ich finde diese Diskussion sehr frustrierend«, sagt sie. Die NATO agiere so, als ob sie nicht interessiere, was vor ihrer Tür passiere. »Putin kann Chemiewaffen und taktische Atomwaffen einsetzen, er kann Städte dem Erdboden gleich machen. Er weiß jetzt schon, dass ihn das nichts kosten wird. Wenn das die Sicherheitsordnung auf unserer Welt sein soll, brauchen wir eine neue Sicherheitsordnung, weil sonst weiterhin auf der Welt das Recht des Stärkeren gilt. Wir unterstützen die Ukraine, solange uns das militärisch und wirtschaftlich nicht gefährdet und so lange wir keine Arbeitslosen haben. Aber die Menschen in der Ukraine sind genauso real wie die Menschen hier. Nur: die Menschen in der Ukraine sterben gerade! Wir brauchen eine neue Sicherheitsordnung für die ganze Welt. Das hier ist sehr frustrierend.« (https://www.n-tv.de/politik/Naechsten-Winter-wird-es-keine-Ukraine-mehr-geben-article23210599.html Zul. abg.: 21.03.2022; 07:55 MEZ)

Nach der Pandemie sind die Staatshaushalte in vielen Ländern überschuldet und Putin wittert eine günstige Gelegenheit, die Abhängigkeit von fossilen Rohstoffen (Öl, Gas) zu stärken und sein Regime so palliativ finanziell am Leben zu halten. Was Putin so sehr verärgert ist, dass ihm dies bereits gelungen ist, aber er sich noch nicht sicher sein kann, dass ihm das Regime dafür dankbar sein wird, oder ihn nicht kurzerhand absägt und ihm die Schuld für alles in die Schuhe zu schieben, um unbehelligt genauso weitermachen zu können wie zuvor.

Putin lässt zwar unfähige Geheimdienstchefs im Fernsehen vorführen, um zu zeigen, dass nur er souverän ist und damit unersetzbar, doch tatsächlich könnte die Oligarchie Putin absetzen, ihm für alles die Schuld in die Schuhe schieben und dafür, dass die Ukraine nun völlig zerstört ist, und anschließend den heimatlosen Ukrainern eine neue Heimat als Schadenersatz anbieten, sodass sie sich die Biomasse mit gespielter und aufgesetzter Güte und Liebe einverleiben kann, die sich kurz zuvor dagegen noch mit aller Gewalt wehrte. Doch die Probleme verschwinden nicht, solange diese Oligarchie genauso weitermachen wird, wie bisher, auch wenn sie sich unter der Maske eines neuen Präsidenten tarnt.

Das bedeutet auch, dass die Aggression in der russischen Außenpolitik und die Angriffe auf den Frieden in der Zivilgesellschaft der westlichen Welt weitergehen werden – ob mit oder ohne Putin. Atomkraft wird von *Grünen* plötzlich als »grüne Alternative« gesehen – das zerstört die Glaubwürdigkeit der politischen Klasse und das Vertrauen der Bevölkerung in eine Regierung immer weiter, die wie schon in der Pandemie verkündete, man sei vorbereitet, aber die einfach nicht vorbereitet war. Churchill betonte immer wieder, man dürfe mit Hitler nicht verhandeln; er ließ sich nicht darauf ein und tat das einzig Richtige: Bis zum bitteren Ende gegen den Faschismus ankämpfen!

> »Adolf Hitler hegte keine besondere Feindseligkeit gegenüber Großbritannien und hatte die Vorstellung von einer Aufteilung der Welt in Interessensphären. Er ging davon aus, dass Churchill nach dem Fall Frankreichs eine Verständigung mit ihm suchen würde. Churchill widerstand und bezeichnete später die Luftangriffe der Wehrmacht auf Großbritannien als ‹eine Zeit, in der es gleichgültig

war, ob man lebte oder starb›. Andere Politiker hätten in der britischen Öffentlichkeit Unterstützung gefunden für ihr Plädoyer, den Krieg zu beenden. Doch Churchill widerstand, inspirierte und siegte. ... Churchill tat, was andere nicht getan hatten. Statt vorauseilend Zugeständnisse zu machen, zwang er Hitler dazu, seine Pläne zu ändern. Die eigentliche deutsche Strategie war gewesen, jeglichen Widerstand im Westen zu beseitigen und anschließend in die Sowjetunion einzumarschieren (womit man Verrat beging) und deren westliche Gebiete zu kolonisieren. ... Doch wenn Churchill Großbritannien 1940 nicht im Krieg gehalten hätte, hätte ein solcher Krieg gar nicht ausgefochten werden können.«[103]

Die Siegeschancen aber, die Selenskyj noch findet, sind so gering, dass das beste Ergebnis, auf welches er nun noch hoffen könnte, einem Pyrrhussieg gleichkommt. Putin erscheint hier weit gefährlicher als Hitler, weil dieser weder ein Arsenal von Nuklearwaffen zur Verfügung hatte, noch eine so schlaue Intelligenz. Während Hitler seinen Befehl zur Zerstörung Paris nicht weiter verfolgte, so würde Putin auch in größter Erregung *genau* wissen, wie man rational geplant maximale Zerstörung anrichten kann und dies auch in der Umsetzung scharfsinnig mit Argusaugen in der Ausführung kontrollieren. Kurzzeitige und unkontrollierte Wutausbrüche dürfen bei Putin nicht darüber hinwegtäuschen.

Selenskyj wird vor die Wahl gestellt: *Einen Teil retten oder es riskieren, alles zu verlieren?* Diese Frage stellt sich aber auch für die westliche Welt und die Menschheit als Ganzes. Einem Völkermord in diesem Ausmaß könnte der Westen unmöglich nur als Zuschauer beiwohnen, sondern es müsste der Luftraum für Russland geschlossen werden, was jedoch ein Eingreifen der NATO bedeuten würde, sodass schließlich ein großer Krieg nicht mehr ausgeschlossen wäre (ebenso wie der Einsatz kleinerer Nuklearwaffen). Damit wird auch der Westen vor die Wahl gestellt.

Ignorieren wir Putins atomare Drohungen, laden wir ihn zum Einsatz ein. Lassen wir uns auf sein Spiel ein, unterwerfen wir uns seinem Diktat, das er für uns vorgesehen hat. Es ist Putin egal, ob er verliert, weil er so oder so schon längst gewonnen hat, während der Westen die letzten zwei Jahrzehnte – man muss es so hart sagen – verschlafen oder aus Angst vor Veränderungen sich entschlossen hat, diese Zeichen der Zeit zu ignorieren und sie weder lesen, noch verstehen zu *wollen*. Doch das eigentliche Problem verschwindet weder durch radikale Ignoranz noch durch verzweifelte, hyperaktive (und destruktive) Kompensation, was für alle Seiten gleichermaßen gilt.

Für Friedensverhandlungen oder einen Friedensprozess nach dem Krieg (der ohne ein Abschreiben zugunsten Putins zumindest während dessen Amtszeit vielleicht niemals mehr enden wird) habe ich keine besseren Lösungsansätze anzubieten, außer den, dass es niemals dazu hätte kommen dürfen. Diese Schlussfolgerung hat nichts damit zu tun, dass man die Ukrainer aufgeben würde, sondern mehr damit, dass diese bereits aufgegeben worden sind.

Natürlich kann man von westeuropäischen Ländern nicht erwarten, Truppen in die Ukraine zu entsenden und einen NATO-Bündnisfall zwischen Atommächten auszulösen. Und Waffenlieferungen an die Ukraine hätten vielleicht dazu geführt, dass die russische Invasion bereits früher begonnen hätte. Das Bild von Zivilisten aber, die mit selbst gebastelten Molotow-Cocktails gegen eine Atommacht ankämpfen müssen, ist so Scham erfüllend, dass es an den Film *Avatar* erinnert, wo Ureinwohner mit Stöcken gegen den kybernetischen Übermenschen antreten müssen. Nun kurzfristig reagieren zu müssen, erscheint wenig erfolgversprechend.

Allerdings ließ Putin bereits seit vielen Jahren seine Motive offen erkennen, die er durch offene Aussprache ebenso gut verdecken zu wusste. Auf sein zitiertes Interview im Juli 2021 allerdings hätte man proaktiv agieren können, statt heute nur teilnahmslos zu reagieren zu müssen. Das Glaubensdogma: »Solange Dialog möglich ist, werden wir keine Waffen liefern«, war die Einladung an Putin: *Solange ich diejenigen an meine Dialogbereitschaft glauben lassen kann, die daran glauben wollen, werden sie keine Waffen liefern.*

Der wesentliche Unterschied zwischen Sadismus und Destruktivität ist, dass das Objekt der Begierde nicht erhalten, sondern zerstört werden soll. Wer aber der Illusion aufsitzt, Putin wolle die Ukraine in ein neues Russisches Zarenreich eingliedern, dem wird verborgen bleiben, dass das wahre Ziel ein Genozid am ukrainischen Volk ist. Putin erklärt der Welt ganz offen, er habe nicht vor, die Grenzen des Zarenreiches wiederherzustellen, was sich übersetzen lässt als: *Der Krieg und das Morden sind nicht Mittel zum Zweck, sondern Selbstzweck.*[*]

Je länger der Krieg in der Ukraine andauert, je mehr russische Soldaten sterben, je mehr Putin als Kriegsverbrecher in der Welt geächtet wird, desto mehr wird ihm klar, dass mit dem Ende des Krieges seine Amtszeit zu Ende gehen wird. Die Bevölkerung wird von dem Unheil russischer Soldaten erfahren und die Oligarchie will einen Präsidenten, der in der Welt willkommen ist. Wenn Putin allerdings weiß, dass mit seinem politischen Ende sein persönlicher Tod verbunden ist, wird er versuchen, den Krieg solange wie möglich fortzuführen und auch auf andere Länder auszuweiten.

Militärisch unterschieden wird zwischen strategischen und taktischen Atomwaffen. Erstere, strategische Nuklearwaffen können ganze Landstriche zerstören, taktische Nuklearwaffen lassen sich für eine psychologische Kriegsführung einsetzen. George Friedman glaubte, der Dritte Weltkrieg würde sich im Weltall abspielen. So könnten Satelliten zerstört und dadurch Navigationssysteme, Internet, Fernsehen, einfach alles Digitale auf der Erde lahmgelegt werden – mit katastrophalen Folgen. Die Staatengemeinschaft der NATO muss klären, ob auch durch einen Cyberangriff ein Bündnisfall ausgelöst werden kann.

Atombomben könnten auch »testweise« über dünnbesiedeltem Gebiet (Arktis?) von russischer Seite gezündet werden, um stark zu demonstrieren, dass man mangelnde Stärke zu kompensieren versucht, oder um die Moral in der ukrainischen Bevölkerung zu schwächen, wenn sie glauben, der sich versteckt haltende Selenskyj sei bei einem Atomschlag auf Kiew sicher getötet worden. In diesem Fall würde Putin die ganze Ukraine zufallen, er könnte sein Regime »bereinigen« von untreuen Elementen, denen er die Schuld am Massaker in der Ukraine gibt und sich einige Jahre zur Ruhe

---

[*] Dazu passt auch der Anschlag auf eine Holocaust-Gedenkstätte in Babyn Yar am 1. März 2022, welche an die Ermordung vieler Juden in der Ukraine durch die Nazis im Jahr 1941 erinnern sollte. Es geht hier nicht um militärische, wirtschaftliche oder zivile Angriffsziele, sondern um einen Angriff auf das Geschichtsverständnis der zivilisierten Welt als Ganzes, oder wie Orwell formulierte: »Der effektivste Weg, Menschen zu zerstören, besteht in der Auslöschung ihres eigenen Geschichtsverständnisses.« Dieser Angriff richtet sich gegen die zivilisierte Welt als Ganze, aber besonders gegen Selenskyj persönlich, der als einziges Staatsoberhaupt außerhalb Israels jüdische Wurzeln hat.

setzen, ehe er mit zunehmenden Alter eine erneute Aggression zeigt.

Diese Jahre könnten für Europa aber lebenswichtig sein, um sich sicherheitspolitisch vorzubereiten, nach innen wie nach außen. Wenn nötig, könnte Putin eine beschriebene, neuartige und hybride Kriegsführung über Jahre ausweiten und unter verhängtem Kriegsrecht bereits die Wahlen 2024 aussetzen* und sich bemühen, Donald Trump erneut ins Weiße Haus zu verhelfen. Das alles würde die Welt an den Rand des Abgrundes treiben und uns dem »Ende der Geschichte« gefährlich nahe bringen, wenn auch ganz anders, als Fukuyama seiner Zeit glaubte.

Putin wird Russland hinter einem eisernen Vorhang in tiefste Dunkelheit hüllen, oder wie sie in Panem glauben: *The darkness is the light!* Dann wird er nach dem Debakel in der Ukraine alle letzten Kritiker aus dem Regime beseitigen und sich wie Stalin noch lange an der Macht halten, die er durch Gewalt ersetzt.

Eine wichtige Frage ist in dieser Hinsicht, wenn doch Ukrainer und Russen als Völker eine so enge Verbindung hätten und aus Putins Sicht kein Unterschied zwischen beiden bestehe, weshalb er dann bereit ist, die Ukrainer zu morden. Einwände wie: »Das glaubst du doch selbst nicht!«, helfen dabei nicht weiter. Auch Stalin war für den Tod von Millionen Ukrainern verantwortlich – und für viele Millionen Russen. Es wäre aus meiner Sicht ein schwerer Fehler, Putins Weltherrschaftsfantasien als »narzisstische Kränkungen« dahingehend misszuverstehen, dass er die Grenzen des Zarenreichs wiederherstellen und Land erobern wolle.

Ich habe keinen Zweifel daran, dass Putin solange wie möglich an der Macht festhalten würde, auch wenn Russland damit von der Welt isoliert und von Hungernöten und Armut befallen würde. Putin ist – so wie Stalin, Mao und insbesondere Hitler – auch bereit, sein eigenes Volk zu opfern. Nicht nur schickt er eigene Soldaten in den Tod, von denen manche bis zu ihrer Gefangennahmen durch die ukrainische Armee glaubten, sie seien noch immer in einem Übungsmanöver; Putin ist auch bereit, viele Russen verarmen, verbluten und aushungern zu lassen.

---

* Am 3. März machte ein Gerücht die Runde, der Kreml wolle in Russland das Kriegsrecht verhängen. Ein Regierungssprecher sagte, es handle sich dabei um eine Ente. Mit anderen Worten: Man wollte nur mal testen, wie die Öffentlichkeit in Russland darauf reagiert.

Fromm wies immer wieder daraufhin, dass Hitler die Juden hasste, aber dass dies nicht verdecken dürfe, dass er auch das Leben hasste und mit dem Leben der Deutschen ebenso spielte wie mit dem Leben aller Menschen. Als der Krieg in Osteuropa sich ungünstig entwickelte, erklärte Hitler am 27. Januar 1942: »Wenn das deutsche Volk nicht bereit ist, für seine Selbstbehauptung sich einzusetzen, gut! Dann soll es verschwinden.«

Doch aus »Putin bleibt solange an der Macht, wie der Krieg andauert« (und deshalb wird er den Krieg lange hinziehen, wenn nötig), darf man nicht den Fehlschluss ziehen, dass der Krieg, der ein Krieg des ganzen Regimes ist, mit dem Machtverlust von Putin enden würde. Die von Putin begangenen Verbrechen sind ein Verbrechen des ganzen Regimes. Eine »Ein-Mann-Diktatur« hat es nie gegeben und wird es nie geben. Es gehört zum Wesen totalitärer Systeme, dass sie innenpolitisch »laufen gelassen« wurden. Auch Hitler nickte nach innen meist nur das ab, was ohnehin schon im Gange war. (Die Wannseekonferenz und die »Endlösung der Judenfrage« wurde auch ohne seinen Befehl abgehalten und beschlossen.)

Die Oligarchie würde wohl kaum einen Nawalny als Nachfolger akzeptieren (der selbst äußerst nationalistisch gesinnt ist und von nicht-russischen Bevölkerungsgruppen einmal als »Kakerlaken« sprach). Das Regime braucht Putin nicht mehr, um an der Macht zu bleiben, denn in der totalen Herrschaft ist jeder ersetzbar, auch der Führer. (Oder sie erkennt das wahre Ausmaß der Zerstörung in vielen Dimensionen.) So hat man auch Hitler in den neonazistischen Bewegungen nur allzu schnell und gründlich *vergessen*, wie Arendt feststellte. Deshalb bemühen sich weder Putin noch Xi Jinping darum, als Führer der Welt aufzutreten, sondern sie wollen die Welt ihrem System unterwerfen, so wie auch der Führer selbst diesem unterworfen ist.

Und weil Putin das genau weiß, hat er ein System des Terrors geschaffen. Er herrscht mit Betrug und Angst. Viele Oligarchen flüchten, und die, die im Kreml bleiben, sieht man die Angst vor Putin in den Gesichtern an. Sie fürchten Putin so sehr, dass sie ihm nicht einmal in die Augen zu blicken wagen. Seit Stalin ist im Kreml niemand mehr so gefürchtet worden wie Putin, weil er eben keine Furcht erregt, sondern Angst. Wie damals als Agent in Berlin blufft er und macht sich größer und mächtiger, als er in Wahrheit ist, doch heute wird Putin zum Opfer seiner eigenen Verbrechen – das macht diese im wahrsten Sinne des Wortes *total*.

Weiß Putin überhaupt, was in der Ukraine geschieht? Oder weiß er davon nichts, so wie der Vegetarier Hitler, der sich so bewies, dass er kein Leben verletzen könne und die Jagd verabscheute, nichts vom Holocaust wusste, weil er nichts wissen konnte, weil er seine Destruktivität verdrängte, indem er alles und jedem auswich, das oder der ihm seine eigene Destruktivität vor Augen hätte führen können? Diese Fahrlässigkeit macht das Destruktive aus. Was geschieht, wird dem Schicksal überstellt.

Auch kein General wagte es, Hitler zu sagen, dass der Krieg verloren ist. Sie alle opferten weiter ihre Soldaten auf dem Schlachtfeld. Niemand stellte Hitler in Frage. Putin weiß, was er tut, aber er weiß nicht, was andere tun, und folglich weiß er auch nicht, was er selbst nicht tut. Während Putin auf die Frage, ob der KGB bei der Anschlägen 1999 mit im Spiel gewesen sei, noch antwortete: »Eigene Wohnblocks sprengen… Das wäre wirklich blöd«, was sich als »Ja« deuten lässt, denn auch wenn etwas blöd ist: Warum nicht? – so streitet er heute alles ab und behauptet, der Westen würde lügen. Totale Herrschaft bedeutet gleichermaßen totaler Kontrollverlust.

Das exkulpiert die totalitären Führer nicht von ihrer Schuld, denn es wäre ihre Aufgabe gewesen, es zu wissen, was vor sich geht; aber es macht das, was vor sich geht, für uns als Außenstehende verständlich und nachvollziehbar. Putin ist wie auch schon Stalin auf dem Weg, sich selbst von der Außenwelt zu isolieren, weil er aus Angst vor dieser diese selbst in Angst vor sich hält. (Stalin starb schließlich deshalb, weil ihm niemand zu Hilfe kam, als er zusammengebrochen am Boden lag – aus Angst, erschossen zu werden, wenn man Stalin störte.)

Dies ist der einzige Grund, weshalb die Oligarchie Putin weiter trägt, statt ihn zu stürzen. Stattdessen sagen sie ihm das – so wie der von Putin vorgeführte Geheimdienstchef –, was sie glauben, was Putin hören möchte. Putin beherrscht das Regime durch Angst, und das Regime beherrscht Putin durch die Unwahrheiten, die sie ihm in vorauseilendem Gehorsam eintrichtern. Das macht Putin in seiner totalen Macht selbst zum Gefangenen, ebenso wie all die, die er durch seine totale Gewalt gefangen nimmt. Niemand wagt es, ihm zu widersprechen. (So wie Stalin.) Ebenso fürchtet sich auch die Zivilbevölkerung und leistet (noch) keinen nennenswerten Widerstand, sondern belohnt Putin in Summe mit guten Umfragewerten.

Vielleicht haben viele Angst und Stimmen deshalb zu, aber sie stimmen letztendlich zu. Sie halten das System am Laufen. *Alle machen mit.**

Mit Blick auf das Baltikum und die osteuropäischen Partner der EU und der NATO lässt sich aus diesen und den vorangegangenen Überlegungen eine klare Handlungslinie ableiten. Die USA sind heute innenpolitisch so instabil, dass wir als Europäer mehr Eigenverantwortung und Eigenverantwortlichkeit übernehmen müssen. Die Illusion, dass die Amerikaner schon immer da waren und immer da sein werden, ist die gleiche Illusion, wie die, die sich die Tiere in *Ice Age 2: Jetzt´s tauts* über das vermeintlich ewige Eis machen und dabei in ihrer Blindheit nicht sehen, dass sie im Tal wie in einem Kessel eingeschlossen sind.

Dass eine Weltmacht von einem anderen Kontinent aus die Sicherheit auf unserem eigenen Kontinent für uns gewährleisten soll, macht Europa entweder zum Vasallen der USA, oder die USA zum importierten Militärdienstleister aus einer wieder gewordenen europäischen Kolonie – ein unsäglicher Zustand, mit dem, wie man in Moskau richtig erkannt hat, beide Seiten höchst unzufrieden sind und sich daher viel Zwietracht zwischen den verbündeten Partnern säen lässt, was bis an die Grenzen der Handlungsunfähigkeit und darüber hinaus geht. In Europa hört man von Kritik in dieser Richtung nur sehr ungern etwas, da damit ja eine konkrete Handlungsaufforderung einhergeht. Lieber schiebt man das Problem bei Seite und diffamiert Kritiker als »NATO-Gegner« oder »Putin-Versteher«, vielleicht sogar als »Sympathisanten« eines autoritären Regimes.

Die Stärkung eines europäischen Militärs stellt aber unabhängig davon keinen Widerspruch zur Aufrechterhaltung der NATO dar, auch wenn ich persönlich annehme, dass nicht nur die Russen die Amerikaner aus Europa verdrängen wollen, sondern die Amerikaner sich selbst immer mehr zurückziehen wollen werden (müssen).

Mit Trump im Weißen Haus könnte aus dem *besten Freund* der *schlimmste Feind* werden, sollte er nach seiner nicht auszuschließenden Wahl tatsächlich bereit sein, Europa zu opfern, um »Präsident auf Lebenszeit« bleiben zu können, wofür er Xi Jinping öffentlich

---

* Diesen Absatz habe ich am 3. März hinzugefügt, nachdem im Kreml ein Krisentreffen zwischen Putin, Zentralbankvertretern und Oligarchen stattgefunden hat.

bewundert. Doch auch wenn die amerikanische Demokratie nicht so stark ist, dass Trump unbedingt einen Krieg suchen, finden oder wahlweise anzetteln muss, um im Amt bleiben zu können, so darf auch Trumps nekrophiler Charakter nicht unterschätzt werden, ebenso wenig wie der seiner Anhänger.[*] Dann kann Europa nur darauf hoffen, dass es als konsumstarker Kunde und Appendix der Seidenstraße unter dem persönlichen Schutz von Xi Jinping steht, ohne den es vermutlich keine zurückhaltenden Faschisten mehr in der Welt geben würde, sondern nur noch Faschisten. Doch auch Xi wird alt und krank werden.

Das Ziel muss daher die schnelle und umfangreiche Einrichtung eines im Verteidigungsmaßstab schlagkräftigen europäischen Militärs sein, das zwar nationale Kontingente kennt, aber keine spezifisch nationalen Militärstrukturen mehr, sodass durch diese Leitidee gleichermaßen die Völker der Union in Europa unmöglich in der Lage sein werden, selbst gegeneinander, untereinander und miteinander Krieg zu führen, um den Frieden nach innen wie nach außen erhalten und bewahren zu können.

In näherer Zukunft könnte eine europäische Eingreiftruppe aus festgelegten nationalen Kontingenten eingerichtet werden, die mit spezifischen Aufgaben betraut werden würde, während nationale Strukturen weiter bestehen bleiben, jedoch in der Verwaltung und Beschaffung von Verteidigungswaffensystemen sich einheitlich aneinander orientieren. Eine solche europäische, militärische Einheit würde auch nach innen abschreckend wirken, sodass trotz nationaler Militärstrukturen es zu keinem Krieg innerhalb der Partner der Union kommt. Selbstbestimmung und Autonomie sind in einer Zeit, in der das Gefühl in allen Teilen der Welt so weit verbreitet ist, nur ein Spielball im Gefüge der globalen Weltbeziehungen zu sein, die zentralen Begriffe, denn nicht nur einzelne Menschen können es

---

[*] So sagte Trump unter anderem am 8. März: »Die USA sollten F-22-Kampfjets mit chinesischen Flaggen versehen und damit Russland einfach kaputtbomben«, sagte der Republikaner bei einem Auftritt vor etwa 250 Großspendern der Partei in New Orleans, berichtet die »Washington Post«. »Dann sagen wir, wir waren's nicht, die Chinesen waren's, dann kämpfen die beiden gegeneinander und wir lehnen uns zurück und schauen zu.« Das Publikum habe mit Gelächter auf Trumps Bemerkung reagiert, so die »Washington Post«. (https://www.t-online.de/nachrichten/ausland/id_91784140/donald-trump-zu-ukraine-krieg-russland-unter-chinesischer-flagge-zerbomben-.html Zul. abg.: 08.03.2022; 18:31 MEZ)

nicht ertragen, wie Würfel umhergeworfen zu werden, sondern auch Staaten, die von diesen am Laufen gehalten werden. Die globale Weltordnung zerfällt, es bilden sich multipolare Ordnungen heraus mit lokalen Einflusssphären, in denen die Europäer bisher kaum eine Rolle spielen.

Europa muss sich auch auf sich konzentrieren und zu eigener Autonomie finden. Genauso wichtig wie Mehrinvestitionen in die militärische Abwehr als Verstärkung der Sicherheit und der Verteidigung sind, sind auch Mehrinvestitionen in Bildung, um den inneren Frieden unserer Gesellschaft zu sichern. Baltische Staaten haben dies richtig erkannt und mit dem – in Deutschland seit der NS-Diktatur für viele unaussprechbaren – Begriff *total defence* beschrieben. Dann nämlich, wenn Passivität und Ohnmacht das Leben beherrschen, wird die Destruktivität zum letzten Zufluchtsort für all die, die das Leben weder länger ertragen können noch wollen. Liberalismus führt die Seelen, Totalitarismus ist das Resultat toter Seelen. Wer sich weigert, eine eigenständige Person zu sein, der handelt so automatisiert wie jeder andere. Er ist dann kein Mensch, sondern ein Roboter, der keine Identität erkennen lässt; er ist ein gedankenloses Schaf, das als Tötungsmaschine eingesetzt werden kann. Der Mensch besitzt die Fähigkeit, *trotz* allem Nein zu sagen und für seine Werte und Prinzipien einzustehen, auch wenn er damit seinen eigenen (materiellen) Interessen schadet.

Nur dann, wenn wir autonom sind und zu unseren inneren Werten stehen und unsere Identität, Individualität und unseren Charakter nicht verleugnen, verbiegen und verformen (lassen), dann werden die Hitler der Vergangenheit, der Gegenwart und der Zukunft, die mit ihrem Leben und dem Leben aller und von allem spielen, dieses Spiel *nicht* gewinnen, weil sie zwar *schlau* sind, aber nicht *klug*.

Die Lehre aus der Geschichte des 20. Jahrhunderts war zurecht, dass Gewalt keine Lösung ist, sondern Diplomatie. Die Lehre aus der Geschichte des 20. Jahrhunderts muss auch sein, dass Diplomatie keine alternativlose Lösung ist, sondern Gewalt auch zur Verteidigung durchgesetzt werden muss. Gewalt ist keine universelle Lösung, aber Gewalt ist manchmal eine Lösung. Während Churchill noch erklärte: »Man verhandelt nicht mit einem Löwen mit dem Kopf in seinem Maul!«, hält Scholz beharrlich an Diplomatie fest, was in seiner Position zwar richtig sein mag, aber er scheint nicht sehen zu können oder sehen zu wollen, dass das Kreml-Regime überhaupt kein Interesse an einer diplomatischen Lösung hat, sondern ein Interesse daran, destruktiv zu sein. Plötzlich wird Stolz von Scham verdrängt. Dass dennoch die Mehrheit der Deutschen immer noch mit der Politik von Scholz »zufrieden« ist, mag wohl auch daran liegen, dass er mit der Illusion einer friedlichen Welt weiter die deutsche Realitätsflucht aufrechterhält: *Die Ukraine wird Russland besiegen und die Freiheit wird die Tyrannei besiegen!*

Wird die Freiheit über die Tyrannei siegen? Nein, weil es der einzelne Mensch selbst sein muss, der der totalen Herrschaft Widerstand leistet, und kein abstraktes System, das diffus »Freiheit« genannt wird. Widerstand gegen die totale Herrschaft bedeutet, nicht darauf aus zu sein, Vorteile zu *haben* und so seine Seele zu verkaufen, denn das Böse hat am meisten Erfolg, wenn eigentlich gute Menschen sagen: »Es geht nur um´s Geschäft!«

Es waren keine braunen Marsmenschen, die den Faschismus auf die Erde brachten, sondern seine Wurzeln gründen in der menschlichen Natur selbst. Diesem Innern der zutiefst menschlichen Natur sind aber auch zugleich die Ideale von Freiheit entsprungen, von Demokratie, Selbstbestimmung, Autonomie, die Ideen von Gerechtigkeit, der Respekt vor anderen Lebensformen und der Sinn für Humanität. Nur wenn die entschlossene Antwort auf die Farge »Haben oder Sein?« das *Sein* ist, wird das Leben eine Zukunft finden. Gerade in einer Zeit neuer Nukleartechnologien und autonomer Waffensysteme wird sich nicht nur erneut Erich Fromms Frage aus dem Jahr 1961 stellen: *May man prevail?*, sondern ganz allumfassend: *May life prevail?*

Putins Panem

Panem habe ich definiert als ein Land, in dem die totale Herrschaft nicht nur das Leben, sondern auch den Tod umfasst. Wie dies in Putins Panem aussehen könnte, lässt sich anhand der Erzählungen erahnen, dass die Leichen junger Soldaten noch am Kriegsort in mobilen Krematorien eingeäschert worden seien. Putin macht das Licht aus und hüllt Russland in Dunkelheit. Was in Panem der Distrikt 13 war, könnte die Ukraine sein – die der Erzählung nach vollkommen zerstört werden muss. Präsident Putin und Präsident Snow sind jedoch nicht ähnlich, da Snow viele Elemente biophiler Ethik erkennen lässt, was ihn unbrauchbar als Archetyp totalitärer

Führer macht. Snow war auch kein Verschwender, Putin lebt verschwenderisch. Snow weiß, wann das Spiel aus ist. Putin will danach nicht nur das Schachbrett, sondern auch den Tisch zerschlagen – ganz gleich, ob er gewonnen oder verloren hat. Anders als Michail Chodorkowski glaube ich nicht, dass Putin tatsächlich noch dieses Jahr die NATO angreifen würde. Die Ressourcen zu schwach, die NATO tritt gerade stärker auf als erwartet. Putin könnte aber noch 2022 in Georgien einfallen. Dort wurde Stalin geboren. Dieses Land zu unterwerfen, ist psychologisch bedeutsam, um dann nach »allen geltenden Regeln des (Kriegs-)Rechts« die letzten Reste der Demokratie in Russland zu beseitigen.

Auch wenn es nicht sein ursprüngliches Ziel war, die Grenzen des Zarenreichs wiederzustellen, so muss dennoch befürchtet werden, dass Putin von der Welt isoliert sich dieses Ziels dennoch in irgendeiner Weise annehmen wird. Kommt er im Westen nicht weiter, wird er im Süden »in den Brei« stechen. Nach einer Invasion in Georgien würden Aserbaidschan, Armenien, Kasachstan, Turkmenistan, Usbekistan, Tadschikistan und Kirgisistan nicht eingegliedert werden, aber Putin würde versuchen, hier eine Parallelwelt zu erschaffen, die gleichermaßen abgedichtet von der Welt seinem Diktat unterworfen wäre, sodass er dennoch nach innen sagen kann: *Seht her, so viele andere Staaten teilen unsere Art zu leben. Es kann also nur die einzig richtige Lebensform sein! In allen anderen Teilen der Welt ist die Zivilisation verschwunden!* (Hier könnte es zu geopolitischen Konflikten mit China kommen, sodass eine erneute Ausrichtung gegen Westen nicht auszuschließen ist.)

Je kleiner die genannten Länder werden, desto größer wird ihre Zahl und desto länger wird Putins »Beweisliste« für seine Behauptung. So verwundert es nicht, dass er im Donbass nicht eine Region eingliedern will, sondern gleich zwei Regionen für unabhängig anerkennt. Was also will Russland mit einer Welt, in der Russland kein Teil mehr ist? Russland wird sich seine eigene Welt erschaffen, mit Gewalt und nur mit Gewalt. Man erkläre Moldawien, Transnistrien, Spitzbergen und die Südkurilen für unabhängig, erneut viele Länder schließen sich der Russischen Art zu leben an! Ist die maximale Ausdehnung erreicht, man teile Kasachstan in zwei, drei, vier Republiken. Die Liste wird immer länger. Afghanistan hat schon 2021 gezeigt, dass Demokratie und Freiheit amerikanischer Humbug sind! Der Iran und Syrien sowieso. Das beweist den Erfolg von Putins Panem! Russland mit Europas größter Stadt Moskau ist das

Kapitol, die ehemaligen Sowjetstaaten die 14 Distrikte, die ausgebeutet werden, um den Reichtum und die Macht des Kapitols zu mehren und von denen einer in Vergessenheit geraten und der 13. zerstört wurde, nachdem er sich gegen das Land erhob, das kam, um ihn zu befreien vom Faschismus und amerikanischen Imperialismus!

Wenn der Westen kein Öl und Gas mehr von Moskau kaufen will, dann baue man zwei neue Pipelines: Eine für Öl und Gas von Astana nach Westen und eine für Geld von Astana nach Moskau! Im Gegenzug sorgt das Kapitol für Ordnung und Sicherheit in den befreiten Gebieten, um sie vor den amerikanischen »Friedensmissionen« zu schützen, die einem Völkermord gleichkommen. Vielleicht können in Zukunft Russland und die Ukraine zueinanderfinden und Belarus als den 14. vergessenen Distrikt wiederentdecken, in Frieden, Freiheit und Demokratie. Das Gleiche wäre auch China, Hongkong und Taiwan zu wünschen. Doch die gegenwärtige Realität ist davon unendlich weit entfernt.

Da aber kein System ewig währt und auch die Einnahmequellen aus den Distrikten versiegen werden, kann das System nur durch Repression und Abschottung aufrecht erhalten werden, was zu einem Krieg der Dunklen Tage führen wird. Und da niemand den Moskau unterworfenen Distrikten zu Hilfe kommen wird, wird Panem nach den Dunklen Tagen, lange nach Putins Tod, in eine neue Zeitrechnung verfallen, so wie einst Stalin eine eigene sowjetische Zeitrechnung durchsetzen wollte. *Panem heute, Panem morgen, Panem für immer!*

Die Entwicklungen und Änderungen dieses Systems dürfen aber nicht von außen kommen, solange es uns selbst nicht angreift. Sie müssen von innen kommen. Sollte eines Tages aber Russland die NATO angreifen, dann hat die Geschichte Churchill Recht gegeben und es muss klar sein, dass wir dann unsererseits bis zum bitteren Ende gehen und das Regime in Moskau entmachten müssen. Der Totalitarismus in Russland und China endete mit dem Tod von Stalin und Mao nicht; die Geschichte wurde hier nie wirklich aufgearbeitet – ganz anders als in Deutschland, wo das ganze Regime entmachtet wurde. So konnte Hitlers Strahlkraft auf der Anklagebank nicht mehr alles in Dunkelheit hüllen.

Stalin wollte den Fund von Hitlers Leiche geheim halten, um so etwa sagen zu können: »Man kann dem Westen nicht trauen. Der

Beweis ist, dass Hitler vielleicht noch lebt und dort versteckt gehalten wird.« Da man Hitler also nun nicht ausfindig machen konnte, musste das ganze NS-Regime auf die Gerichtsbank. Diese historische Entwicklung war nicht von Stalin geplant, aber doch begünstigt worden.

Würde die NATO nach einem Angriff seitens Russland, der an sich schon die Gefahr eines nuklearen Krieges birgt, nicht bis nach Moskau gehen, sondern nur eigene Gebiete »zurückerobern«, so wäre anzunehmen, dass der totale Krieg in dem Sinne total werden würde, als dass er niemals endet und immer wieder und wieder dieselben Bedrohungen das Leben auslöschen könnten.

Alle anderen Fantasien von einem »Regime-Change« wären jedoch abenteuerlich. Der Tag, an dem Europa und der Westen keine Rohstoffe mehr aus Russland beziehen, wird der Tag sein, an dem es Russland egal sein wird, wer leben darf und wer sterben soll. Und irgendwann droht der Tag zu kommen, an dem es heißt: »Sie sollen alle sterben!«

Die deutsche Realitätsverweigerung zeigt sich einerseits in dem Gauben, die Ukraine könne einen ungewinnbaren Krieg gewinnen, und gleichzeitig in der falschen Vorstellung, man müsse sich kampflos ergeben, wenn man nicht gewinnen kann. Churchill erkannte richtig, dass Nationen, die im Kampf untergehen, wieder aufstehen, wohingegen die solchen, welche sich kampflos ergeben, verschwinden. In diesem Sinne betrachtet auch Hannah Arendt die Geschichte des 20. Jahrhunderts in *Elemente und Ursprünge totaler Herrschaft*. »Das Totalitarismusbuch sieht in den gleichzeitig individualisierenden und desolidarisierenden Effekten solcher Judenpolitik eine paradigmatische Voraussetzung für die Katastrophe des 20. Jahrhunderts, die Vernichtung der europäischen Juden. Wurden die Juden als Volk angegriffen, so musste der einzelne Jude sich als individueller Bürger nicht angegriffen fühlen und konnte sich als nichtzugehörige Ausnahme betrachten. Eine solidarische, kollektive Aktion der Juden als Juden konnte so wirksam unterbunden werden. Sie konnten um so umstandsloser der physischen Vernichtung preisgegeben werden, je mehr sie zuvor schon als politische Größe, als Volk, von der Bühne verschwunden waren: ‹Der furchtbar blutigen Vernichtung von jüdischen Individuen war die unblutige Ausrottung des jüdischen Volkes vorangegangen.› Arendt meint hier mit dem ‹Volk› nicht die ethnische Abstammung, die dann zum Anlass des Genozids wurde, sondern eine politisch handelnde, juristisch definierte Einheit einer sich selbst bestimmenden Nation.«[104]

Churchill, den Hannah Arendt den größten Staatsmann des 20. Jahrhunderts nannte, erklärte trefflich: »Ohne Sieg kann es kein Überleben geben!« Und Selenskyj erkennt richtig: *Ohne Widerstand keinen Sieg*.

Anhang: Nachbemerkungen

Update vom Samstag, 26.02.2022, 06.59 Uhr:

> Der Einmarsch von Russland in die Ukraine sorgt nun auch in China für immer mehr Kritik. »China ist zutiefst besorgt über die jüngsten Entwicklungen der Lage in der Ukraine. Jetzt sind wir an einem Punkt angelangt, den wir nicht sehen wollen«, sagte UN-Botschafter Zhang Jun bei einer Dringlichkeitssitzung im UN-Sicherheitsrat. »Wir glauben, dass die Souveränität und territoriale Integrität aller Staaten respektiert und die Ziele und Prinzipien der UN-Charta allesamt gewahrt werden sollten.« Man unterstütze Verhandlungen Russlands und der Ukraine bei der Lösung des Konflikts.[105]

Der Angriffskrieg Russland gegen die Ukraine stellt China vor ein diplomatisches Problem. Wenn man das Vorgehen legitimiert, da Russland den Genozid in der Ukraine beenden will, dann wird es schwierig, seine eigene Innenpolitik (Tibet, Mandschurei, Xinjiang) gegenüber anderen Staaten zu rechtfertigen, man solle sich in die Innenpolitik nicht einmischen. Jemand könnte sich motiviert fühlen, auch gegen China Sanktionen wegen der dortigen Menschenrechtsverletzungen zu erheben. Niemand soll auf die Idee kommen, in China einzufallen, um einen Genozid zu beenden und ein faschistisches Regime zu stürzen.

Würde China jedoch Russlands Vorgehen verurteilen, würde dies auf der Basis dessen, dass Russland seinerseits einen Genozid an den Ukrainern anrichtet, ebenfalls in eine ähnliche Richtung führen. Daher muss China auf einen Angriffskrieg bekennen, aber die Worte »Genozid« und »Faschismus« aus seinem Vokabular verbannen. Dennoch würde die Politik gegenüber Hongkong und Taiwan in Zukunft deutlich schwieriger zu vertreten sein.

Russland ganz und gar zu isolieren, dürfte aufgrund energiepolitischer Abhängigkeiten jedoch schwierig werden. Insgesamt hat Putin, der versucht, die Ideen und die Ideale der Freiheit und der Demokratie in der Welt zu zerstören, es bisher nur geschafft, dass – wie nach Hitler – selbst Nazis keine Nationalsozialisten mehr sein wollten und die Systeme des Totalitarismus und Faschismus einen denkbar schlechten Ruf in der Welt finden. Dass Putin Demokratie und Freiheit in der Welt jedoch mit sich in den Tod ziehen kann, bleibt eine weiter bestehende Gefahr.

Vom 1. März 2022
Der Bürgermeister der belagerten und bombardierten Stadt Charkiw Terechow sagte am 1. März 2022: »Das ist einfach Völkermord gegen das ukrainische Volk.«[106]

Vom 2. März 2022
Eine spätere Recherche meinerseits im Bereich der Traumdeutung ergab, dass der Dudelsack bei Wohlklang gute Nachrichten, bei unschönem Klang schlechte Nachrichten bringe, man sich jedoch in jedem Fall in Acht nehmen solle. Manchmal warne ein solches Motiv davor, dass der Träumende in nächster Zeit besser auf sein Verhalten achten müsse, da er droht sich zum Gespött der Mitmenschen zu machen. In der spirituellen Traumdeutung symbolisiere der Dudelsack ein Werkzeug, mit welchem der Träumende sich und seine Persönlichkeit zum Ausdruck bringen könne. Dabei überlege er mit Bedacht, was er von sich preisgebe und wem er sich tatsächlich gänzlich öffne.

Tatsächlich überlegte auch ich sehr genau, wem ich von meinen Gedanken erzählte, da die öffentliche Debatte so festgefahren war, dass kaum mehr ein vernünftiger Dialog möglich schien und auch in der Familie meine Sorge, Putin ginge es um die Auslöschung der ukrainischen Identität und nicht um eine Besetzung des Landes (wie er ganz offen kommunizierte), niedergemäht wurde mit: »Das glaubst du doch selbst nicht. Genozid? Das ist Holocaust! Weißt du überhaupt, was das bedeutet? Spinner!«

Noch am gleichen Abend des 1. März 2022 berichtete eine Abgeordnete aus Kiew, die Angriffe der russischen Streitkräfte auf zivile Einrichtungen seien von enormen Ausmaß und ein »Völkermord«. Wenn die Reaktion keine Beschimpfung gewesen wäre, sondern eine Aussage wie: »Ich verfolge im Moment keine Nachrichten, und was du sagst, das *will* ich mir gar nicht erst vorstellen«, wäre mein Urteil darüber (wenn diese Blindheit nicht so weit verbreitet wäre) milder ausgefallen.

Nein, die westliche, »zivilisierte Welt« *will* gar keine Genozide erkennen, selbst dann nicht, wenn sie offen angekündigt und ausgeführt werden. Das klingt vielleicht zynisch, und Zynismus ist hier unangebracht. Aber ich kann meinen Ärger darüber einfach nicht mehr länger zurückhalten. Kurz nach dem Beitrag der Abgeordneten, der unmittelbar nach der *Tagesschau* folgte, erklärte der Vize-Kanzler Robert Habeck live zugeschaltet, man wisse immer noch nicht so genau, was Putin eigentlich vorhabe. Dass ich selbst subtil als »Holocaust-Verharmloser« beschimpft wurde, der gar nicht wisse, was das bedeute und leichtfertig mit diesem Begriff umgehe, das habe ich übel genommen. So gesehen schafft Putin es sogar hierzulande, Familienbande anzugreifen. Selenskyj sagte am 2. März öffentlich: »Sie haben den Befehl, unsere Geschichte auszulöschen, unser Land auszulöschen, uns auszulöschen.« Wenn nicht ich weiß, was Genozid bedeutet, was Holocaust bedeutet, was Auslöschung bedeutet, und ich nur ein »Holocaust-Verharmloser« bin, dann sollte man doch zumindest Selenskyj ernstnehmen:

> »Wir alle sind noch einmal durch Babyn Jar gestorben. Obwohl die Welt immer wieder versprochen hat, dass das nie wieder geschehen wird«, sagte der 44-Jährige weiter, der selbst jüdische Wurzeln hat. »Sehen Sie nicht, was passiert? Deshalb ist es jetzt sehr wichtig, dass Sie, Millionen Juden auf der ganzen Welt, nicht schweigen. Denn der Nazismus wird im Schweigen geboren. Schreien Sie es hinaus, dass Zivilisten ermordet werden, schreien Sie es hinaus, dass Ukrainer ermordet werden.«[107]

Die Idee, dass man das Ziel erreichen könne, das Sterben schnell zu beenden, indem ein Waffenstillstand erreicht werde – in dem Druck durch Sanktionen aufgebaut oder keine Waffen geliefert werden –, ist eine Illusion, der sich blind hinzugeben, für die Ukrainer tödlich enden wird. Ich muss es so klar sagen: Wie jemand, der als deutscher Politiker immer noch glaubt, gerade wegen der Nazi-Zeit diesen Konflikt mit Diplomatie lösen zu müssen, morgens beim Aufstehen immer noch in den Spiegel schauen kann, ist mir unbegreiflich und macht mich fassungslos. Sie wollen den Ernst der Lage gar nicht begreifen. Ralf Stegner (SPD) sagte bei *Markus Lanz* am 2. März 2022, als noch während der Sendung die Meldung kam, dass der Bahnhof in Kiew bombardiert werden würde (wo Zivilisten zu fliehen versuchen): »Was gewinnt Putin denn da? Dass Menschen sterben? Was gewinnt der denn da?« Die offensichtliche Absicht, Ukrainer zu morden, nicht sehen zu wollen, ist so zynisch, wie wenn Olaf Schubert von den Terroranschlägen des 11. September 2001 in New York in seinem Bühnenprogramm *Meine Kämpfe* aus dem Jahr 2009 von dem »ersten Fall bemannter Architekturkritik« spricht.

Der Komiker Bastian Pastewka sagte in seiner Serie *Pastewka* einmal: »Die Antifa ist auch nicht mehr das, was sie mal war.« Dass in unserer Gesellschaft viele unfähig sind, einen Hitler zu erkennen, wenn er mit Scheitel, Schnauzer und Militäruniform vor ihnen steht und von Angriffskriegen und Weltherrschaft schwadroniert, brachte der Film *Er ist wieder da* aus dem Jahr 2015 trefflich zum Ausdruck. Es war das Jahr, in dem nach der Krim-Annexion durch Russland 2014 die verbindlichen Verträge für »Nordstream 2« unterzeichnet wurden.

Dabei sagte Putin bei einem Wirtschaftstreffen zu Beginn seiner politischen Karriere in St. Petersburg, er könne sich eine faschistische Pinochet-Diktatur in Russland nicht nur vorstellen, sondern er würde sie sogar »befürworten«. Geht es noch deutlicher?

»Wandel durch Handel«, das hätte mit der Errichtung der Pinochet-Diktatur klar sein müssen, »wandeln« sich vor allem die Grundwerte der »zivilisierten Welt«: Faschismus ist dann in Ordnung, solange er nur neoliberal ist. Dann aber ist er besser als Sozialismus. Pinochet kam mit der Unterstützung der USA in Chile an die Macht. Ein Viertel Jahrhundert später sagte George W. Bush über Putin, er habe ihm in die Augen gesehen und halte ihn für einen ehrenwerten Mann. Derselbe Putin befürwortete einige Jahre zuvor eine Pinochet-Diktatur in Russland. Vielleicht glaubte man in den USA, mit Putin den Sozialismus der Sowjetzeit überwinden zu können, so wie in Chile.

Das Böse hat am meisten Erfolg, wenn gute Menschen sagen: Es geht nur um´s Geschäft! Über viele Jahre florierten die Geschäfte. »Wandel durch Handel« findet statt. Wer dies heute noch immer nicht sehen kann, der will es einfach nicht sehen. Wolfgang Ischinger erklärte, man habe den Krieg gegen Georgien mit den Gebietsannexionen 2008 für einen »Ausrutscher« gehalten. Das gleiche Schauspiel wiederholte sich 2014 in der Ukraine. Hier brachten russische Soldaten aus ihrem »Urlaub« sozusagen etwas »Übergepäck« mit nach Hause. Dieser Zynismus der westlichen Welt ist nur schwer zu ertragen. Putin will nur spielen. Krieg spielen. Die Waffen dazu aber hat er von denen erhalten, die nur apodiktisch wiederholten: *Es geht nur ums Geschäft!*

Als Trump in New York vor der UNO warnte, Deutschland mache sich zu abhängig von Russland (und damit den Westen insgesamt), hat der SPD-Außenminister Heiko Maas nur gelacht. Ist es möglich, westliche Politiker höchst persönlich wegen Beihilfe zu Massenmord zur Rechenschaft zu ziehen? Unabhängig von Freisprüchen oder Schuldsprüchen halte ich historische Prüfungen und Aufarbeitung für wichtig. Es ist mir als Bürger dieses Landes zu billig, dass Verantwortliche im Ruhestand – aus unterschiedlichen Parteien und Generationen – heute einfach Pensionen vom Staat beziehen, und manchmal sogar erklären, sie seien nicht bereit, über eigene Fehler nachzudenken, weil Putin ein »notorischer Lügner« sei – so als habe er seine Ansage einer faschistischen Diktatur nicht Folge geleistet.

Was also hat Putin davon, wenn »da Menschen sterben«? Es gelang ihm nicht, zu Lebzeiten etwas zu erschaffen, an das man sich noch nach seinem Tod erinnern würde, wie Konrad Adenauer, der den Grundstein der deutsch-französischen Freundschaft und den europäischen Gedanken legte, oder Erich Fromm, der uns sein humanistisches Lebenswerk vermachte. Wer aber einmal einen Völkermord begangen hat – und schon Stalin ließ Millionen Ukrainer systematisch verhungern –, der wird wie Hitler oder Mao niemals mehr aus den Geschichtsbüchern verschwinden und dadurch gleichermaßen unsterblich werden. Wer heute immer noch sagt, es gebe keinen Völkermord in der Ukraine, oder der nicht sehen *will*, dass dies die »Endlösung« des faschistischen Regimes im Kreml ist, sollten sich die Ukrainer nicht fügen, der steht für mich nicht viele Stufen hinter Holocaust-Leugnern wie Ursula Haverbeck.

Vom 3. März

Die Ukraine hatte nach der russischen Invasion Klage bei dem höchsten Gericht der Vereinten Nationen eingereicht und bezieht sich dabei auf die Völkermord-Konvention. Kiew fordert in einem Dringlichkeitsverfahren Sofortmaßnahmen gegen Moskau. ... Kiew wirft Moskau vor, Völkermord zu planen und Ukrainer absichtlich zu töten und zu verletzen.[108]

Vom 4. März 2022

Dass Putin am 1. März dann auch noch der Schwarze Gürtel im Taekwondo aberkannt wurde, dürfte ihn härter getroffen haben als es der Tod von hunderttausend russischen Soldaten je könnte. Putin, der körperlich klein und schwach gebaut ist, kompensierte seine genuine Schwäche durch das Anhäufen von Macht, Status, Besitz und Auszeichnungen. Der Schwarze Gürtel war für ihn der Beweis dafür, dass er dort Stärke *hat*, wo keine genuine Stärke *ist*. Mit dem Verlust des Schwarzen Gürtels ist er schwach, klein und hilflos zurückgelassen.

Der erbitterte und nicht nachlassende Widerstand der Ukrainer ist auf ihre eigene Realitätsflucht zurückzuführen. Die Vorstellung, man sei in einem Krieg auf Leben und Tod (oder sogar nur Tod), ist für viele so schrecklich, dass sie in eine Welt flüchten, in der sie glauben, alles sei nur ein Spiel, bei dem angreifende Russen verkloppt werden müssen. Während der Machthaber im Kreml seinen Schwarzen Gürtel verloren hat, können die Ukrainer dagegen auf Box-Weltmeister wie die Klitschko-Brüder schauen. Die Bedeutung dieser Strahlkraft kann in ihrem Narrativ nicht überschätzt werden.

Da im digitalen Zeitalter jeder Krieg auch in den Medien als Propagandakrieg geführt wird, was Putin 2008 und 2014 so noch nicht kannte, bietet sich eine Gelegenheit. Selenskyj, der selbst Schauspieler ist, weiß sehr gut, wie er dies nutzbar machen kann, damit sein Volk nicht nur biologisch, sondern auch psychologisch und identitär diese sehr schwere Zeit überleben kann. Daher sind sowohl die Klitschkos als auch Selenskyj hochwertige Angriffsziele für die russischen Invasoren. Unlängst hat Putin seine »SS« aus Tschetschenien losgeschickt, um diese Ziele auszuschalten und die Moral der Ukrainer zu zerstören.

Ich benenne Putins Schergen als *Hitlers SS*, weil sie genau das tun und tun sollen, was die SS ihrer Zeit getan hat und tun sollte: Zerstörung bringen. Dieses Ziel ist in der deutschen Öffentlichkeit immer noch nicht als solches erkannt worden. So schreibt der *Spiegel*:

> Wladimir Putin verkündete in einer Sitzung mit seinen Sicherheitsberatern, die »Militäroperation« in der Ukraine verlaufe nach Plan. Im Gespräch mit Frankreichs Präsident Emmanuel Macron soll Putin zudem deutlich gemacht haben, dass er nicht daran denke, die Invasion abzubrechen, bevor er nicht seine Ziele erreicht habe. Offenkundig ist der Russe weiter fest entschlossen, das Land einzunehmen und seinem Willen zu unterwerfen. Weil die Ukrainer tapfer Widerstand leisten, greifen die Russen nun offenbar auf eine ihrer alten Taktiken

zurück, die man bereits aus dem Syrienkrieg oder aus Tschetschenien kennt. Sie beginnen damit, Wohnhäuser, Schulen und Krankenhäuser zu bombardieren. Der Terror gegen Zivilisten soll den Willen der Gegner brechen. Doch selbst wenn Putin jetzt gewinnt, ist er der Verlierer. Er wird immer mehr zum Paria der internationalen Staatengemeinschaft. An den Händen der russischen Soldaten klebt das Blut Unschuldiger. Russlands Wirtschaft dürfte sich von den Sanktionen auf Jahre nicht erholen. Die Bevölkerung wird immer ärmer, isolierter, die Wut im Land wird wachsen, seine Herrschaft könnte schleichend erodieren. Statt stärker, hat Putin sein Land schwächer gemacht. Er ist ein gescheiterter Präsident.[109]

Nein, für Putin läuft derweil alles nach Plan, weil nicht nur Zerstörung, sondern auch Selbstzerstörung das Ziel war, ist und bleiben wird. Chodorkowski dürfte richtig liegen, dass nur sechs Monate nach der Ukraine Putin einen weiteren Krieg beginnen wird und – aufgrund der wirtschaftlichen Lage im Land – auch muss. So wie 2000, 2008, 2014 und nun heute. 2022 allerdings ist, wie beschrieben, kein lokales Tief, sondern ein globales Tief, sodass diese Kriege besonders brutal geführt werden. Da Putin die NATO für schwach und unbedeutend hält (in der Vergangenheit gab es zahlreiche Belege dafür, man denke an das Nicht-Eingreifen im Jom-Kippur-Krieg oder an das Desaster auf Zypern, als zwei NATO-Mitglieder, die Türkei und Griechenland, gegeneinander Krieg führten und das besonders planlos und schlecht), ist die Angst, die auf dem Baltikum um sich greift, berechtigt. Wie schwach die NATO heute wirklich ist, wird klar, wen man sich bewusst macht, wie oft unserer Tage beschworen wird, der Bündnisfall dürfe auf keinen Fall riskiert werden.

Vom 6. März 2022

Der ehemaliger Schach-Weltmeister Garri Kasparow zählt schon lange zu erklärten Kritikern des russischen Präsidenten Wladimir Putin. In einem Gastbeitrag in der Welt verurteilt der Kremlkritiker den Ukraine-Krieg scharf und richtet sich mit einem Appell an die Nato und die EU. Kasparow kritisiert, dass die »mächtigste Allianz der Geschichte« bei dem »Völkermord«, den Putin in der

Ukraine begeht, nur zusehe. »Dies ist doch schon der Dritte Weltkrieg. Putin hat ihn vor langer Zeit begonnen, und die Ukraine ist nur die augenblickliche Front«, schreibt er in der *Welt*.[110]

Im Podcast zusammen mit Markus Lanz erklärte Richard David Precht am 4. März 2022, dass einerseits die Zahl der russischen Soldaten nicht ausreiche, um die Ukraine ganz einzunehmen, er jedoch hoffe, dass wenn man die Ukraine ganz eingenommen habe, man Kiew nicht mehr zerstören müsse, sondern es ausreiche, es zu belagern. Dass sich Precht hier selbst widerspricht, versteht er ebenso wenig, wie warum Norbert Röttgen beispielsweise von einem Vernichtungskrieg spricht, denn Vernichtung sei schließlich das, was die Nazis mit den Juden gemacht hätten und man müsse aufpassen, die richtigen Vokabeln zu benutzen. Precht versteht offenbar auch nicht, dass Kiew als Hauptstadt wichtiger ist als alles andere, um den Widerstand der Ukraine zu brechen.

Währenddessen hat sich die Lage in vielen belagerten Großstädten dramatisch zugespitzt. In den nächsten Tagen werden Nahrungsmittel ausgehen, die Stromversorgung zusammenbrechen und der Zugang zu Trinkwasser versiegen. Das Todesurteil von vielen Menschen, die heute noch leben, ist längst gefällt, auch wenn man im Westen weiter glauben will, Putin habe sich den »angeblichen« Völkermord in der Ukraine nur ausgedacht. Wie wahr.

Die Grundlage des rechtlichen Begriffes des Völkermordes bildet die Resolution 180 der UN-Vollversammlung vom 21. November 1947, in der festgestellt wurde, dass

»Völkermord ein internationales Verbrechen [ist], das nationale und internationale Verantwortung von Menschen und Staaten erfordert«. Die Konvention definiert Völkermord in Artikel II als »eine der folgenden Handlungen, begangen in der Absicht, eine nationale, ethnische, rassische oder religiöse Gruppe als solche ganz oder teilweise zu zerstören:

a) das Töten eines Angehörigen der Gruppe
b) das Zufügen von schweren körperlichen oder seelischen Schäden bei Angehörigen der Gruppe
c) die absichtliche Unterwerfung unter Lebensbedingungen, die auf die völlige oder teilweise physische Zerstörung der Gruppe abzielen
d) die Anordnung von Maßnahmen zur Geburtenverhinderung
e) die zwangsweise Überführung von Kindern der Gruppe in eine andere Gruppe.«

Wadym Bojtschenko, Bürgermeister von Mariupol, sagte in einem Videointerview am Samstag, dass die Stadt »seit fünf Tagen ohne Strom, auch ohne Heizung und Mobilfunk« sei. Kindernahrung und Medikamente könnten nicht mehr angeliefert werden. Auch eine Blutbank und zwei Operationssäle seien beschossen worden. Bis zur Stunde gebe es in der Stadt insgesamt »Tausende Verletzte, die Getöteten zu zählen ist leider sehr schwer«. Seit Tagen gebe es pausenlos Luft- und Artillerieangriffe. Von den fünfzig für die Evakuierung vollgetankten Bussen seien durch Beschuss erst dreißig, nach dem nächsten Beschuss nur noch zwanzig übrig geblieben, bald könnten sie alle zerstört sein. Bojtschenko warf den russischen Truppen vor: »Sie wollen uns als Nation zerstören und die Ukraine von Ukrainern befreien.« Die »russisch-faschistischen Genossen« strebten einen »Völkermord« an. Er appellierte an die Staatengemeinschaft: »Helft uns, Mariupol noch zu retten.« Die Stadt, wie man sie gekannt habe, »die gibt es nicht mehr«.[111] (Am 10. März erklärte Selenskyj: »Der Angriff auf eine Entbindungsklinik ist der letzte Beweis dafür, dass ein Völkermord im Gange ist.«)

Währenddessen ist im Westen im Hinblick auf Waffenlieferungen plötzlich die Rede von »Gamechangern« und Generäle der Bundeswehr a.D. geben sich in Talkshows überzeugt, die Ukraine könne den Krieg gegen Russland (etwa durch eine Guerillataktik) gewinnen. Diese Illusion ist so weltfremd wie Putins Weltbild. Ehe man sich dort zurückziehen würde, nachdem man als Weltmacht gegen ein paar aufsässige Ukrainer, die es eigentlich gar nicht gibt oder geben dürfte, einen Krieg verloren habe, wird man von russischer Seite nur umso destruktiver Krieg führen.

Wenn man Kiew nicht belagern und ausbluten lassen kann, würde man es schlimmstenfalls mit kleinen Nuklearwaffen auslöschen, aber doch sicher mit Artillerie zerstören und begraben unter Schutt und Asche, so als hätte es nie existiert – so wie Distrikt 13. Daneben könnte das ganze Land mit Bio-Chemie-Waffen überzogen werden. Die Hoffnung, dennoch siegen zu können, ist es, die die Massen in den Hungerspielen blind in den kollektiven Selbstmord rennen lässt. Putins Panem hat die Fröhlichen Hungerspiele schon längst ausgerufen: *Happy Hunger Games!*

Vom 9. März

Dmytro Kuleba, Außenminister der Ukraine, hat Deutschland davor gewarnt »neue historische

Schuld« auf sich zu laden. Bislang habe die Bundesregierung »zu wenig« getan, um der Ukraine zu
helfen. Das schrieb Kuleba in einem Gastbeitrag in
der Tageszeitung Welt. Seine Kritik konkretisierte
Kuleba in der Forderung nach neuen Waffenlieferungen Deutschlands an die Ukraine. »Entweder
wird Deutschland eine führende Nation bei der Unterstützung der Ukraine und im Kampf gegen das
russische Böse«, so Kuleba. »Oder Deutschland bekommt eine neue historische Schuld für verlorene
Leben und zerstörte Städte.«[112]

Kuleba berichtet natürlich aus einer verzweifelten Perspektive und
wie ich bereits erläutert habe, ist Deutschland hier nicht der Aggressor. Dennoch zeigt sich in Scholzens Regierungstechnik wiederholt
das Element des Nicht-Regierens, so wie es auch in der Corona-Po-
litik im Hinblick auf die Impfpflicht-Debatte zu beobachten war, als
Scholz sich weigerte, Kanzler zu sein und es vorzog, als Abgeord-
neter oder privat zu sprechen.

Anmerkung (25.03.2022). Selenskyj sprach Scholz bei seiner Gast-
rede im Bundestag am 17. März direkt an. Scholz antwortete nicht.
Statt später zu erklären, alles sei spontan gewesen, er wolle sich erst
absprechen oder Ähnliches, antwortete Scholz bei einer Pressekonferenz auf die Frage, wie er die Situation unmittelbar nach der Rede
von Selenskyj einschätzen würde (als der Bundestag einfach zur Ta-
gesordnung weiterging und über die Impfpflicht debattierte), es
stehe ihm als Regierungsmitglied nicht zu, die Abläufe im Bundestag zu kommentieren. Scholz sah es als nicht als seine Aufgabe an,
Selenskyj zu antworten. Damit ist Scholz als Kanzler durch sein
Verhalten (oder vielmehr Nicht-Verhalten) unrühmlich für die Re-
präsentation Deutschlands in der Welt geworden. Allein solide
Sacharbeit im Hintergrund ist für gewöhnlich Zuständigkeit von
Staatssekretären.

Markus Lanz erklärte in seiner Talkshow und bei anderen Gele-
genheiten, er sei froh, dass Scholz Kanzler ist und er nachts beruhigt
weiterschlafen könne, weil er weiß, dass Scholz in Notfall ans Telefon geht. Ich persönlich bin eher beunruhigt, dass Scholz Kanzler
ist. Er weigert sich nämlich, selbst Kanzler zu sein und trifft keine
notwendigen Entscheidungen, solange bis er von innen und außen
dazu gedrängt wird.

Vom 10. März
Otto Schily meint:

> Niemand sollte sich der Illusion hingeben, die Ukraine könne eines Tages EU- oder gar Nato-Mitglied werden. Soll diesem Krieg ein tragfähiger Frieden folgen, braucht das Land eine neue Positionierung und auch ein neues System. Naheliegendes Vorbild ist die Schweiz.[113]

Aufgrund dessen, dass die russische Aggression nicht enden wird und auch die inländische Stabilität durch außen gestört werden kann, wie ich erläutert habe, befürchte ich, würde dieser Frieden nicht von Bestand sein. Selenskyj spürt aber, dass er im Hinblick auf EU/NATO im Westen nur auf bedingte Gegenliebe stößt. Daher versucht er, das Blatt zu spielen, welches er auch wirklich auf der Hand hat. Er versucht, die Ukraine als Staat zu erhalten, aber sie wird am Ende als neutraler Staat Russland wehrlos ausgesetzt sein. Hier ist der Brei und Putin könnte genauso gut hier erneut reinstechen.

Die Ukraine wird den Krieg nicht »gewinnen«. Russland wird nicht kapitulieren und am Ende auch Reparationszahlungen an die Ukraine leisten, nachdem diese den Krieg »gewonnen« hat. Sollte die Ukraine den Krieg »gewinnen«, kann dies nur durch einen Pyrrhussieg erfolgen, der einer Niederlage gleichkommt. Das Land ist zerstört und die Bevölkerung ausgezehrt.

Vom 19. März

> In einer Rede an die Regierung hat Russlands Präsident Putin massive Drohungen gegen Kriegsgegner ausgestoßen. Der Osteuropa-Experte Meister sagt, Putin bereite sein Land damit auf möglicherweise noch härtere Repressionen vor.
>
> *tagesschau.de:* Der russische Präsident spricht in einer denkwürdigen Rede von Gesindel, Verrätern, vergleicht diese mit Mücken, die man einfach ausspuckt, sein Sprecher droht mit Säuberungen – wie deuten Sie diese Äußerungen?
>
> *Stefan Meister:* Das erinnert an stalinistische Säuberungsrhetorik. Putin hat auch den Begriff der 5. Kolonne benutzt, der in den 1930er-Jahren verwendet worden ist, um damals das Vorgehen gegen alle anti-russischen Elemente zu begründen. Putin

wendet das gegen alle, die für den Westen arbeiten oder seiner Politik und seiner Person kritisch gegenüberstehen. Das ist alarmierend, weil das möglicherweise eine weitere Säuberung im Land vorbereitet und zugleich die Wagenburg-Mentalität im Land stärken soll. Ich befürchte, dass wir ein noch autoritäreres Regime nach innen erleben werden. Wir sehen kein Kompromissangebot, keinen Versuch der Öffnung, sondern eine Verhärtung Putins.

In einer Rede vor seiner Regierung, die im Fernsehen übertragen wurde, hat Präsident Wladimir Putin am Mittwoch den Militäreinsatz in der Ukraine mit harten Worten verteidigt. Er verglich dabei den Westen und seine Sanktionen gegen Russland mit den Nazis während des Zweiten Weltkriegs.

»Jedes Volk, das russische Volk ganz besonders, wird immer in der Lage sein, das Gesindel und die Verräter zu erkennen und sie auszuspucken, wie man eine Fliege ausspuckt, die einem in den Mund geflogen ist. Ich bin sicher, dass eine solche echte und notwendige Selbstreinigung der Gesellschaft unser Land nur stärken wird«, sagte der Kreml-Chef unter anderem.

Nach der Rede griff Kreml-Sprecher Dmitri Peskow die Rhetorik auf und erklärte, der Einsatz ermögliche die Säuberung Russlands von Verrätern. »In solchen Situationen erweisen sich viele Menschen als Verräter und gehen von selbst aus unserem Leben«, sagte Peskow am Donnerstag. »Das ist eine Läuterung. Andere verstoßen gegen das Gesetz und werden gesetzeskonform bestraft«, fügte er hinzu.

Seit dem Beginn des Militäreinsatzes vor mehr als drei Wochen hat eine große Zahl von Russen ihre Heimat verlassen. »Aber viele Menschen wollen wirklich unseren Präsidenten unterstützen, und das ist die überwältigende Mehrheit«, erklärte Peskow weiter.

Meister: Russland hat die stalinistische Vergangenheit nie tiefgreifend aufgearbeitet. Es gab zwar einzelne Organisationen wie Memorial, die versucht haben, ein Bewusstsein für den Terror jener Jahre zu schaffen. Aber Putin hat das irgendwann beendet. Für ihn war eher Lenin ein Problem, wie er in einer Rede zu Kriegsbeginn sagte. Stalin ist für ihn eher der Held, der den Zweiten Weltkrieg gewann. Putin sieht sich in seiner Tradition, aber auch in der zaristischen Tradition. Ein Teil der Gesellschaft wird jetzt sicher alarmiert sein, dass es wieder in Richtung der stalinistischen Ära gehen wird. Aber er wird einen Teil der Gesellschaft auch mobilisieren - gegen Elemente, die aus Putins Sicht fremd sind. Ich kann mir vorstellen, dass dies bei nicht wenigen Menschen in Russland auf Zustimmung stößt. Es kann mehr Patriotismus auslösen, Nationalismus verstärken, eine anti-westliche Phobie - die ja schon da ist und die in den vergangenen zehn Jahren massiv geschürt worden ist. Die historischen Narrative, die man über die Propaganda aufgebaut und gestärkt hat, werden jetzt abgerufen. Der Kampf gegen die Faschisten, die 5. Kolonne als Begriff der Stalinzeit - all das ist im kollektiven Gedächtnis vorhanden - nicht als etwas, was man aufarbeiten müsste, sondern als etwas, das notwendig war, um den Zweiten Weltkrieg und gegen den Nationalsozialismus zu gewinnen. Der Genozid-Vorwurf bezieht sich auf die Behauptung, dass in Bosnien ein Völkermord begangen worden ist, dem Russland widerspricht. Diesen gleichen Vorwurf verwendet es jetzt für den Donbass, obwohl hier überhaupt kein Zusammenhang besteht und dieser haltlos ist.[114]

Vom 20. März

Richard David Precht sorgte besonders in jüngster Zeit für heftige Irritationen. Precht gibt ein Musterbeispiel für zahlreiche öffentliche Intellektuelle in Deutschland, die in ihrer Naivität der totalitären Propaganda aufgesessen sind und die Täter-Opfer-Beziehung verkehren. So verurteilte Precht den ukrainischen Präsidenten Selenskyj im März 2022 scharf dafür, dass dieser endlich sich den Bedingungen des Kremls unterwerfen solle, damit er nicht mehr »sinnlos« hunderttausende Menschen in einen Krieg schickt, den sie verlieren »müssen«, weil die angreifende Großmacht Russland schließlich eine übermächtige Atommacht sei. Tobias Kaluza und Daniel Bleich analysierten seine Aussagen scharf:

> »Es zeugt von völliger Ignoranz gegenüber der realpolitischen Entwicklung der vergangenen Jahre anzunehmen, Putin würde einer militärisch von

ihm besiegten Ukraine gestatten, sich doch noch dem Westen anzunähern. Inhaltlich legt Precht der Ukraine nicht die Kapitulation, sondern die Aufgabe der eigenen Freiheit und Unabhängigkeit nahe. Sie solle sich von Russland die eigene Außenpolitik diktieren lassen und Putin obendrein noch Teile ihres Territoriums abtreten. Damit befindet sich Precht auf den Spuren des britischen Premierministers Neville Chamberlain, der 1938 mit dem Münchener Abkommen Teile der Tschechoslowakei an Adolf Hitler verteilte, freilich ohne die Tschechen zu fragen, und meinte, damit den Frieden in Europa gerettet zu haben. …

Sehr wohl ignoriert Precht allerdings die Geschichte der Ukraine und das hieraus gewachsene Selbstverständnis. Die Ukraine wurde zunächst von Nazi-Deutschland überrannt und anschließend in einem brutalen Stellungskrieg von der roten Armee zurückerobert. Die hieraus erwachsenen Erfahrungen mit Besatzung und dem millionenfachen Verlust von Menschenleben sind fest im kollektiven Bewusstsein verankert. Prechts Empfehlung hierzu lautet, paraphrasiert: ‹Pech gehabt, lasst euch halt nochmal besetzen.›

Was im Einzelfall schon verwerflich wirkt, ist Teil einer seit Jahren tumorös wachsenden Geisteshaltung einer intellektuellen Kaste, die Kraft sozialer und finanzieller Stellung meint joviale Empfehlungen zu sämtlichen Themen abgeben zu müssen, die sie überhaupt nicht betreffen. Im guten Gefühl völliger Sicherheit erteilt der akademische Elfenbeinturm Lebensempfehlungen und teilt stete Betroffenheit mit, wohl wissend, dass die Auswirkungen und Ableitungen immer nur andere treffen werden.«[115]

Precht argumentiere hier in ähnlicher Weise wie der britische Premierminister Chamberlain 1938 gegenüber Hitler und Nazi-Deutschland, wenn die Ukraine sich jetzt ergebe und sich militärisch für neutral erkläre, könne sie in einigen Jahren vielleicht der EU beitreten. Kaluza und Bleich sprechen hier von einer kindlichen Naivität »zu glauben, dass ein Wladimir Putin, der seit Jahren bemüht ist, den Machtbereich der UdSSR wiederherzustellen, es einer militärisch besiegten Ukraine gestatten würde, sich nun doch dem

Westen anzunähern. Ebenso naiv ist es zu glauben, Putin sei mit der Ukraine zufrieden oder aber anzunehmen, es gehe ihm tatsächlich um einen neutralen Status der Ukraine.«

In der Ukraine führt Putin bereits seit 2014 Krieg, erinnern Kaluza und Bleich: »Precht will einen langen Krieg verhindern, vergisst aber, dass dieser Krieg bereits seit acht Jahren läuft. Precht scheint zu glauben, dass Putin einfach nur neutrale Pufferzonen gewinnen möchte, verkennt dabei aber, dass hier ein klares Muster von Provokationen, Eskalationen und Kriegen vorliegt.«

Ein Sieg möge sehr unwahrscheinlich sein, aber vielleicht nicht unmöglich. Unmöglich sei dagegen die Idee, »in der Tradition Neville Chamberlains dem Aggressor nachzugeben, um einen vermeintlichen Frieden zu erkaufen«, oder sogar als Schuldigen des Massakers in der Ukraine Selenskyj zu benennen, der »die Pflicht zur Klugheit« nicht erfülle. Der Spieltheoretiker Christian Rieck legte am 12. März 2022 überzeugend dar, dass eine weitere Aggression nicht nur wahrscheinlich, sondern integraler Teil Purins Strategie ist oder – da der Krieg in der Ukraine sich ebenso entwickelt, wie er sich entwickelt – ab jetzt sein *muss*.[116]

In der Ukraine verteidigen die Menschen sich mit selbstgebastelten Molotow-Cocktails gegen die Panzer der russischen Invasoren. Sie aller leisten erbitterten Widerstand, doch wie sieht es mit dem Widerstand in Westeuropa aus? Die Gefahr des Faschismus droht mit dem Infantilismus, in den USA heute noch mehr als in Europa. Nicht nur viele Menschen in Russland sind unfähig, dem Putin-Regime Widerstand zu leisten, weil sie nicht wissen *wie*, sondern auch viele Menschen in Westeuropa, weil sie einfach naiv sind und in ihrer eigenen kleinen Realität leben, die einem Regenbogenparadies gleichkommt, in der »feministische Außenpolitik« die oberste Maxime sei, wie sich der deutsche Historiker Andreas Rödder trefflich darüber echauffierte.

Wenn die intellektuelle Elite im *Land der Dichter und Denker* sein sollen, dann sind wir wirklich nicht mehr weit entfernt vom *Land der Richter und Henker*, denn wenn die Gefahr des Faschismus von innen oder von außen kommen mag: Wer soll sich dem dann noch entschlossen und kompromisslos entgegenstellen?

Hannibal Smith erklärte in *Das A-Team* treffend: »Tyrannei hat nichts zu tun mit Nationalität. Sie verfolgt einen überall dort, wo man sich ihr nicht entgegenstellt.« Dann nämlich werden die Tyrannen einen auslöschen. Tyrannei beginnt auf dem Schulhof. Und wenn Tyrannen groß werden, ändern sich ihre Waffen, nicht aber ihre Methoden. Gerade vor dem Hintergrund seiner jüdischen Wurzeln weiß Selenskyj darum. Millionen Juden glaubten die Lügen der Nazis und arbeiteten fleißig in den Lagern in der Hoffnung: »Wo gearbeitet wird, wird nicht gemordet.«

Weshalb liefert der Westen also überhaupt Waffen? Precht spricht hier von einem gewaltigen »Tabubruch«, Waffen in ein Kriegsgebiet zu liefern. Den teils bösartigen Zynismus und die kindliche und naive »heile Welt-Illusion« hinter seinen Aussagen, in denen er – wie er selbst meint – in die Zukunft blickt und fragt, »was kommt danach«, erkennt er gar nicht. Er mahnt an die »Pflicht zur Klugheit, einzusehen, wann man sich ergeben muss«. Selenskyj solle aufhören, hunderttausende Menschen in einem langen Krieg zu opfern, den sie verlieren müssten. Precht sieht nicht (oder will nicht sehen) – wie viele andere Beobachter in Deutschland auch –, dass dieser Krieg bereits seit 2014 andauert – länger als der gesamte Zweite Weltkrieg von 1939 bis 1945. Precht verstehet auch nicht, dass ein Grund für die Waffenlieferungen und weshalb der Krieg in der Ukraine ausgetragen wird, ist, dass es nicht hier bei uns passiert. Je mehr Ressourcen Russland in der Ukraine verliert, desto geringer ist die Gefahr, dass – wie Chodorkowski vorhersagte – Russland die NATO angreifen könnte. Es geht also darum, den Krieg auf ein »kleines Gebiet« (was ungefähr so groß ist wie halb Osteuropa) einzugrenzen und durch eine Verstärkung der »obsoleten« (Trump) und »hirntoten« (Macron) NATO diese Aggression einzudämmen (oder nach Zentralasien abzulenken).

Dass China Russland nicht nur wirtschaftlich unterstützen könnte, liegt möglicherweise auch darin begründet, dass China kein Ausweichen der russischen Aggression nach Zentralasien hin erwünscht – besonders auch deshalb, weil dort die neue Seidenstraße verläuft.

Interessant ist aber auch, wie sehr im Krieg in der Ukraine die Systeme aufeinanderprallen. Während die ukrainischen Truppen unter der Strahlkraft der Bilder ihres Präsidenten dezentral Entscheidungen treffen und eigenständig handeln, stehen die russischen Truppen oft lange bewegungslos in der Gegend, weil sie auf Befehle warten. Dies ist mit ein Grund, weshalb an manchen Stellen die russischen Invasoren unterlegen sind. Auch dies beobachtet man in China mit Argusaugen. Während man sich bisher über westliche Demokratien lustig gemacht hat, steht der Totalitarismus nun selbst blank da. Der Krieg in der Ukraine kann sich nahezu problemlos bis 2030 acht weitere Jahre fortsetzen. Der Westen liefert Waffen, um Russland vom Baltikum abzuhalten. China liefert Waffen, um Russland von Zentralasien abzuhalten. Putin lässt in der Ukraine kämpfen, um hinter dem neuen Eisernen Vorhang das Kriegsrecht zu verhängen und nach allen geltenden Regeln des Rechts die Demokratie in eine Diktatur zu überführen, um auf Lebenszeit an der Macht zu bleiben.

Allein das machthabende Regime im Kreml könnte interessiert sein, Putin auszutauschen, um den Eindruck einer Palastrevolution zu erwecken, sodass ein Frieden mit einer militärisch neutralen Ukraine beschlossen werden und westliche Sanktionen fallen können. Wagt man sich hier aus der Deckung oder rechnet man damit, dass auch ohne Putin die Sanktionen erhalten bleiben? Dann würde sich das Risiko einer Palastrevolution nicht lohnen und Putin könnte zum Stalin des 21. Jahrhunderts werden.

Doch unabhängig davon würde sich an den Bedingungen nichts ändern und ein solcher Frieden wäre nichts anderes als ein Freibrief, in einigen Jahren erneut in die Ukraine einzufallen. Sollte diese sich nämlich der EU zuwenden, kann dies als Vertragsbruch der Neutralität gewertet werden. Sollte sie es jedoch nicht, bleibt von ihr nicht mehr übrig als ein Haufen Schutt und Asche, der den Menschen dort keine Perspektive und keine Zukunft bieten kann.

In Moskau spricht man offenbar unverblümt von der »Endlösung der Ukraine«. Selenskyj sprach in Jerusalem davon, dass gerade ein ganzes Land mitten in Europa ausgelöscht würde. Dieses Europa aber kann dies nicht und will dies nicht sehen, weil es schon unfähig ist, die Verbrechen der Vergangenheit zu sehen als solche, die sie wirklich waren. Den Preis dafür, dass die »zivilisierte Welt« seit dem Ende des Zweiten Weltkrieges strategisch nichts anderes mehr tat, als dem militär-industriellen Komplex in den USA zu Reichtum zu verhelfen, indem man in ärmeren Ländern Faschisten und Diktatoren an die Macht brachte, um sie anschließend zu stürzen, zahlen erneut die ärmeren Länder dieser Welt. Bei den Ukrainern allein wird es nicht bleiben.

Wieso sah man ausgerechnet in Deutschland nicht oder wollte man nicht sehen, was sich in Russland entwickelte? Putin beklagte schon sehr früh nach seiner Machtübernahme im Kreml, es gebe nicht nur einen wirtschaftlichen Wettkampf, sondern auch eine solchen unter Regierungen und Systemen, in dem Russland aber keine

Rolle spiele. Lässt sich diese Blindheit mit einer »Ost-Sozialisation« der politischen Linken und Kanzlerin Merkel erklären? Anders als in Polen und dem Baltikum war Stalin der »Befreier«, der den Faschismus besiegt hat. Weiter östlich von Berlin war dagegen Stalin-Russland schon dem Krieg der Unterwerfer, der mit Hitler zusammen Osteuropa unter sich aufgeteilt hatte. Diese geopolitische Theorie würde nur in Verbindung mit historischem (Nicht-)Bewusstsein und im Hinblick auf den Wettstreit der Systeme Sinn ergeben.

Die Ursprünge des Systemkampfes zwischen Freiheit und Tyrannei sind nicht erst heute zu erkennen. Bereits 1961 schrieb Erich Fromm nicht als erster Autor ausführlich über das »Problem China«. Heute ist seine Warnung aktueller denn je.

Kapitel 6: Das wiedergekehrte Problem China

Das Kollektiv als Religion

Erich Fromm glaubte 1961, dass künftige Geschichtsschreiber vielleicht feststellen werden, dass das wichtigste Ereignis des 20. Jahrhunderts die »chinesische Revolution« gewesen sein könnte. Diese markierte die Umkehr einer historischen Entwicklung über mehrere Jahrhunderte. Wie auch andere Länder Asiens und Afrikas, war auch China politisch und wirtschaftlich von den europäischen Großmächten beherrscht und ausgebeutet worden. Diese Unterdrückung und Versklavung ist es, die China mit den anderen Völkern dieser Welt verbinde, wie Chinas Staatspräsident Xi Jinping unserer Tage immer wieder betont. Der rassenideologische Gedanke – in umgekehrter Richtung – ist jedoch »allenfalls in der teilweise geradezu panischen Angst vor der Auslöschung der ‹gelben› im Kampf mit der ‹weißen Rasse› [zu erkennen], die auch noch im konfuzianischen Manifest von 1958 nachwirkt, und in weitgehend defensiven Vorstellungen der nationalen Selbststärkung lässt sich der Einfluss sozialdarwinistischer Rassenideologie feststellen.«[117]

Schon in den 1960er Jahren strebte China nicht nur nach dem Status einer Großmacht, sondern baute auch ein eigenes Industriesystem auf, über welches Fromm schon damals schrieb, dass der Preis dafür die »Missachtung der menschlichen Individualität« sei. Die chinesische Revolution ist für ihn das am weitesten fortgeschrittene Beispiel der kolonialen Revolution. Die Entwicklungs- und Schwellenländer verfolgen ein Programm von Nationalismus und Industrialisierung. Dabei spielt nicht nur eine wirtschaftliche, sondern auch eine psychologische Komponente eine wichtige Rolle: »Die Industrialisierung war so lange das Privileg der westlichen Länder – das Merkmal ihrer Macht – dass industrielle Autonomie auch aus psychologischen Gründen zum Ziel der Kolonialvölker geworden ist. Historisch gesehen bedeutet die chinesische Revolution das Ende des westlichen Kolonialismus und den Beginn der Industrialisierung der gesamten übrigen Welt.«[118]

Die Chinesen erkannten, dass »ein armes Land mit unzureichendem materiellem Kapital eine andere Form des Kapitals, nämlich sein ‹menschliches Kapital› einsetzen kann, indem es die physische Energie, die Leidenschaft und das Denken seiner gesamten Bevölkerung zentral organisiert und lenkt.«[119]

Diese »Entdeckung« der Chinesen stellt »eine wirkliche Bedrohung der Werte der humanistischen Tradition« dar, denn »dieses total organisierte menschliche ‹Rohmaterial› kann einen großen Teil der fehlenden materiellen Hilfsquellen ersetzen ...; auf diese Weise wurden die ägyptischen Pyramiden gebaut; auf diese Weise marschierte die Armee der Nazis ... – jedoch war keiner der früheren Versuche so gründlich und total wie das, was die chinesischen Führer zu vollbringen versuchen. Außerdem scheint es dem chinesischen System bis jetzt gelungen zu sein, bei einem beträchtlichen Teil der Bevölkerung ... in einem nie dagewesenen Maße das Gefühl, ja die Überzeugung hervorzurufen, dass sie alle ihre Opfer freiwillig und freudig bringen.«[120]

Die marxistische Ideologie dient dabei als »intellektuelles Bezugssystem«, oder besser gesagt als »Dogma«, welches keinen Zweifel offen lässt und auf das sich alles Denken und Planen bezieht. Es stützt sich auf die »mythischen Gestalten« Marx, Engels, Lenin und den »zum Idol erhobenen Mao Tse-tung«. Es ist eine Mischung aus der Tradition der Mandarine und des Konfuzianismus, dem religiöser Eifer und psychologische Methoden der Überredungskunst beigemischt sind. Dieses Denken auf eine einfache Formel gebracht, könnte man sagen: »Jeder Mensch ist das Produkt seiner Umgebung und kann geändert werden, wenn die Umgebung geändert wird. Wer nicht geändert werden kann, ist auszustoßen.«[121]

Den ersten Teil der Formel teilt sich das chinesische Denken mit der Aufklärungsphilosophie des 18. Jahrhunderts, der zufolge die Umwelt der einzige Faktor ist, der für Einstellungen, Tugenden, Laster und Charakterunterschiede der einzelnen Menschen verantwortlich ist. Auch die katholische Kirche lehrte das Denken, dass diejenigen, die nicht »bekehrt« werden können, »verloren« seien.

Von anderen Formen der Diktatur und des Kommunismus unterscheidet sich die chinesische Methode dadurch, »dass sie *primär* nicht auf Gewalt, sondern auf Überredung baut ... – nicht nur intellektueller Art, sondern weitgehend emotional ist und sich auf das Schuldgefühl des Betreffenden, auf seine Isoliertheit und seinen Wunsch stützt, wieder mit der Gruppe eins zu werden – das heißt, mit der Partei und der Volksgemeinschaft, und nicht mehr wie früher mit der Familie,«[122] dem Clan oder dem Dorf. Fromms Zeitdiagnose, dass es »nirgends sonst eine so universale, so gründliche und ... erfolgreiche psychologische Methode der ‹Überredung› – der individuellen und gesellschaftlichen Gehirnwäsche gegeben

[hat],« erscheint im Hinblick auf das *Social Credit System* aktueller denn je.

In China wird durch das *Social Credit System* die panoptische Überwachung durch digitale Techniken und Gesichtserkennungsverfahren allgegenwärtig. Es umfasst nahezu alle Lebensbereiche: politische Überzeugungen, Gesundheit, Freizeitaktivitäten, Arbeitswelt, Achtung von Verkehrsregeln, Steuererklärungen und Behördengänge, aber auch private Bereiche wie das Unterhalten von Freundschaften und das Pflegen von familiären Kontakten.

Das »Leben« verliert so seine Spontanität, alles wird zum Bedingten. Das Social Credit System hat nichts Geringeres zum Ziel, als die ganze Welt in eine Arena zu verwandeln, deren inneres Geschehen aus einem Kontrollraum heraus bis ins Detail gesteuert werden kann. Man könnte trefflich von einem *Gaming-Charakter* sprechen, für den das ganze Leben nichts ist als ein Spiel und er selbst ein Spieler; die Welt ist die Arena, der Tribut sind der Mensch und seine Seele.

Jede Tätigkeit steht unter der Frage, ob sie dazu dient, weitere Punkte zu sammeln. Jedes Treffen, jede Umarmung, jeder Kuss, jede Intimität, jeder Vertraulichkeit, jeder Streit, jede Auseinandersetzung, jede Ungereimtheit, jede zwischenmenschliche Interaktion wird so auf das Sammeln von Bonuspunkten reduziert. Das, was das Menschsein ausmacht: Gefühle, Spontanität, Individualität, das Denken, Sprechen, Lernen und Wissen, ja auch das Irrationale und manchmal Unvernünftige werden so pulverisiert, atomisiert und hinweggefegt. Huxley erklärt:

> »Im Lauf der Evolution hat sich die Natur große Mühe gegeben, jedes Einzelwesen von jedem anderen verschieden zu gestalten. Wir pflanzen unsere Art fort, indem wir die Gene des Vaters mit denen der Mutter zusammenbringen. Diese Erbfaktoren können auf unendlich vielfältige Weise kombiniert sein. Körperlich und geistig ist jeder von uns einzigartig. Jede Kultur, die um der Leistungsfähigkeit willen oder im Namen eines politischen oder religiösen Dogmas den Einzelmenschen zu normen sucht, begeht einen Frevel an der biologischen Natur des Menschen.«[123]

Die Erfassung des Lebens durch dieses System ist nicht marginal, sondern dank künstlicher Intelligenz minuziös. So berichtet Aust von einem Fall, dass in einem öffentlichen Verkehrsmittel der Sitznachbar eine Nachricht auf sein Mobiltelefon erhielt, er solle demjenigen neben sich anweisen, sein eigenes Mobilfunkgerät anzuschalten. Durch »geschickte Konditionierung kann [der Mensch] freilich dazu gebracht werden, [seinen Lebenssinn] aufzugeben und sich zu dem allgemeinen Kult des Nicht-Selbst, des Roboters zu bekehren. Aber diese psychische Behandlung beraubt ihn des Besten, was er besitzt; ein Mensch zu sein und nicht ein Ding«, stellt Fromm fest.[124]

Diese neue »wirkungsvolle Religion« kommt keineswegs von ungefähr, sondern wurde von den chinesischen Führern bereits vor über 60 Jahren geschaffen. Diese Religion kennt zwar keinen Gott – ebenso wenig wie der Taoismus oder der Konfuzianismus – sie strebt aber eine strenge Moral an, in der Stolz, Überheblichkeit und Egoismus als Hauptlaster gelten, die durch Demut und den selbstlosen Dienst am Volk ersetzt werden sollen. »Die neue Religion hat viele Verzweigungen. Sie beeinflusst die politischen Ansichten, die persönlichen Gewohnheiten und die Weltanschauung jedes einzelnen. ... Gedanken und Gefühle, die von politisch- moralischen Zielen abweichen, sind böse und mit aller Macht zu bekämpfen.«[125] Damit steht der chinesische Kommunismus dem sowjetischen System in keiner Weise nach. Zwar ging es Stalin darum, »gefährliche Elemente« zu liquidieren, wohingegen die Chinesen sie »erziehen« wollen,[126] doch das Beispiel der Uiguren unserer Tage zeigt, dass über die Grenzen der »Umerziehbarkeit« hinaus man in China nicht davor zurückschreckt, auch einen Völkermord zu begehen, um sich von »verlorenen«, »beschmutzenden« und »auszustoßenden« Elementen zu »befreien«.

Fromm resümiert: »Dieses totalitäre System ist höchst wirksam und eindrücklich. Es ist das Gegenteil von allen jenen Werten des Individualismus und des freien kritischen Denkens, die zu den kostbarsten Blüten der westlichen Kultur gehören. Es wäre jedoch etwas naiv, wollte man übersehen, dass eine derartige Kontrolle über das Denken in vielen Religionen üblich war und dass es diese Art von Indoktrination in vielen Kulturen überall auf der Welt gegeben hat.«[127]

Um den chinesischen Kommunismus verstehen zu können, müsse man ihn als Ganzes begreifen, so Fromm. Im Vergleich zu den USA verfügte China zur Mitte des 20. Jahrhunderts bei der vierfachen Bevölkerung über eine kleinere kultivierte Agrarfläche. Die

Aussichten, die Flächen zu erweitern, waren gering, weshalb man versuchte, die Nahrungsmittelproduktion durch Bewässerung und Fruchtbarmachung des Bodens mit Düngemitteln zu erhöhen. Hinzu kam das Problem, dass China unter seinen primitiven Ackerbaumethoden litt, zugleich aber auch beträchtliche Mengen Nahrungsmittel exportieren musste, um seine Industrialisierung finanzieren zu können.

Die Rechtfertigung war darin gefunden, dass China eine weitaus bessere Ernährung sicherstellen könne, sobald die Industrie Traktoren, Dünger und Bewässerungsanlagen herstellen kann und China durch seinen Wohlstand in der Lage sein wird, Nahrungsmittel aus Südostasien und anderen Teilen der Welt einzukaufen.[128]

In Auseinandersetzungen um Fragen der Menschenrechte verteidigen chinesische Repräsentanten ihre Auffassung, dass erst jeder etwas zu Essen haben müsse, ehe man über eine Fortentwicklung der Menschenrechtsideen in China sprechen könne. Daher dulde man keine Einmischung in innenpolitische Angelegenheiten des Landes. Während in Industriestaaten enorme Mengen an Energie dafür aufgebracht werden, um Unmengen an Nahrungsmitteln zwischenzulagern (und viele schließlich doch weggeworfen werden), ist es das Ziel der chinesischen Führung, innerhalb kürzester Zeit »Reichtum für alle« zu schaffen.

Der Gedanke ist nicht weit entfernt von der Idee der sozialen Marktwirtschaft, die maßgeblich durch Ludwig Erhard unter dem Slogan »Wohlstand für alle« etabliert wurde. Man scheint in reichen Kulturen vergessen zu haben, dass die Frage, ob ein Joghurt links- oder rechtsgedreht ist, sich erübrigt, wenn es weder Joghurts noch andere Nahrungsmittel zu kaufen gibt und die Menschen Hunger leiden.

Tatsächlich ist es China gelungen, in beeindruckender Geschwindigkeit von etwa nur einem Viertel Jahrhundert aus der Armut zur Großmacht aufzusteigen. Über diesen Erfolg kann und darf nicht hinweggesehen werden. Das Modell Chinas kann damit leicht zum Vorbild aller armen Entwicklungsländer werden. Die »totale Kollektivierung« des Einzelnen nimmt dabei mit den digitalen Überwachungs- und Kontrollmethoden ein ungeheures Ausmaß an, welches jedoch sozio-kulturell gesehen keineswegs neu ist, sondern sich lediglich durch seine Genauigkeit – nicht jedoch im angestrebten Ziel – von den Religionen der Weltgeschichte unterscheidet.

Überdies ist bemerkenswert, dass das chinesische System auf Überzeugung und »Gehirnwäsche« vertraut, was im eigentlichen Sinne liberale Steuerungstechniken sind. Auch in westlichen und demokratischen Gesellschaften nehmen diese panoptischen und neoliberalen Menschenführungskünste überhand, wie ich im erweiternden Band – *Die Geschichte der Macht und die Macht der Geschichte* – zu zeigen versucht habe. Der Liberalismus wie der Totalitarismus stehen sich hierbei an einer Grenze gegenüber, an der sie ineinander zu fallen drohen. Kommunismus und Kapitalismus können im digitalen 21. Jahrhundert »gleich« werden.

Die Bedrohungen für die Freiheit und die Demokratie, die sich daraus ableiten, verstehen sich von selbst. Aber auch die Bedrohung für den Menschen als Spezies – biologisch wie psychisch – sind gegeben.

The end of »humanity«?

> »Der Versuch der totalen Herrschaft, in den Laboratorien der Konzentrationslager das Überflüssigwerden von Menschen herauszuexperimentieren, entspricht aufs genaueste den Erfahrungen moderner Massen von ihrer eigenen Überflüssigkeit in einer übervölkerten Welt und der Sinnlosigkeit dieser Welt selbst.«
>
> – Hannah Arendt[129]

China zeigte in den Jahren 1993 bis 2013 unter den Präsidenten Jiang Zemin und Hu Jintao demokratische Entwicklungen. Seit Xi Jinping 2013 jedoch das Präsidialamt übernommen und den innenpolitischen Kurs des Landes geändert hat, ist in China eine digitale Diktatur entstanden, die leicht das Ende der Menschheit einläuten könnte.

Das Ziel der Kommunistischen Partei ist es, den Kommunismus zu verwirklichen. Dazu wird eine konsequente Strategie verfolgt, die auf wirtschaftliches Wachstum und die Herstellung einer einheitlichen Volksgemeinschaft zielt. Das Abwenden von der Demokratie wurde dabei wohlüberlegt angegangen. In Peking wird so intensiv über Macht nachgedacht wie an kaum einem anderen Ort der Welt.

Das Ziel ist es, durch ein totalitäres System schnellstmöglich zu Wohlstand zu gelangen, sodass in China niemand mehr hungern muss. Minderheiten, »Oppositionelle« und Köpfe mit demokratischem Gedankengut machen nur ein Prozent der Gesamtbevölkerung aus und sind für die KP als »Kollateralschäden« hinnehmbar.

Die Digitalisierung eröffnet dabei ganz neue Möglichkeiten. Das Social Credit System reduziert menschliches Verhalten auf das algorithmisch-bedingte Sammeln von Bonuspunkten. Das Individuum verschwindet, das Kollektiv ist ein Haufen höriger Automaten. Die Bedrohung, die sich für die Existenz des Menschen daraus ergibt, ist immens.

In meinem erweiternden Band – *Die Geschichte der Macht und die Macht der Geschichte* – habe ich im ersten Kapitel gezeigt, dass die religiösen Kulturen Chinas und Indiens in Bezug auf das Karma einander ähneln. Das Karma stellt die Summe der guten und schlechten Taten eines Menschen zu Lebzeiten dar. Das Social Credit System ist deshalb für die Mehrheit annehmbar, weil es im Grunde nichts anderes ist als die Vermessung des eigenen Karmas.

Ein derart totalitäres System – einen allumfassenden Überwachungsstaat – zu errichten, würde in Demokratien auf Widerstand stoßen. Man darf jedoch nicht übersehen, dass nicht nur China, sondern auch Indien zunehmend von demokratischen Ideen abrückt. Um Presse- und Meinungsfreiheit, ja um die Freiheit im Allgemeinen und um die Grundwerte der Demokratie ist es nicht gut bestellt. Indien, das eines der ärmsten Länder der Welt ist, wird von einer Partei regiert, die eine der reichsten der Welt ist.

Wenn nun der Erfolg des chinesisches Systems bemerkenswert ist – nicht nur wirtschaftlich, sondern auch in Krisenzeiten wie in einer Pandemie –, so ist es gut möglich, dass andere Staaten nach Europa und in die USA blicken, wo sie demokratische Strukturen in einer inneren Selbstblockade zerfallen sehen, und sich also für das chinesisch, antiliberale und antidemokratische Modell entscheiden, um in zwei oder drei Jahrzehnten zu enormen Wohlstand gekommen zu sein.

Diese Überlegung betrifft insbesondere Indien, dessen Kultur wie die Chinas empfänglich für ein derartiges Social Credit System wäre und das heute schon starke autoritäre Tendenzen zeigt. Indien ist geprägt von der Erfahrung der britischen Kolonialzeit und durch die Ausbeutung. Man muss sich nun vor Augen führen, dass in China bereits heute 1,4 Milliarden Menschen von diesem System erfasst werden. Sie können schon heute nicht mehr als Menschen begriffen werden, weil sie Sklaven eines allmächtigen Punktesystems geworden sind. Wenn Indien, das in diesem Jahrhundert noch mehr Einwohner zählen wird als China, sich diesem System anschließt, so kann geschätzt werden, dass drei Milliarden Menschen von diesem System ergriffen werden, was ein gutes Drittel der Weltbevölkerung ausmacht.

Damit ist es aber nicht getan. Viele afrikanische Staaten wie Nigeria, Tansania, Äthiopien, Kongo oder Uganda werden einen massiven Bevölkerungsanstieg erfahren, soweit man dies heute durch Geburtsraten prognostizieren kann. Klimakriege, Ressourcenkämpfe und Hungersnöte sind dabei natürlich nicht abschätzbar, aber insbesondere um letztere zu bekämpfen, ist es wichtig, schnellstmöglich zu Wohlstand zu gelangen.

Dabei verspricht das chinesische Modell nicht nur einen Erfolg versprechenden Weg, sondern China leistet durch seine geostrategische Entwicklungshilfe und gezielte Propaganda seinen politischen Zielen Vorschub. Bis zum Ende des Jahrhunderts könnten arme Entwicklungsländer Afrikas, Südamerikas, Zentral- sowie Südost-Asiens dieses Modell eingeführt haben und das Verhalten von fünf, sechs oder sogar sieben Milliarden Einwohnern regulieren, ja sogar die Menschheit als Ganzes könnte davon ergriffen werden. So schreibt Canetti über den Hunger der Masse:

> »Es ist wichtig, als erstes einmal festzustellen, daß die Masse sich nie gesättigt fühlt. Solange es einen Menschen gibt, der nicht von ihr ergriffen ist, zeigt sie Appetit. Ob sie diesen auch behalten würde, wenn sie wirklich alle Menschen in sich aufgenommen hätte, kann niemand sicher sagen, doch ist es sehr zu vermuten.«[130]

Und Arendt schreibt über die totale Herrschaft:

> »Der Kampf um totale Herrschaft im Weltmaßstab und die Zerstörung aller anderen Staats- und Herrschaftsformen ist jedem totalitären Regime eigen, weil keines sich auf die Dauer halten könnte, ohne die gesamte Wirklichkeit der Erde zuverlässig zu kontrollieren und jede Faktizität innerhalb der Menschenwelt auszuschalten. Selbst ein einziges Individuum kann absolut und total nur beherrscht werden, wenn die gesamte Erde unter totalitärer Herrschaft steht. All dieses ist den totalitären

Machthabern entweder bekannt, bevor sie die Herrschaft ergreifen, oder drängt sich in der Herrschaft selbst ganz automatisch auf.[131] …

Dem totalen Herrschaftsanspruch bleibt gar nichts anderes übrig, als jede Spontaneität, wie sie in der einfachen Existenz der Individualität sich jederzeit durchsetzt, zu liquidieren und sie in allen Formen privatester Lebensäußerung aufzuspüren, ganz gleich wie unpolitisch oder harmlos diese erscheinen mögen.[132] … Das eigentliche Ziel der totalitären Ideologie ist nicht die Umformung der äußeren Bedingungen menschlicher Existenz und nicht die revolutionäre Neuordnung der gesellschaftlicher Ordnung, sondern die Transformation der menschlichen Natur selbst; die, so wie sie ist, sich dauernd dem totalitären Prozeß entgegenstellt.

Um diese Transformation handelt es sich in den Konzentrationslagern und nicht um das dort verursachte Leiden, von dem es immer zu viel auf der Erde gegeben hat, und nicht darum, wie viele Menschen dort zugrunde gehen. Die totalitäre Expansion im Unterschied zu der imperialistischen ist vor allem darauf bedacht, diesen Laboratorien neues Menschenmaterial zur Verfügung zu stellen, ohne die bereits beherrschten Gebiete allzu sehr zu entvölkern. Was in der totalen Herrschaft auf dem Spiele steht, ist wirklich das Wesen des Menschen.«[133]

Es steht außer Frage, dass wenn die Hälfte, zwei Drittel – oder mehr – der Weltbevölkerung von diesem Punkte-System beherrscht werden, der *Mensch* akut von der Ausrottung bedroht ist und schon fast vollständig durch Automaten ersetzt wurde. Wenn darüber hinaus die Machteliten in Europa und Nordamerika versagen, Bilder zu erzeugen, dann werden auch dort die liberalen Systeme verschwinden und dem Totalitarismus weichen müssen.

Um die Freiheit ist es wahrlich nicht gut bestellt. Wie frei ist die »freie Welt« heute noch? Für Arendt ist die wesentliche Eigenschaft der totalen Herrschaft nicht eine Form der Diktatur oder ein Einparteiensystem, sondern dass sie sich auf alle Lebensbereiche erstreckt. Die Vereinzelung in den großen Menschenmassen kannte man zu früheren Zeiten – vor der Industrialisierung – noch nicht. Das Römische Reich war ein Imperium, aber seine Herrschaft nicht ansatzweise total. Für dieses Begriffsverständnis und die daraus sich ergebende Ähnlichkeit des Nazismus und des Stalinismus ist Arendt oft kritisiert und in den 1960er bis 80er Jahren im akademischen wie öffentlichen Raum weitgehend unbeachtet geblieben (auch weil sie mit ihrem Konzept von der *Banalität des Bösen* aneckte, welches Hans Jonas für völlig inakzeptabel hielt.)

In den USA sind absolut mehr Menschen in Gefängnissen inhaftiert als im totalitären China mit mehr als viermal so vielen Einwohnern. Die digitalen Technologien haben einen absoluten und totalitären Überwachungskapitalismus errichtet und die Überwachung durch die Regierung und die Geheimdienste ist allgegenwärtig. Der digitale Neoliberalismus des 21. Jahrhunderts kommt zwar in freiheitlichem und demokratischem Gewand daher, doch er ergreift alle Lebensbereiche und hat die totale Herrschaft im Zeitalter der Gouvernementalität neu erfunden. Überwachung als Dauerzustand als »Freiheit« zu begreifen, ist ein bizarres Freiheitsverständnis.

In der Anwaltsserie *Boston Legal* greift Alan Shore diesen Gegenstand in Verteidigung seiner Mandantin auf, die von ihrem Arbeitgeber entlassen wurde, weil sie privat rauchte: »Der große irische Autor George Bernard Shaw hatte eine ziemlich verbitterte Meinung von unserem Land. Shaw sagte, unsere Verfassung sei zwar so ausgerichtet, eine politische Diktatur zu verhindern, doch lebten wir in einer Gesellschaft, in der jeder Wahlkreisinhaber, jeder Bankier und jeder private Arbeitgeber ein Diktator sein könne. Ihre [Wähler, Schuldner und] Mitarbeiter seinen total von ihnen abhängig.«[134] Währenddessen glauben sie, frei zu sein, doch diese Freiheit ist eine Illusion, wie Fromm feststellt:

> »In den totalitären Ländern herrscht die offene Autorität des Staates ... Die westlichen Demokratien dagegen sind stolz darauf, das autoritäre System des 19. Jahrhunderts überwunden zu haben. Aber haben sie das wirklich – oder hat sich dort nur die Eigenart der Autorität geändert? Unser Jahrhundert ist das Jahrhundert der hierarchisch organisierten Bürokratien in der öffentlichen Verwaltung, der Wirtschaft und den Gewerkschaften. Diese Bürokratien verwalten Dinge und Menschen in gleicher Weise. Sie folgen dabei gewissen Grundsätzen, vor allem dem wirtschaftlichen Prinzip des Bilanz-

197

ausgleichs, der Quantifizierung, der maximalen Effizienz und des Profits, und sie funktionieren im wesentlichen nicht anders als ein Computer, der mit diesen Prinzipien gefüttert wurde. Das Individuum wird zu einer Nummer und verwandelt sich in ein Ding. Aber gerade weil es keine offene Autorität gibt, weil der Einzelne nicht ‹gezwungen› wird zu gehorchen, kann er sich der Illusion hingeben, er handle freiwillig und folge nur seinem eigenen Willen und Entschluss oder er richte sich nur nach einer ‹rationalen› Autorität. ... In der Familie und in der Erziehung geschieht dasselbe. Die missverstandenen Theorien von der progressiven Erziehung haben zu einer Erziehungsmethode geführt, bei der dem Kind nicht mehr gesagt wird, was es zu tun hat, wo ihm keine Anordnungen mehr gegeben werden oder wo es nicht mehr bestraft wird, wenn es solche nicht ausführt. Das Kind soll sich selbst ‹ausdrücken›. Aber es wird ihm von seinen ersten Tagen an ein heilloser Respekt vor der Konformität eingeimpft, die Angst, ‹anders› zu sein, und die Furcht, sich von der Herde zu entfernen. Der so in Familie und Schule aufgezogene ‹Organisationsmensch›, dessen Erziehung dann in den großen Institutionen vervollständigt wird, besitzt Meinungen, aber keine Überzeugungen; er amüsiert sich und ist unglücklich dabei.«[135]

Chinas ideologisches Ziel ist dagegen für totalitäre Massen nicht außergewöhnlich: Nichts Geringeres als den Kommunismus als »einzige Wahrheit« in der ganzen Welt durch das chinesische System zu etablieren ist das Endziel. Man darf sich dabei nicht der naiven Vorstellung hingeben, dass mit dem Erlangen von Wohlstand die Diktaturen verschwinden und Demokratien erneut aufkeimen werden.

Soweit es die existenziell Lebensbedingungen angeht, können diese nur durch ein totalitäres Regime gesichert werden. Liberale Ansätze sind hier zu risikoreich. Stabilität ist das Wichtigste, gesellschaftlicher und politischer Fortschritt können – und müssen – warten. Sie können scheitern oder im kapitalistischen Sinne zu Extremen führen. Das Problem an dem totalitären Ansatz ist nun nicht die Legitimität totalitärer Regime an sich, sondern die Dauer dieser Legitimität.

Wann sind »Wohlstand für alle« oder »Reichtum für alle« erreicht? Wenn man sich in einem Laden immer etwas zu Essen kaufen kann? Wenn man einen Fernseher zu Hause hat? Wenn man drei Fernseher zu Hause hat? Oder noch ein großes Auto fahren kann?...

Wenn Ziele totalitärer Regime erreicht sind, ist in der Geschichte oft zu beobachten gewesen, dass entweder neue Ziele erklärt wurden, um ein totalitäres Regime weiterhin zu legitimieren, oder aber dass das bisher erreichte Ziel erhalten werden sollte, und dies nur – so wurde argumentiert – durch ein Fortbestehen des bisherigen Regimes möglich ist. So wurde in der DDR noch lange nach dem Niedergang der NS-Diktatur der Faschismus als die Bedrohung durch den Westen propagiert, weshalb der Sozialismus das einzig richtige System sei, das es auch »mit der Waffe in der Hand« zu verteidigen gelte.

Totalitäre Regime beginnen, sich nach ihrer eigentlichen Zielerreichung über ihre eigene Legitimitätsdauer hinaus selbst erhalten zu wollen. Dies ist oft verknüpft mit einem Selbsterhaltungstrieb der Machteliten. Um die Ziele zu erreichen, sind nicht selten Verbrechen begangen worden, die in totalitären Systemen kaum Beachtung fanden, in liberalen Systemen jedoch geahndet würden.

> »Auf Macht ist kein Verlass; sie entsteht, wenn Menschen sich für ein bestimmtes Ziel zusammentun und organisieren, und verschwindet, wenn dies Ziel erreicht oder verloren ist.«[136]
>
> – Hannah Arendt

Die Macht beginnt im Totalitarismus sich selbst Selbstzweck zu werden und um sich selbst zu erhalten, verübt sie Unterdrückung und Gewalt gegenüber einem Außen, um das immer kleiner werdende Innen zu schützen. Schließlich stürzt sie unter dem Gewicht ihrer eigenen bürokratischen Ordnung in sich selbst zusammen und versinkt in den Seiten der Geschichte, sodass Lehren, die gelernt werden müssen, ungelernt bleiben.

Vor diesem Hintergrund ist auch verstehbar, weshalb die chinesische Führung erbittert versucht, Hongkong unter den Einfluss der Zentralregierung in Peking zu bringen und demokratische Ideen im Keim zu ersticken, obschon dieses im Jahr 2048/49 ohnehin seinen Sonderstatus als semidemokratische Sonderverwaltungszone verlieren würde, wobei es unwahrscheinlich ist, dass die demokratische und freiheitlich aufgewachsenen Generationen auch dann nur allzu bereitwillig auf ihre Art zu leben verzichten würden. Bis zur Mitte des Jahrhunderts soll – so das Ziel der KP – der Kommunismus schon verwirklicht sein. Um ihn zu sichern, muss also ein System etabliert werden, das vor allem auf Stabilität gründet und jeden Fortschritt vereitelt. Von einer historischen Warte aus betrachtet,

»ist der die westliche Tradition prägende Begriff des Fortschritts höchst speziell und verdankt sich einer Reihe von Entwicklungen. Zunächst musste die Vorstellung eines linearen Zeitablaufs im Unterschied zu zyklischen Konzeptionen herausgebildet und etabliert werden, und danach wich die Begrenzung des Säkulums bis zur Wiederkehr Christi der Idee einer prinzipiell offenen Zukunft ... Keine Gesellschaft kann auf den Fortschrittsimperativ ganz verzichten, denn er ist ein zutiefst sozial-normativer: eine Forderung, die von denen kommt, die unterdrückt und gegängelt werden oder deren Leben durch Missstände gekennzeichnet ist. Die Idee des Fortschritts ist daher keine fremde, von außen aufgedrängte Macht, sondern zunächst und zuerst eine intern generierte – das Verlangen nach gesellschaftlicher Verbesserung.

Der erste und ursprüngliche Ort des Fortschritts ist nicht ein globales Spielfeld politischer und technologischer Allmachtsphantasien, sondern die Infrastruktur einer Gesellschaft, die in (konflikthafter) Bewegung ist, weil ihre Mitglieder sie verbessern wollen. ... Ein solches Bild ist die Konstruktion des »Westens« als Kultur der technologischen und gesellschaftlichen Entwicklung, während der ‹Rest› in altertümlichen Traditionen, Perspektiven und Gesellschaftsordnungen befangen sei. ... Man neigt in dieser Sichtweise auch dazu zu übersehen, dass die westliche Geschichte selbst von ständigen Auseinandersetzungen darüber gekennzeichnet ist, was Fortschritt bedeutet und ob er etwas Gutes ist. In westlichen Gesellschaften gab es keine unilinearen Entwicklungen, und es gab keinen Konsens, wohin man fortschreiten sollte.... Wie man am Beispiel Chinas sehen kann, gibt es in einem Zeitalter der multiplen Moderne kein allgemein gültiges Skript für den Zusammenhang von wirtschaftlicher, kultureller und politischer Modernisierung im Sinne einer Demokratisierung. Ob aber das eine

ohne das andere auf Dauer gelingen kann, ist fraglich. Ein Regime wird durch Zuwächse an Wohlstand und technischen Möglichkeiten gestärkt,
durch neue, aufstrebende Gruppen aber zugleich
geprüft und in Frage gestellt. ...

Was Menschenrechte sind, wird ... in der reflexi-
ven Bestimmung der Rechte [festgelegt], die niemand mit guten Gründen anderen vorenthalten
kann. So gilt international wie auch national, dass
niemand für andere bestimmen darf, was Fortschreiten für sie bedeutet. Dies ist eine Forderung
der Gerechtigkeit. ... die Sprache der Menschenrechte, der Selbstbestimmung und der Gerechtigkeit die Sprache des Fortschritts ... ergibt sich ... als
moralisches Gebot aus der Kritik des falschen Fort-
schrittsdenkens selbst wie auch aus der Kritik der
Verhinderung sozialen Fortschreitens. Denn das
‹Fort› aus einer Situation der Unterdrückung und
Entrechtung ist ein Menschenrecht, heute wie zu aller Zeit.«[137]

Politisch betrachtet sind die Verhältnisse in China heute »mittelal-
terlich«. In Europa brach das Mittelalter und seine Feudalordnung
zusammen, als der Kapitalismus um sich griff. Somit ist es gut möglich, dass demokratische Ideen eine Konjunktur und Renaissance in
der Allgemeinbevölkerung erfahren, wenn die existenziellen Lebensbedingungen gesichert und Wohlstand erreicht sind. Um dies
zu verhindern, wird demokratisches und freiheitliches Gedankengut im Innern »ausgerottet«. Das Volk der Uiguren, das selbst auf
einem eigenen Staat hofft, wird »ausgerottet«, so wie China zuvor
Tibet und die Mandschurei kulturell durch Repression und Umvol-
kung von Han-Chinesen per Anordnung aus Peking aufgesogen
hat.

Es versteht sich fast von selbst, dass auch verhindert werden muss,
dass demokratische Ideen von außen eingeschleppt werden, weshalb Hongkong deutlich vor der Mitte dieses Jahrhunderts in das
einheitliche System eingegliedert werden muss, solange die Mehrheit der Bevölkerung hinter der KP und der chinesischen Führung
steht. Ähnliche Überlegungen, ergänzt um den totalitären Anspruch von der Herstellung einer einzigen Einheit, sind auch im
Hinblick auf Chinas Taiwan-Politik zu beachten. Der westlichen
Welt fehlen bis heute Antworten auf die Frage, wie China und seiner Ideologie begegnet werden kann. Erstaunt blickt man auf das

Social Credit System und scheint überrascht zu sein, als es vor einigen Jahren in einzelnen Metropolen eingeführt wurde. Dabei war das Ziel der KP bereits in den 1960er Jahren mehr als deutlich zu erkennen.

Europa muss eine Keimzelle der Freiheit und der Demokratie sein, deren Strahlkraft die Welt erleuchtet und eine echte Alternative zur totalen Herrschaft des chinesischen Totalitarismus aufzeigt. Jedoch müssen wir heute erkennen, dass die »liberalen« Systeme ihrerseits totalitär werden. Statt dem prinzipiell freien Individuum finden wir den verwalteten Menschen, der selbst nur ein Automat ist.

»Wir müssen verstehen, wer der Feind ist«, sagte der Neoliberalismus-Kritiker Michael Hardt bereits im Jahr 2010. [138] Während China von einer Vision motiviert ist und in einer Einheit aufzugehen sucht, dividieren sich die Menschen in der westlichen Welt zu »Singularitäten« auseinander, die miteinander konkurrieren. Als ich noch zur Grundschule ging, lernte ich von meinen Eltern und Großeltern, die sehr christlich geprägt waren, dass Gott überall sein könne und daher um alle meine Taten wisse. Wenn ich nun also an einem Bettler vorbeigehe, ist es eine gute Tat, ihm etwas Geld zu geben.

Die gleichen Menschen, die mich als kleines Kind so erzogen, beschimpfen mich heute – nur etwa 15 Jahre später – als »blöd«, wenn ich ihnen erzähle, dass ich einem Bettler 50 Cent gegeben habe. Dieses Narrativ ist symptomatisch für unsere ganze Gesellschaft geworden. Die neoliberale Indoktrination war nicht weniger erfolgreich als die chinesische »Gehirnwäsche«. Der Mensch wird zum Automaten, die »Menschheit« ist im Begriff zu verschwinden und die »Menschlichkeit«, so scheint es, sucht man vergeblich in dieser Welt.

Präsident Snows Feststellung gegenüber Peeta: »War might end humanity«, bereitete mir große Schwierigkeiten, da nicht klar war, ob er von der »Menschheit« oder von der »Menschlichkeit« sprach. Wir müssen aber erkennen, dass die angemessene Übersetzung hier unerheblich ist, weil beide enden, ohne den bemerkenswerten Umstand, dass es je einen offenen Krieg gegeben hat. »Die Menschheit schafft sich ab«, so entfremdet ist sie vom Lebendigen. Da erscheint es fast als Ironie der Geschichte, könnte man nicht ohne Zynismus feststellen, dass chinesische Arbeiter unlängst Blüten per Hand bestäuben müssen, weil die Insekten, die diese Arbeit seit jeher getan haben, verschwunden sind, und der Mensch, der das Leben hasst und das Tote vergöttert, auf Umwegen zur Natur zurückfindet.

Der chinesische Faschismus

In einem aktualisierten Vorwort zu seinem Buch *Die Massenpsychologie des Faschismus* (1933) schrieb Wilhelm Reich 1942: Faschismus ist »die emotionale Grundhaltung des autoritär unterdrückten Menschen der maschinellen Zivilisation und ihrer mechanistisch-mystischen Lebensauffassung. Der mechanistisch-mystische Charakter der Menschen unserer Epoche schafft die faschistischen Parteien und nicht umgekehrt. Der Faschismus wird auch heute noch, infolge des politischen Fehldenkens, als eine spezifische Nationaleigenschaft der Deutschen oder der Japaner aufgefasst. Aus der ersten Fehlauffassung folgen alle weiteren Fehldeutungen.

Der Faschismus wurde und wird noch immer, zum Schaden der echten Freiheitsbestrebungen, als die Diktatur einer kleinen reaktionären Clique aufgefasst. Die Hartnäckigkeit dieses Irrtums ist der Angst vor dem Erkennen der wirklichen Sachlage zuzuschreiben: Faschismus ist eine internationale Erscheinung, die sämtliche Körperschaften der menschlichen Gesellschaft aller Nationen durchsetzt. ... Meine charakteranalytischen Erfahrungen überzeugten mich ..., dass es heute keinen einzigen lebenden Menschen gibt, der nicht in seiner Struktur die Elemente des faschistischen Fühlens und Denkens trüge. Der Faschismus als politische Bewegung unterscheidet sich von anderen reaktionären Parteien dadurch, dass er von den Menschenmassen getragen und vertreten wird«,[139] und »heute ist es ganz allgemein klar geworden, dass ‹Faschismus› keine Tat eines Hitler oder Mussolini, sondern Ausdruck der irrationalen Struktur der Massenmenschen ist.«[140]

Reich war die Verantwortungsfülle seiner Behauptungen bewusst und er ergänzte: »Die Rassentheorie ist keine Schöpfung des Faschismus. Umgekehrt: Der Faschismus ist eine Schöpfung des Rassehasses und sein politisch organisierter Ausdruck. Demzufolge gibt es einen deutschen, italienischen, spanischen, anglosächsischen, jüdischen und arabischen Faschismus«,[141] oder – um Reichs Gedanken zu Ende zu führen – einen chinesischen Faschismus.

Dass die Gesellschaft in China totalitär ist und einen autoritären Charakter zeigt, muss nicht erneut erklärt werden. Relevant ist hingegen zu beschreiben, worin sich ihr Infantilismus zeigt; nämlich in dem Glauben an eine Zukunftsvision, deren Erreichen man bis ins Detail vorausplanen zu können glaubt. Dieses Denken in der Zukunft steht nicht im Widerspruch zur Vergangenheitsfixierung. »Zukunft« ist nicht das Unberechenbare, das Lebendige, sondern lediglich das tote Produkt geschichtlicher Architekten. Alles, was dem Geplanten nicht entspricht, wird umgedeutet, sodass verkündet werden kann, alle Ziele seien erreicht oder sogar übertroffen worden. Die zeitlichen Grenzen von gewisser Vergangenheit, erlebter Gegenwart und ungewisser Zukunft sind aufgehoben. Auf eine Geschichte von Armut, Repression und Kämpfen blickt man nicht gerne zurück. Auch in Panem hat sich der Zeithorizont verschoben zu *today, tomorrow, forever.*

Nicht nur versucht die chinesische Führung – die eine »nationale Verjüngung« anstrebt –, die eigene Geschichte umzuschreiben und Verbrechen und Gräueltaten vergessen werden zu machen – wie das Tiananmen-Massaker[142] – Staatspräsident Xi Jinping wird – wie auch andere mystische Gestalten und besonders Mao Tse-tung – geradezu vergöttert. »Papa Xi« ist »der Vater der Nation« geworden, gut möglich auf Lebenszeit. Wer Xi widerspricht, der hat den Tod zu fürchten, wie in der stalinistischen Sowjetunion.[143]

Damit schließt sich das Dreieck des Faschismus. Der »chinesische Traum« fußt auf »westlicher Aggression« vergangener Zeiten, man denke so etwa an die Opiumkriege im 19. Jahrhundert mit der britischen Kolonialmacht. Auch waren es chinesische Arbeiter, die bei Sprengungen mit Nitroglycerin die gefährlichsten Arbeiten verrichteten, um in den USA die transkontinentale Eisenbahn bauen zu können.

Die Liebe zum Toten zeigt sich in den Betonbauten, den Mega-Städten, der Umweltzerstörung und der Ausrottung »unreiner« Elemente der Gesellschaft; Unterschiede im Innern werden nicht geduldet. Wer hörig und folgsam ist, wird öffentlichkeitswirksam gelobt; wer sich hingegen im Sinne der Vorgaben »schlecht« verhält, wird öffentlich an den Pranger gestellt und sozial geächtet.

Der chinesische Faschismus führt heute zu der Frage, worin die Ursprünge faschistischer Systeme verwurzelt sind. Während die Trump-Bewegung sich vor allem vor wirtschaftlichen Hintergründen radikalisiert hat, finden wir in China ganz andere Bedingungen. Es stellt sich die Frage, ob es möglich ist, faschistische Gesellschafts-

Charaktere in Vorausschau ausfindig machen zu können oder zumindest festzustellen, wo Bedingungen für solche Entwicklungen zu finden sind.

Deutschland war bis zur Gründung des Deutschen Reiches eine Ansammlung von Fürstentümern. Einen National- oder Zentralstaat wie in Frankreich, England oder Spanien gab es nicht.

»Der 30jährige Krieg in Deutschland (1618-48) war eine mörderische Katastrophe der größeren Art. Er wurde um zwei Prinzipien geführt: Um die Vorherrschaft der katholischen oder der evangelischen Konfession und um die Vorherrschaft des Kaisers im Reich oder die Unabhängigkeit der Fürsten. Er endet mit der Unabhängigkeit der Fürsten. Damit ist die Ausbildung eines Nationalstaats blockiert. Das Ergebnis ist: Ohnmacht des Reiches und Kleinstaaterei. Das bedeutet für den Kampf der Konfessionen ein Unentschieden: Der jeweilige Kleinfürst bestimmt, welcher Glaube in seinem Kleinstaat gilt. ... Mit dieser Kleinteiligkeit wurde es provinziell. Da eine Hauptstadt fehlte, entwickelte es auch keine städtische tonangebende Gesellschaft, die der Nation in Geschmack, Sprache und Lebensart ein Vorbild sein konnte. Die Deutschen verloren den Kontakt zu einer Kultur der Sprache und der Verständigung: Gespräch, Rhetorik, Konversation, Witz, Unterhaltsamkeit, Verständlichkeit, Manieren, Lebensart, Humor, Eleganz des Ausdrucks, alles das gehört nicht zu den Eigenschaften, für die andere Nationen uns besonders rühmen. So flüchteten die Deutschen in die Sprache jenseits der Sprache: in den Gesang und die Musik. Oder in die simple Verbohrtheit.

Im übrigen machte sie das Dauermassaker des 30jährigen Krieges schwermütig und todessüchtig. In einigen Gegenden wurden durch den Krieg zwei Drittel der Bevölkerung ausgerottet. An der Schlächterei beteiligte sich fast ganz Europa: Frankreich, Dänemark, Schweden, Spanien, Polen und viele andere. Am Ende lag das Land in Trümmern, zurückgemordet in die Barbarei und seelisch schwer traumatisiert. Das kollektive Gedächtnis hat das nicht verarbeiten können. Im Wettlauf der Nationen war Deutschland ausgeschieden. Erst über zweihundert Jahre später erschien es wieder, inzwischen in zwei Blöcke zerfallen: Preußen und Österreich mit dem heutigen Süddeutschland in der Mitte. Das war die Entscheidung für einen katastrophalen Weg in die Moderne in Gestalt einer Unglücksgeschichte und Tragödie: Die Form des Nationalstaats wurde verfehlt. Der war aber die Form, in der die Demokratie zuerst erschien.«[144]

In Frankreich zahlten die Untertanen den Preis ihrer Freiheit, indem sie zur totalen Unterwerfung unter den absolut regierenden König bereit waren. Dafür gab es Ordnung und Sicherheit in einer Zeit, in der unentwegt blutige Bürgerkriege drohten.[145] Nicht anders soll der Staat Panem entstanden sein. Man kann den Absolutismus kritisieren oder ablehnen, aber er war seiner Zeit eine Staatsform, die bis zum Ende des 18. Jahrhunderts Stabilität sicherte und so wurde er als eine Mischung aus Despotismus und rationaler Verwaltung zum Vorbild für noch unterentwickelte Länder in Osteuropa, wo aufgeklärte Despotien entstanden.[146]

Während das Mittelalter wirtschaftliche und soziale Stabilität gab und nur die Einheit des christlichen Glaubens kannte, so zerfiel Deutschland nach dem Dreißigjährigen Krieg im 17. Jahrhundert in eine Splitterkultur, politisch wie kulturell. Diese Vereinzelung führte zu einer großen empfundenen Ohnmacht. Was die Triebkräfte des Faschismus wurden, war der tiefe Wunsch nach dem Einswerden mit einem großen, mächtigen Ganzen. Die Macht, die im Einzelnen fehlte, sollte durch das Totale simuliert werden. Mit der Gründung des Deutschen Reiches erlangten die Deutschen zu einer Macht, mit der sie noch nicht richtig umzugehen wussten. Schwanitz schreibt weiter:

> »Besoffen vor Kraftgefühl hat [das wilhelminische Bürgertum] den galoppierenden Machtzuwachs der geeinten Nation seelisch nicht verarbeitet. Durch die Militarisierung des Lebens aufgrund der allgemeinen Wehrpflicht und des Prestiges der Militärs fühlen sich die Bürger als halbe Aristokraten und nehmen deren Gewohnheiten an: den Kasernenton in der Kommandosprache von Ämtern und Behörden, den zackigen Drill in der Schule, das Duell in den Verbindungen der Universitäten, den Schmiß im Gesicht, als ob man aus der Schlacht käme, und Uniformen, wo es nur geht. Die Welt staunt über einen neuen Maschinenmenschen und

beginnt, ihn als Horrorgestalt zu fürchten. Das Image der Deutschen, die früher als verträumte Poeten und skurrile Gelehrte angesehen wurden, ändert sich: Jetzt sieht man ihn als unberechenbaren, aber seelenlosen Pickelhaubenträger, ein Kerl aus Metall, durch vernünftiges Reden nicht mehr erreichbar. In Mitteleuropa ist ein Monster erschienen.[147] ...

Unvorstellbar ist heute, daß der Kriegsausbruch, zumal in Deutschland, einen Freudentaumel auslöste. Man erlebte die Verschmelzung des Kollektivs im Fest, das von den Hemmungen eines in Routine erstarrten Lebens einer Industriegesellschaft entlastete] Zugleich stellte man sich jeden Krieg wie den letzten vor, weil man die Folgen des waffentechnisches Fortschritts noch nicht kannte.«[148]

Wie Deutschland war auch Italien lange Zeit ein Splitterstaat. Nach dem Zusammenbruch des Römischen Reiches und dem Ende der Antike gab das Mittelalter lange Zeit Stabilität und Sicherheit. Italien gehörte im 15. Jahrhundert zu den am stärksten urbanisierten Regionen Europas. Die wirtschaftlichen Umbrüche vollzogen sich hier, wie Fromm gezeigt hat, besonders schnell und umfangreich. Einen Nationalstaat wie in Spanien, Frankreich oder England gab es nicht, sondern einzelne selbstständige Mächte wie das Herzogtum Mailand, die Republik Venedig, Florenz, den Kirchenstaat und das Königreich Neapel.

Wie Deutschland wurde auch Italien von Napoleons Feldzug zum Ende des 18. Jahrhunderts geradezu überrollt. Nach dem Wiener Kongress 1814/1815 blieben Deutschland und Italien zersplittert. Fast zeitgleich mit der Gründung des Deutschen Reiches gelang auch in Italien die »Vollendung der Einheit«, die in den 1860er Jahren mit der Gründung des Königreichs begann und 1870 abgeschlossen war.

Die beiden historischen Beispiele Deutschland und Italien deuten darauf hin, dass über lange Zeit »machtlose« Völker für totalitäre, ja faschistische Tendenzen prädestiniert sind. Jedoch lässt sich von diesem Ansatz ausgehend erstens nicht die faschistische Bewegung der Falangisten in Spanien und zweitens nicht das Aufkommen vergleichbarer Bewegungen zu expliziten Zeiten und Wendungen erklären.

Meine These ist daher, dass potenziell jedes Land und jedes Volk die Veranlagungen zu solch radikalen Bewegungen in sich trägt, und dass diese unter bestimmten Bedingungen aufkeimen und wachsen können. Eine Machtlosigkeit, Vereinzelung und Haltlosigkeit bieten Voraussetzungen, die ein Land, eine Kultur, eine Gesellschaft oder ein Volk weniger oder mehr anfällig machen können. Treffen auf diesen Nährboden passive Lebensbedingungen, Hilflosigkeit und Ohnmacht, so können daraus radikale Bewegungen entstehen.

Ein Beispiel hierfür sind die Trumpisten in den USA heute. Nicht nur zeichnet sich dort das Ende eines langen Schuldenzyklus mit wirtschaftlichen Umbrüchen und einer Vierten Wendung ab; auch ist die Gesellschaft durch die fast ununterbrochenen Kriege seit dem Zweiten Weltkrieg – und im Besonderen durch die Erfahrung des Kalten Krieges –»kriegstraumatisiert«.

Der Krieg hat im Grunde nicht mit der Kapitulation Deutschlands oder Japans geendet, allenfalls gelang es, ihn zu kontrollieren. Dieses Kolorit findet sich so auch in Collins Beschreibung von Distrikt 13 wieder. Auch lange nach dem Krieg gibt es Sicherheit nur unter der Erde, folglich ist die Finsternis der Unterwelt der Ort, der beschützt, den man liebt oder zu lieben lernen muss.

Denkt man an Indien, so könnte man sich leicht vorstellen, dass durch die Splitterkulturen des Vielgötterglaubens und die wechselnden Herrschaftsverhältnisse in der Auseinandersetzung mit islamischen Kulturen und der späteren Ausbeutung durch die britische Kolonialmacht eher tiefverwurzelte Bedingungen für faschistische Tendenzen zu finden sind als in China, das im Grunde seit jeher starke und mächtige Kaiser hatte.

Man darf jedoch nicht übersehen, dass die Untertanen von der Macht des chinesischen Reiches im Grunde nicht profitierten, da sie selbst nur Objekte waren, über die ihr Kaiser frei und grausam verfügen konnte. Anders als im absolutistischen Frankreich aber – auf das dieser erste Gedanke auch zutreffen mag – herrschten nicht Frieden und Sicherheit, sondern vor allem Repression und Hilflosigkeit. Hinzu kam die ständige Bedrohung durch die territorialen Kämpfe mit der Mongolei, die noch bis ins 20. Jahrhundert hinein andauernde Herrschaft durch die Mandschu-Dynastie (Qing-Dynastie) oder die Aggression westlicher Kolonialmächte.

Auch den Ersten und Zweiten Weltkrieg – im Besonderen die japanische Besatzungsmacht, die sich westlicher Kriegstechniken bediente – hat man in China genauso wenig vergessen wie Napoleon und Hitler in Russland. All diese Bedingungen stellten seit Jahrhunderten kaum behütete Lebensbedingungen dar, sondern waren vor allem eine Ursache einer allgenemein Angst. Der »asiatische Holocaust« durch die mordenden, verstümmelnden und vergewaltigenden japanischen Truppen hat tiefe Wunden in die Massenseele Chinas gerissen.

Geographisch ist China durch die Meere im Süden und Osten, die Wüstensteppe im Westen, den Himalaya und andere Gebirgsformationen im Südwesten wie die USA auf einer quasi Insellage gelegen. Die Chinesische Mauer erfüllte als Schutz vor den mongolischen Reiterkriegern aus dem Norden eine ähnliche Funktion wie der Grenzwall an der US-Südgrenze zu Mexiko.

Das Ziel ist die Kontrolle über das alltägliche Leben, um Sicherheit und Stabilität zu erlangen. Alles, was ungewiss ist, bereitet Angst und Sorge. »Während das Leben durch strukturiertes, funktionales Wachstum gekennzeichnet ist, liebt der nekrophile Mensch alles, was nicht wächst, alles, was mechanisch ist. Der nekrophile Mensch wird von dem Verlangen getrieben, Organisches in Anorganisches umzuwandeln, das Leben so mechanisch aufzufassen, als ob alle lebendigen Menschen nichts anderes seien als Dinge. Alle Lebensprozesse, alle Gefühle und Gedanken wandelt er in Dinge um. Für ihn zählt nur die Erinnerung und nicht das lebendige Erleben, es zählt das Haben und nicht das Sein.

Der Nekrophile kann zu einem Objekt – einer Blume oder einem Menschen nur dann in Beziehung treten, wenn er sie besitzt; daher bedeutet ihm eine Bedrohung seines Besitzes eine Bedrohung seiner selbst; verliert er den Besitz, so verliert er den Kontakt mit der Welt. Daher seine paradoxe Reaktion, dass er lieber das Leben als seinen Besitz verlieren würde, obwohl er ja mit dem Verlust seines Lebens aufhört, als Besitzender zu existieren. Er möchte über die anderen herrschen und tötet dabei das Leben. Eine tiefe Angst vor dem Leben erfüllt ihn, weil da, Leben seinem Wesen nach ungeordnet und unkontrollierbar ist.

Für nekrophile Menschen bedeutet Gerechtigkeit korrekte Teilung, und sie sind bereit, für das, was sie ‹Gerechtigkeit› nennen, zu töten oder zu sterben. ‹Gesetz und Ordnung› sind ihre Idole, und alles, was Gesetz und Ordnung bedroht, wird als teuflischer Angriff auf ihre höchsten Werte empfunden. Typisch für diese Einstellung ist die Frau, die in der Geschichte vom Salomonischen Urteil zu Unrecht behauptet, die Mutter des Kindes zu sein. Sie will lieber ein in zwei Teile geteiltes totes Kind haben, als ein lebendiges verlieren.

Der nekrophile Mensch fühlt sich von Nacht und Finsternis angezogen. ... Alles, was dem Leben abgewandt oder gegen das Leben gerichtet ist, zieht den nekrophilen Menschen an. Er möchte in die Dunkelheit des Mutterschoßes und in die Vergangenheit einer anorganischen oder tierischen Existenz zurückkehren. Er ist grundsätzlich an der Vergangenheit und nicht an der Zukunft orientiert, die er hasst und fürchtet. Damit verwandt ist sein heftiges Verlangen nach Gewissheit. Aber das Leben ist niemals etwas Gewisses, es ist nie voraussagbar und niemals unter Kontrolle zu bringen; um es kontrollierbar zu machen, muss man es in Totes verwandeln; der Tod ist ja das einzig Gewisse im Leben.«[149]

Es ist eine offene Frage, welche Bedrohung durch faschistische Regime für andere Nationen, Völker und Gesellschaften tatsächlich ausgeht. Hitler strebte eine Aufteilung der Welt in »Interessensphären« an. Jedoch ist es angesichts seiner unbewussten Beweggründe höchst fraglich, wie Fromm feststellt, ob Hitler überhaupt zu einem Sieg in der Lage gewesen wäre. »Hitler war ein Spieler; er hat mit dem Leben aller Deutschen ebenso wie mit seinem eigenen Leben gespielt.

Als das Spiel aus war und er verloren hatte, hatte er nicht allzu viel Grund es zu bedauern. Er hatte gehabt, was er sich immer gewünscht hatte: Macht und die Befriedigung seines Hasses und seines Zerstörungsdranges. Seine Niederlage konnte ihm diese Befriedigung nicht nehmen. Der Megalomane und Zerstörer hatte in Wirklichkeit nicht verloren. Verloren hatten nur die Millionen von Menschen – Deutsche, Angehörige anderer Nationen und die rassischen Minderheiten – für die der Tod auf dem Schlachtfeld noch die mildeste Form des Leidens gewesen war. Da Hitler mit niemand das geringste Mitgefühl hatte, verursachte ihm dieses Leiden weder Schmerz noch Gewissensbisse.«[150]

Wie eine Welt hätte aussehen können, in der die faschistischen Regime der Achsenmächte Deutschland, Italien und Japan den Krieg gewonnen hätten, zeigt Dicks Buch *The man in the high castle*. Auch nach dem »Endsieg« wäre kein Frieden möglich gewesen, nicht nur der unentwegten Repressionen und Verfolgungen in den besetzten Kolonien in Europa und Amerika wegen, vor denen möglicher Weise aus »Arier«, die innerhalb der »arischen Rasse« tiefergestellt waren, ermordet worden wären. So schrieb auch Hannah Arendt:

> »Es liegt in der Natur eines totalen Anspruchs, daß der Machtanspruch totalitärer Regime prinzipiell unbegrenzbar ist. Er wäre nur gesichert, wenn buchstäblich alle Menschen, ohne eine einzige Ausnahme, in allen ihren Lebensäußerungen zuverlässig beherrscht würden. Der außenpolitischen Notwendigkeit, sich ständig neue neutrale Gebiete zu unterwerfen, entspricht die innenpolitische Notwendigkeit, immer neue Menschengruppen in immer erweiterten Konzentrationslagern total zu beherrschen und gegebenenfalls zu liquidieren, um wieder neuen Raum zu schaffen.«[151]

Bei Hitlers nekrophilem Charakter ist stattdessen anzunehmen, dass er im zunehmenden Alter, in dem er sich immer weiter auf seinen eigenen Tod zu bewegt, erst »richtig« destruktiv geworden wäre. Ein atomarer Holocaust, den Japan und Deutschland untereinander angerichtet hätten, wäre nicht auszuschließen gewesen.

Der Faschismus ist von seinem dichotomen Weltbild bestimmt: Ost und West, Gut und Böse, Sieger und Besiegte – das Wettrüsten ist das Grundprinzip allen politischen Handelns. Ob und – wenn ja – wie groß die Gefahr durch faschistische Regime von außen für uns sind, wird vermutlich maßgeblich davon abhängen, von welchen Motiven ihre Führer geleitet werden und welchem Charakteren diese entsprechen.

Die nekrophilen Charaktere Hitler und Coin glauben in ihrer nekrophilen Ethik, alles nur durch Gewalt lösen zu können, wohingegen Snow eine eher biophile Ethik vertritt. Daher ist es von höchster Bedeutung, einen genaueren Blick auf die Führer faschistischer Regime zu werfen.

Die unsichtbaren Hörner des Bösen

Kaiser Wilhelm II. litt unter körperlichen Fehlbildungen und war geradezu fasziniert von Großmachtfantasien. Deutschland sollte einen »Platz an der Sonne« bekommen. Weite Teile der Welt waren jedoch schon unter den Kolonialmächten England und Frankreich aufgeteilt. Eine Ursache des Ersten Weltkrieges liegt in diesem Konflikt begründet.

In der Zeit des Wilhelminismus wurde Adolf Hitler geboren, der einen narzisstischen Charakter herausbildete. Während seiner Schulzeit zog er sich mehr und mehr in eine Fantasiewelt zurück, in der er »Krieg spielte«. Sein Interesse an imaginären Spielen, die einen destruktiven Charakter hatten und in denen er allmächtig war, blieb mit zunehmendem Alter erhalten. Diese Spiele erfüllten, so Fromm, mehrere Funktionen:

> »Sie gaben ihm das befriedigende Gefühl, Anführer zu sein, und bestätigten ihn in der Überzeugung, daß er die Überredungskraft besaß, andere dazu zu veranlassen, ihm zu folgen. Sie verstärkten seinen Narzißmus; vor allem aber verlegten sie den Mittelpunkt seines Lebens in die Phantasie, wodurch sie dem Prozeß Vorschub leisteten, daß er sich immer mehr der Wirklichkeit, realen Personen, realen Leistungen und realen Kenntnissen entzog.«[152]

Hitler war gescheitert, nachdem er an der Kunstakademie in Wien abgelehnt wurde.

> »Man hatte ihn auf eben dem Gebiet zurückgewiesen, auf dem er seiner großen Zukunft sicher war. So blieb ihm nichts anderes übrig, als die Schuld den Akademieprofessoren, der Gesellschaft, der ganzen Welt in die Schuhe zu schieben. Sein Hass gegen das Leben muss damals noch gewachsen sein. Sein Narzissmus muss ihn – noch stärker als zur Zeit seines ersten Versagens – dazu veranlasst haben, sich noch mehr von der Realität zurückzuziehen, um zu verhindern, dass sie vor seinen Augen zusammenstürzte. An diesem Punkt setzte ein Prozess ein, in dessen Verlauf Hitler sich fast vollständig von allen Menschen zurückzog ...
> Diese Niederlage hatte nicht nur Hitler, der Künstler, erlitten, sondern auch Hitler, der eingebildete, gut gekleidete Bürger, der für die unteren Klassen nur Verachtung übrig hatte. Jetzt war er selbst zum Strolch, zum Ausgestoßenen geworden. Er gehörte zum Abschaum der Gesellschaft. Dies

wäre selbst für einen weniger narzisstisch veranlagten Angehörigen des Bürgertums eine tiefe Demütigung gewesen. Da er genügend Stabilität besaß, nicht daran zu zerbrechen, muss ihn diese Situation innerlich gefestigt haben. Das Schlimmste war eingetreten, und er ging gestärkt daraus hervor; sein Narzissmus blieb ungebrochen. Es kam nun allein darauf an, die Demütigung auszumerzen, indem er an allen seinen ‹Feinden› Rache nahm und sein Leben dem Ziel weihte zu beweisen, dass dieses narzisstische Bild von sich selber keine Phantasie, sondern Realität war. ...

Meist erholen sich [narzisstischer Personen] nicht. Da ihre innere, subjektive Realität und die äußere, objektive Wirklichkeit völlig auseinanderfallen, können sie psychotisch werden, oder sie leiden an schweren seelischen Störungen. Wenn sie Glück haben, finden sie vielleicht irgendeinen Unterschlupf in der Wirklichkeit – zum Beispiel eine untergeordnete Stellung, die es ihnen erlaubt, ihre narzisstischen Phantasien aufrechtzuerhalten, der Welt die Schuld zu geben und sich durchs Leben zu wursteln, ohne dass es zu einer großen Katastrophe kommt.

Es gibt noch einen anderen Ausweg, aber nur für besonders Begabte. Sie können versuchen, die Realität so umzuwandeln, dass ihre grandiosen Phantasien sich als real erweisen. Das erfordert aber nicht nur, dass der Betreffende Talent hat, sondern auch, dass die historischen Umstände dies ermöglichen. Meist steht diese Lösung politischen Führern in gesellschaftlichen Krisenzeiten offen.

Wenn sie die Begabung haben, die große Masse anzusprechen, und wenn sie geschickt genug sind, sie organisieren zu können, können sie die Realität ihren Träumen anpassen. Häufig rettet der Demagoge, der sich noch diesseits der Grenze zur Psychose befindet, sich dadurch vor dem Wahnsinn, dass er Ideen, die zunächst ‹verrückt› schienen, ‹vernünftig› erscheinen lässt. In seinem politischen Kampf wird er nicht nur von der Leidenschaft zur Macht angetrieben, sondern auch von der Notwendigkeit, sich vor dem Verrücktwerden zu retten.«[153]

Der Ausbruch des Ersten Weltkrieges war für Hitler eine »Fügung Gottes«. Er erlebte das »Gefühl des Stolzes, ein ‹Held› zu sein. Hitler war ein pflichtbewusster Soldat, und [… wurde] für seine Tapferkeit ausgezeichnet und genoss die Achtung seiner Vorgesetzten. Er war kein Ausgestoßener mehr; er war jetzt ein Held, der für Deutschland, für seine Existenz und seinen Ruhm und für die Werte des Nationalismus kämpfte. Er konnte sich seiner Lust an Zerstörung und Sieg in vollen Zügen hingeben – aber jetzt handelte es sich um einen wirklichen Krieg und nicht mehr nur um den Phantasiekrieg kleiner Jungen; und vielleicht stand er während jener vier Jahre fester auf dem Boden der Wirklichkeit als je sonst in seinem Leben. … Das Ende des Krieges empfand er als sein eigenes neues Scheitern: Niederlage und Revolution. Die Niederlage hätte er vielleicht noch ertragen, nicht aber die Revolution. Diese Revolutionäre griffen alles an, was Hitlers reaktionärem Nationalismus heilig war, und sie siegten; sie waren die Herren des Tages, vor allem in München, wo sie eine kurzlebige ‹Räterepublik› gründeten. Der Sieg der Revolutionäre gab Hitlers Destruktivität die endgültige, unausrottbare Form. Die Revolution war ein Angriff auf ihn selbst, auf seine Werte, seine Hoffnungen und auf seine großspurige Identifikation mit Deutschland. … Sein Hass, sein Rachedurst richtete sich auch gegen die siegreichen Alliierten, die Deutschland zur Annahme des Versailler Vertrages zwangen, doch in geringerem Ausmaß als gegen die Revolutionäre und ganz besonders gegen die Juden. … Diesmal hatte Hitler die Möglichkeit, seine persönliche Niederlage und Demütigung in eine nationale und gesellschaftliche Niederlage und Demütigung zu verwandeln, was ihn in die Lage versetzte, darüber sein persönliches Scheitern zu vergessen. Diesmal war nicht er gescheitert und gedemütigt worden, sondern Deutschland. Wenn er nun Deutschland rächte und rettete, rächte er sich selbst, und wenn er Deutschlands Schande auslöschte, löschte er auch seine eigene Schande aus. Sein Ziel war jetzt nicht mehr, ein großer Künstler zu werden, sondern ein großer Demagoge. Er hatte das Gebiet entdeckt, auf dem er eine wirkliche Begabung und daher auch eine reale Erfolgschance besaß.«[154] An erster Stelle im Staat konnte Hitler seine Destruktivität ausleben:

> »Die Objekte für Hitlers Destruktivität waren Städte und Menschen. Der große Baumeister, der begeisterte Städteplaner eines neuen Wien, Linz, München und Berlin war derselbe Mensch, der Paris zerstören, Leningrad dem Boden gleichmachen

und zum Schluss ganz Deutschland vernichten wollte. Diese Absichten sind belegt. Speer berichtet, Hitler habe auf der Höhe seines Erfolges nach einer Besichtigung des eben eroberten Paris zu ihm gesagt: ‹War Paris nicht schön? ... Ich habe mir früher oft überlegt, ob man Paris nicht zerstören müsse. Aber wenn wir in Berlin fertig sind, wird Paris nur noch ein Schatten sein. Warum sollen wir es zerstören?› Schließlich hat Hitler natürlich doch befohlen, Paris zu zerstören, ein Befehl, den der deutsche Kommandant von Paris nicht ausgeführt hat. Der extremste Ausdruck seiner Manie für die Zerstörung von Gebäuden und Städten war sein Erlass ‹Verbrannte Erde› für Deutschland vom September 1944, in dem er im Falle einer Besetzung deutschen Bodens durch den Feind befahl:

Nicht nur die Industrieanlagen, die Gas-, Wasser- und Elektrizitätswerke, die Telefonzentralen sollten vollständig zerstört werden, sondern alles, was sonst zur Aufrechterhaltung des Lebens notwendig sei: die Unterlagen für die Lebensmittelkarten, die Akten der Standes- und Einwohnermeldeämter, die Aufstellungen der Bankkonten; ferner sollten die Lebensmittelvorräte vernichtet, die Bauernhöfe niedergebrannt und das Vieh getötet werden. Selbst von den Werken der Kunst, die die Fliegerangriffe überstanden hatten, sollte nichts erhalten bleiben: die Baudenkmäler, die Schlösser, Burgen und Kirchen, die Theater und Opernhäuser waren ebenfalls zur Zerstörung vorgesehen.

Dies bedeutete natürlich auch, dass es kein Wasser, keine Elektrizität, keine sanitären Einrichtungen mehr geben würde, das heißt, dass Seuchen, Krankheit und Tod für Millionen, die nicht entkommen konnten, die Folge sein würden. Für Speer, der kein nekrophiler Zerstörer, sondern ein biophiler Baumeister ist, riss dieser Erlass einen Abgrund zwischen ihm und Hitler auf. Er versuchte die Unterstützung einiger Generäle und Parteifunktionäre zu gewinnen, die nicht von Hitlers Zerstörungsdrang beseelt waren, und riskierte sein Leben, indem er Hitlers Befehle sabotierte. Dank seiner Bemühungen und der einiger anderer sowie durch besondere Umstände wurde Hitlers Politik der Verbrannten Erde nie durchgeführt.«[155]

Erich Fromm »möchte auf die Haupttäuschung aufmerksam machen, welche die Menschen hindert, einen potenziellen Hitler zu erkennen, bevor er sein wahres Gesicht zeigt. Diese Täuschung beruht auf der Ansicht, dass ein durch und durch destruktiver und böser Mensch ein Teufel sein muss und dass man es ihm auch ansieht; dass er keinerlei positive Eigenschaften haben kann, dass er das Kainszeichen so sichtbar auf der Stirn tragen muss, dass jeder seine Destruktivität schon von weitem erkennt.

Solche Teufel gibt es, aber sie sind selten. Wie ich bereits dargelegt habe, kommt es weit häufiger vor, dass ein intensiv destruktiver Mensch ein liebenswürdiges Gesicht aufsetzt; er ist höflich, bekundet seine Liebe zu seiner Familie und zu Kindern und Tieren. Er spricht von seinen Idealen und guten Absichten. Aber nicht nur dies. Es gibt kaum einen Menschen, dem jede Liebenswürdigkeit und jede gute Absicht abgeht. Wäre dies der Fall, stände er am Rande der Geisteskrankheit, wenn es sich nicht um einen Fall von angeborener ‹moralischer Idiotie› handelt. Solange man daher der Meinung ist, dass ein böser Mensch Hörner hat, wird man einen bösen Menschen nicht erkennen.

Die naive Annahme, dass ein bösartiger Mensch leicht zu erkennen ist, birgt eine schwere Gefahr in sich. Man ist nicht in der Lage, ihn als solchen zu erkennen, bevor er sein Zerstörungswerk begonnen hat. [Fromm glaubt], dass die meisten Menschen keinen so intensiv destruktiven Charakter haben wie Hitler. Aber selbst wenn man schätzungsweise annimmt, dass derartige Personen zehn Prozent unserer Bevölkerung ausmachen, bedeutet diese Zahl eine große Gefahr, wenn sie Einfluss und Macht gewinnen. ... Einzigartig war nur die soziopolitische Situation, die ihm seinen Aufstieg ermöglichte. Unter uns gibt es Hunderte von Hitlern, die hervortreten würden, wenn ihre historische Stunde gekommen wäre.

Eine Gestalt wie Hitler objektiv und leidenschaftslos zu analysieren, befiehlt uns nicht nur unser wissenschaftliches Gewissen. Es ist auch die Voraussetzung dafür, dass wir für die Gegenwart und Zukunft eine wichtige Lehre daraus ziehen können. Jede Analyse, die Hitlers Bild verzerrt, indem sie ihn seiner menschlichen Eigenschaften beraubt, würde uns nur noch blinder machen für die potenziellen Hitlers, die keine Hörner haben.«[156]

Xi Jinping und sein Panem

In einer seiner ersten Reden als Staatspräsident Chinas legte Xi Jinping seine politische Agenda dar und lies erkennen, von welchem politischen Weltbild sein Denken und Handeln geleitet wird. Seiner Auffassung nach treten der Kommunismus und die liberalen, demokratischen Systeme der politischen westlichen Welt in einen Systemwettstreit ein. Für ihn gibt es im »Kampf der Systeme« und ihrer Vormachtstellung in der Welt nur Sieger und Besiegte, Mächtige und Machtlose, niemals aber eine Win-Win-Chance.

Den Zusammenbruch der Sowjetunion begreift er – ähnlich wie Putin – als eine der größten geopolitischen Katastrophen. Für Xi ist der Kommunismus die »einzige Wahrheit«. In seiner Jugend erlebte er, wie sein Vater unter Mao als Verräter gebrandmarkt wurde. Er selbst wurde mit anderen jungen Menschen auf das Land geschickt, um bäuerliche und andere schwere Arbeiten zu verrichten. Seine Schwester wurde so in den Selbstmord getrieben. Er selbst soll in dieser Zeit sogar in einer Höhle gelebt haben, was unmittelbar an Patrick Süskinds Roman *Das Parfüm* erinnert: Grenouille kehret aus seinem Leben in der Natur als *monstre morale* zurück.

Xi war ein Ausgestoßener, ein Außenseiter. Er wandte sich aber nicht von dem System und von Mao ab, sondern begann, diesen zu bewundern, seinen Vater und seine Familie durch Regimetreue »reinwaschen« zu wollen und studierte Maos Schriften bis zum Paroxysmus und lernte sie auswendig. Ein Biograph sagte über ihn einmal: »Wenn er den Mund aufmacht, spricht Mao.«

Die Einheit Chinas herzustellen, ist eines der wichtigsten Ziele. Das betrifft nicht nur innenpolitische Fragen, sondern auch geopolitische Angelegenheiten. Die »Wiedervereinigung« der Volksrepublik China auf dem Festland mit der Republik China (Taiwan) auf der Insel Formosa, auf die sich die nationalistischen Truppen zurückgezogen haben, nachdem sie von den kommunistischen Kämpfern unter Mao besiegt wurden, ist für die kollektive Seele Chinas zur höchsten Wichtigkeit erhoben worden.

Taiwan will einer Wiedervereinigung jedoch nicht zustimmen, wenn es auf seine liberalen und demokratischen Werte verzichten muss. Die Aggression der Pekinger Zentralregierung zeigt sich heute schon real in Honkong und im Süd-Chinesischen Meer, wo Peking die Spratly- und Paracel-Inseln für sich beansprucht und durch den zügigen Aufbau von Militärbasen historische Fakten schafft. Peking tritt hier in territoriale Konflikte mit einer Vielzahl an Ländern, darunter Vietnam und Malaysia. Aber auch im Grunde zu fast allen Nachbarstaaten auf dem Festland beansprucht China Gebiete für sich, was zu Konflikten mit anliegenden Staaten führt (oder in der Vergangenheit geführt hat).

Die Zentralregierung tritt hier aggressiv auf, verfolgte aber lange Zeit die Strategie der chinesischen Tradition, den Feind zu zermürben, ohne dass es zu kämpfen kommt. Xi Jinping jedoch schreckt ebenso wenig wie Donald Trump davor zurück, auch Gewalt als Option in Betracht zu ziehen; im Gegenteil: Xi droht Taiwan ausdrücklich mit einer militärischen Intervention, was auch zu ernsten Animositäten mit dessen verbündeten USA führt. In dieser Hinsicht ist erkennbar, welchen Einfluss Xi hat, der von der Kommunistischen Partei nach einer tadellosen, aber nicht überfliegenden Karriere als Vorsitzender gewählt wurde.

In China glaubt man: »Es führt zu nichts, einen Präsidenten per demokratischer Abstimmung zu wählen«, und »erst wenn ein Eisen hundertmal ins Feuer getaucht ist, wird es endlich zu Stahl.« Mit Blick auf die USA ist man geneigt der These zuzustimmen, dass eine »Diktatur der Wissenden und Fähigen« eine bessere Herrschaftsform ist als die Kakistokratie unter Trump, die »Herrschaft der Schlechtesten«.

Xi ist natürlich unbedingt abhängig von dem Wohlwollen der Parteiführung und ideologisch ist er hervorragend auf die Ziele Maos und das Erreichen des Kommunismus abgerichtet; aber Xi, der sich als Marxist versteht, ist mehr als nur eine Marionette der Parteiführung. Das zeigt sich auch in der Außenpolitik Chinas. So ist es Xi zuzurechnen, dass mit einer Militärbasis in Dschibuti am Golf von Aden im Nord-Osten Afrikas die allererste ausländische Militärbasis Chinas installiert wurde (soweit man diejenigen im Süd-Chinesischen Meer im Sinne der KP als inländische Basen begreift).

Die Vorstellung, Probleme immer nur mit Gewalt lösen zu können und daher unentwegt damit zu drohen, ist nicht nur ein Merkmal Trumps, sondern auch Xis. Das Problem der Uiguren, die ihren eigenen Staat fordern und sich nicht recht umerziehen lassen wollen, wird auf die radikalste Weise gelöst, nämlich durch den Genozid. Daraus lassen sich Überlegungen über Xis Charakter anstellen, die spekulativ bleiben, aber eine Hilfe bei dem Versuch einer Einordnung sein können:

Nekrophile Menschen »leben in der Vergangenheit und nie in der Zukunft. Ihre Gefühle sind im Wesentlichen sentimental, das heißt, sie hängen an Gefühlen, die sie gestern empfanden – oder empfunden zu haben glauben. Sie sind kalt, auf Distanz bedacht und bekennen sich zu ‹Gesetz und Ordnung›. Ihre Werte sind genau das Gegenteil von denen, die wir mit dem normalen Leben in Verbindung bringen: nicht das Lebendige, sondern das Tote erregt und befriedigt sie. Charakteristisch für den nekrophilen Menschen ist seine Einstellung zur Gewalt. Gewalt ist die Fähigkeit, einen Menschen in einen Leichnam zu verwandeln, um sich der Definition von Simone Weil zu bedienen. Genauso wie die Sexualität Leben erzeugen kann, kann die Gewalt es zerstören.

Alle Gewalt beruht letzten Endes auf der Macht zu töten. Ich möchte vielleicht einen Menschen nicht gerade töten, sondern ihn nur seiner Freiheit berauben; ich möchte ihn vielleicht nur demütigen oder ihm seinen Besitz wegnehmen – aber was ich auch immer in dieser Richtung tue, hinter all diesen Aktionen steht meine Fähigkeit und meine Bereitschaft zu töten. Wer das Tote liebt, liebt unausweichlich auch die Gewalt. Für einen solchen Menschen ist die größte menschliche Leistung nicht die Erzeugung, sondern die Zerstörung von Leben.

Die Gewaltanwendung ist keine ihm von den Umständen aufgezwungene, vorübergehende Handlung – sie ist seine Art zu leben. Dies ist der Grund, weshalb der nekrophile Mensch in die Gewalt geradezu verliebt ist. So wie für den, der das Leben liebt, die grundlegende Polarität im Menschen die von Mann und Frau ist, existiert für den Nekrophilen eine völlig andere Polarität: die zwischen denen, welche Macht haben zu töten, und denen, welchen diese Macht nicht gegeben ist. Für ihn gibt es nur zwei ‹Geschlechter›: die Mächtigen und die Machtlosen.«[157]

Den scheinbaren Widerspruch, dass Xi, der einen Personenkult um sich propagiert, einen Plan für die Zukunft verfolgt – einen chinesischen Traum, der allen Völkern zugutekommen solle –, habe ich bereits aufgelöst. Das wichtigste Merkmal von Vergangenheit und Zukunft ist die Gewissheit und die Ungewissheit, die in der totalen Herrschaft jedoch auf die radikalste Weise verbogen werden. Die Zukunft soll so und genauso gestaltet werden, wie es in der Vergangenheit von dem großen Vorsitzenden Mao vorhersagt wurde. *Die Zukunft ist nichts anderes als die Vorhersagen der Vergangenheit.*

Sein und Schein fallen zusammen; alles soll so scheinen, wie es sein soll; und alles soll so sein, wie es scheinen soll. Insbesondere über die Grenzen des Innern hinaus offenbart sich hier der Weltherrschaftsanspruch totaler Herrschaft. Man darf hierbei nicht vergessen, dass der vorauseilende Gehorsam ein wesentliches Element der totalen Herrschaft ist. Widerstand gegen die totale Herrschaft kann nur gelingen, in dem man sich nicht verbiegt, sondern entschlossen und kompromisslos zu seinen eigenen, inneren Wahrheiten steht und für diese einsteht. Im Widerstand gegen die totale Herrschaft zu versagen, bedeutet, sich ihr zu fügen und zu unterwerfen, seine Identität und Individualität aufgeben, auch ohne vorhergehenden, direkten Befehl.

Diese Unterwerfung zeigt sich nicht nur im Verzicht auf persönliche Freiheit, sondern besonders in der Aufgabe elementarer Grundwerte. Auf *Meinungsfreiheit zu verzichten* ist es ganz anderes, als trotz Meinungsfreiheit etwas, was wichtig ist und gesagt werden sollte, *ungesagt* zu lassen. Der Übergriff der totalen Herrschaft totalitärer Systeme von außen besteht nicht nur in den Vorgaben, was *gesagt werden soll*, sondern beginnt mit dem Verbot, was *nicht gesagt werden darf.*

Diese Strategie verfolgen die chinesischen Parteifunktionäre und Diplomaten sehr intensiv. Es geht dabei nicht nur darum, ökonomische Abhängigkeitsverhältnisse zu nutzen, um politisches Regierungshandeln zu unterdrücken, wenn es nicht im Sinne der KP ist und schließlich zur Blockade innerhalb des Bündnisses europäischer Staaten führen soll, sondern auch in der Unterdrückung unerwünschter Meinungen in der Öffentlichkeit. Ein Kinderbuch, das den Ursprung des Sars-Cov-2-Erregers in China verortet muss auf politischen Druck hin eingestampft[158] und Vorlesungen an einer Universität über eine neue Biographie Xi Jinpings müssen abgesagt werden.[159]

Das Ziel ist, kritische Gedanken zu unterdrücken, um ein idealisiertes Bild zu erzeugen und ein Symbol zu glorifizieren. »Viele andere spürten das Nekrophile in diesen Führern nicht und sahen in ihnen Aufbauende, Erlöser und gute Väter. Hätten diese nekrophilen Führer nicht den falschen Eindruck erweckt, aufbauende Beschützer zu sein, so hätte die Zahl derer, die sich zu ihnen hingezogen fühlten, kaum ausgereicht, ihnen an die Macht zu helfen, und die Zahl derer, die sich von ihnen abgestoßen fühlten, hätte sicher schnell ihren Sturz herbeigeführt.«[160]

Chinas »Turbo-Kapitalismus« ist auf ein schnelles Aufbauen und anschließend zugiges Abreißen ausgerichtet, um erneut Neues und Besseres aufbauen zu können. Die Grenzen von Kreativität und Destruktivität verschwimmen, sodass beides zusammenfällt. Aber die Gegenstände dieses Prozesses ist immer das Tote, sind die leblosen Betonbauten der Megastädte.

Das Panem von Morgen entsteht bereits heute. »Aus Peking, der Hafenstadt Tianjin und der Provinz Hebei wird eine neue Megastadt auf einer Fläche von mehr als 200.000 Quadratkilometern. Bis zu 130 Millionen Einwohner soll der Moloch nach seiner Vollendung haben und damit das bei Weitem größte urbane Zentrum weltweit sein. Als Name haben sich die Planer Jing-Jin-Ji einfallen lassen: ein aus den Städtenamen Bei*jing*, Tian*jin* und dem historischen Namen für Hebei, ‹Ji›, gebasteltes Kürzel.«[161]

Hier entsteht bis 2030 eine riesige Metropole als Machtzentrum eines Riesenreiches, dessen übrige Bevölkerung in ländlichen Provinzen ums Überleben kämpft, und steht damit symptomatisch für eine globale Verschiebung von ländlichen in städtische Lebensweisen.

Ein chinesisches Sprichwort besagt: »Wer Europa besitzt, dem gehört die Welt.« Vor diesem Hintergrund lassen sich also nicht nur wirtschaftliche, sondern auch geopolitische Beweggründe für das Großprojekt der neuen Seidenstraße ausmachen. Für Europa wird es wichtig sein, eine politische Strategie zu finden, mit der China international begegnet werden kann. Unabhängig davon aber sind die geopolitische Verschiebungen durch die Seidenstraße aber auch für Europa durchaus vorteilhaft.

George Friedman glaubt, der wirtschaftliche Erfolg der USA sei darin begründet, dass sie sowohl auf atlantischer als auch auf pazifischer Seite von Zugängen zu den Seewegen und Handelsrouten profitieren würden. Ein Land wie Island könne niemals wirtschaftlich so stark werden wie die USA, auch wenn es noch so klug regiert werden würde. Umgekehrt würden die USA fast unmöglich wirtschaftlich geschwächt, auch wenn sie noch so schlecht regiert werden. Der Grund, weshalb Europa in seiner Wirtschaftskraft schwächer dasteht als die USA, liegt also darin begründet, dass die Europäer nur den Zugang zum Atlantik, nicht aber zum Pazifik haben.

Die Seidenstraße revolutioniert dieses geopolitische Machtgefüge. Sie verlagert Transportwege von Seerouten auf das Kontinentalland. Damit wird der fehlende zweite Seeweg sowohl für China als auch Europa kompensiert. Es bleibt eine interessante Frage, die es zu beobachten gilt, ob dieser Umbruch tatsächlich zu Veränderungen ökonomischer Machtverhältnisse und daraus resultiert auch eine Verschiebung geopolitischer Einflusssphären führen wird. In jedem Fall muss aber eines klar sein:

Europa muss sich selbst besitzen und für seine ureigenen Interessen und Werte einstehen, niemals aber darf Europa der Appendix der Seidenstraße werden, verbunden mit dem »Reich der Mitte« durch moderne Transportzüge. Europa darf niemals ein Distrikt Chinas werden, sondern muss eine Keimzelle der Freiheit und der Demokratie sein, deren Strahlkraft auch die hintersten und von den langen Schatten des Totalitarismus verdunkelten Winkel der Welt erleuchtet, auf dass Freiheit, Demokratie und Humanismus in neuem Glanze erstrahlen mögen.

China als engster Freund Europas im 21. Jahrhundert?

So wie die Revolutionäre in Frankreich glaubten, die Guillotine sei ein humanes Tötungswerkzeug, da noch niemand zurückgekommen sei, um das Gegenteil zu behaupten, so glaubten auch die Nazis, die Vergasungen von Juden seien human, weil weniger grausam als Erschießen. In diesem Sinne kann man auch dem chinesischen Faschismus einen »Humanisierungsversuch des Faschismus« nachsagen.

Während den Nazis es nicht genügte, alles Jüdische langsam aus der Welt verschwinden zu lassen, weil es dann nämlich nie ganz verschwinden würde, so genügt es in China, Völker nicht direkt zu morden, sondern aufzusaugen. Mit Zwangskastrationen, Umsiedlungen von Han-Chinesen und Zwangsehen verschwinden die Völker in einem unsichtbaren Holocaust in der Mandschurei, in Tibet und in Xinjiang leise und langsam, aber sie verschwinden. »Kultureller Genozid« ist ein Euphemismus für einen Völkermord, der bis zur totalen Auslöschung, bis zum Holocaust geht.

In Tibet können so dann aber Restbestände der Kultur für Touristen ausgestellt werden, die dann der Welt erzählen können, man sei in Tibet gewesen, und solange sie genau das tun, kommt niemand auf die Idee zu fragen, ob es Tibet überhaupt noch gebe, weil es gibt ja Zeugen, die dort waren.

Die totale Herrschaft spürt nicht nur jede Individualität in allen Lebensbereichen auf, weil ihr nichts anderes übrig bleibt, wie

Arendt erkannte. Denn wie Fromm erkennen ließ, muss sie dies tun, um die eigenen Zweifel an der eigenen Art zu leben zu überwinden. Solange es Kulturen gibt, die sich nicht dem Kollektiv zu unterwerfen bereit sind, bleiben Zweifel, die der schwache Mensch nicht ertragen kann, und deshalb reagiert er mit Hass und Zerstörung.

Im 21. Jahrhundert aber geht es nicht mehr um die Herrschaft über Land, sondern über Seelen. China wird ebenfalls wie frühere Systeme der totalen Herrschaft versuchen, seinen Anspruch der Herrschaft im Weltmaßstab durchzusetzen. Dies wird jedoch nicht bis an den Rand eines atomaren Holocausts führen, sondern ganz im Sinne eines unsichtbaren Holocausts geschehen. Die Menschheit soll transformiert werden zu hörigen Robotern. Der Mensch verschwindet nicht biologisch als Art, sondern wie Foucault erkannte, psychologisch. China wird hierzu Gehirnwäsche und Propaganda betreiben, um sein System als »einzige Wahrheit« in die Welt zu tragen.

Der Westen hat über viele Jahrzehnte selbst nichts anderes versucht, auch mit Gewalt. Es hieß immer, wir seien die Guten, die Kriege für Demokratie und Freiheit führen. In Afghanistan wurden Wahlen, die dem Regime in Washington nicht gefielen, durch fingierte Angriffe der Taliban manipuliert. Was Russland heute mit Gewalt in der Ukraine versucht, nämlich eine legitime Regierung abzusetzen und eine eigene einzusetzen, das tat die CIA über viele Jahre subtil und verdeckt in Ländern wie dem Iran, Nicaragua, Chile; man unterstützte faschistische Regime wie in Indonesien oder beging Kriegsverbrechen wie in Vietnam. Vom Irak 2003 gar nicht erst zu sprechen. (Seit dem Zweiten Weltkrieg sind die USA dennoch insgesamt für 20 bis 30 Millionen Tote verantwortlich und keinem Präsident ist es gelungen oder wollte es gelingen, diese Mordmaschinerie aufzuhalten, was zeigt, wie mächtig die Oligarchie des militär-industriellen Komplexes in den USA ist, die seit dem Zweiten Weltkrieg an der Macht ist, oder wie Obama einmal gesagt hat: »Don´t tell me the problem.« Und dass Bush in Putins Augen nur das Gute sehen konnte und wollte, liegt vielleicht auch daran, dass Bush selbst kein Heiliger ist und in gewisser Weise damals sein Spiegelbild zu sehen glaubte.)

Heute aber gelingt es den USA, Vertrauen dadurch wiederherzustellen, indem sie sehr genau vorhersagen kann, wie sich das Regime in Russland als nächstes verhalten wird. Für viele Teile der Welt ist die frühere Weltpolizei und Ordnungsmacht USA aber zum Feind und Feindbild geworden. Die USA der Trumpisten kann auch für Europa zu einer Bedrohung werden.

In den USA ist man bereit zum atomaren Holocaust. Ob es so kommt, steht auf einem anderen Blatt. In Russland ist man bereit zum atomaren Holocaust. Ob es so kommt, steht auf einem anderen Blatt. In China ist man nicht bereit zum atomaren Holocaust. Ob etwas anderes kommt, steht auf einem anderen Blatt.

Daher ist es eine ernstgemeinte Frage, ob in einer Zeit des wiedererstarkten Faschismus, auf den wir wie im vergangenen Jahrhundert weder theoretisch noch praktisch vorbereitet sind, China nicht doch Europas »bester Freund« sein wird.

Darüber dürfen die (wirtschaftlichen) Abhängigkeiten dieser sehr relativen »Freundschaft« aber nicht übersehen werden (so wie sie in den vergangenen zwei Jahrzehnten im Hinblick auf Russland übersehen worden sind). Chinas Einfluss auf rohstoffliefernde Länder (besonders Erze und Seltene Erden) überall in der Welt – besonders in Afrika – ist sehr groß. Der nächste Weltkrieg könnte in der Tat als ein Weltwirtschaftskrieg ausgetragen werden. Ohne die nötigen Rohstoffe für Erneuerbare Energien, E-Mobilität, Smartphones und alles mögliche aber, würde unsere technische Zivilisation um Jahrzehnte zurückfallen, was natürlich auch schwerwiegende Folgen wie innenpolitische Unruhen nach sich ziehen kann, bis hin zum Aufstieg nationalsozialistischer und faschistischer Parteien, die in neuem Gewand erscheinen. Das alles könnte dazu führen, dass die Keimzelle von Demokratie und Freiheit ausgelöscht werden könnte, indem sie sich selbst erlischt. Mit dem Zivilisationsbruch kommen die Bürgerkriege und mit diesen Millionen Tote. In den USA fehlt dazu vielleicht nur noch wenig, um Suzanne Collins Dystopie bittere Realität werden zu lassen. Daher ist die Frage, wie es um die Zukunft Europas bestellt ist, maßgeblich für die Frage: *May man prevail?*, oder sogar: *May life prevail?*

Epilog

Das 20. Jahrhundert war das vielleicht blutigste und sicher das bisher grausamste Jahrhundert der Weltgeschichte. Helmut Schmidt glaubte nicht, dass sich etwas Vergleichbares im 21. Jahrhundert wiederholen werde, auch wenn natürlich neue Zeiten neue Gefahren und Herausforderungen mit sich bringen würden.

Das wesentliche Merkmal der psychologischen Strukturen des vergangenen Jahrhunderts war die Entfremdung der Menschen vom Leben. Auch Hannah Arendt vertrat die These, dass die destruktiven und totalitären Bewegungen des 20. Jahrhunderts auf der zunehmenden Zerstörung des politischen Raums durch die Entfremdung des Individuums in der Massengesellschaft zurückzuführen sei.

Das Leben hörte auf, etwas Lebendiges zu sein. Die industriellen Massenmorde waren keine moralischen Übel mehr, weil hier Menschen nicht als Menschen, sondern als Dinge begriffen wurden. Was Erich Fromm an Adolf Eichmann beobachten konnte, der als Bürokrat den Holocaust organisierte, konnte Fromm auch in der Zeit des Kalten Krieges beobachten, als ohne Bauchschmerzen Planspiele mit hunderten Millionen Toten tägliche Praxis waren.

Wilhelm Reich schrieb in seinem Buch *Die Massenpsychologie des Faschismus* im Jahr 1933, der Faschismus sei eine Folge der Rassenlehre, nicht umgekehrt. Die Rassenlehre also war es, die den Faschismus ermöglichte, weil so Menschen einer anderen Ethnie eben keine Menschen mehr waren, sondern nur »Dinge der anderen Seite«, über die *man* verfügen oder sie morden konnte.

Viele haben sich mit Blick auf die Geschichte des 20. Jahrhunderts mit der Frage auseinandergesetzt, ob der Faschismus wiederkehren könnte. Heute können wir überall in der Welt totalitäre und faschistoide Tendenzen erkennen, von China über Russland bis zu den USA und sogar in Europa. Die Abergläubigkeit nimmt zu, Verschwörungstheorien erfahren eine Hochkonjunktur und die *Neue Rechte* hat sich in ihrem Fremdenhass und in ihrer Gewaltbereitschaft radikalisiert und Antisemitismus und Judenhass sind in vielen Teilen der Welt, so die Theresienstadt-Überlebende Inge Auerbacher, wieder »alltäglich«.

Doch es gibt auch solche faschistischen Tendenzen, die wir nicht erkennen. Vielleicht können wir sie nicht erkennen, weil wir nie richtig begriffen haben, was das eigentliche Wesen des Faschismus ist, der ganze Völker zu Massenmorden antreibt und schließlich unausweichlich in die Selbstvernichtung führt. Die bittere Wahrheit scheint zu sein, dass der Ausspruch »Er ist wieder da« ein Beleg für unsere eigene Blindheit ist, sodass wir nicht erkennen konnten, dass er eigentlich nie weg war. Wir erkennen Menschen heute als Menschen an, aber jenseits der Spezies *Homo sapiens* sieht es nicht gut aus.

Die Haustiere haben wir domestiziert und zu Automaten konditioniert. Nutztiere halten wir in großen Lagern konzentriert und wenn wir keine Verwendung mehr für sie haben, dann schreddern wir lebende Küken zu Tausenden. Es ist uns gelungen, fast jede andere Lebensform aus unserer eigenen Zivilisation zu verdrängen. Auf den Straßen findet man keine Wölfe mehr, keine Elche, Bären oder Wildschweine; in der Luft, die wir atmen, fliegen kaum noch Insekten und in den Flüssen und Meeren schwinden die Lachse. Viele Arten haben wir fast ausgerottet oder zumindest in kleine Refugien stark zurückgedrängt.

Der Ausdehnungsanspruch der *totalen Herrschaft* im Weltmaßstab macht aber auch vor den Arten jenseits unserer eigenen Zivilisation nicht Halt. Wir sind dabei, die Erde so auszubeuten und, wie Stephen Hawking einmal meinte, das Klima auf unserem kleinen Planeten auf das der Venus von etwa 250 Grad zu erhitzen. In den entlegensten Winkeln der Welt roden wir Regenwälder, vermüllen die Meere, verpesten die Flüsse, und wenn wir den Eisbären die Lebensgrundlage entziehen und die Arktis ganzjährig eisfrei sein wird, glauben nicht wenige von uns, hierin eine Chance erkennen zu können, neue Handelsrouten erschließen und Rohstoffe nur noch leichter abbauen zu können.

Wir sind damit nicht nur dabei, alle nicht-menschlichen Lebensformen auf diesem Planeten im Weltmaßstab zu bedrohen und auszurotten, sondern wir sind drauf und dran, in den eigenen Massenselbstmord zu rennen. Gedankenlos machen wir uns nur weiter Gedanken darüber, wie wir noch zerstörerischer werden können, während wir glauben, für das Wohl der nachfolgenden Generationen zu sorgen, indem wir immer mehr und mehr Reichtümer anhäufen, ohne danach zu fragen, woher diese eigentlich kommen.

Wir roden Wälder, um dort die Ernte für unseren Biosprit anbauen zu können und bilden uns ein, es würde der Umwelt helfen. Wir bauen Elektroautos, deren Herstellung noch zerstörerischer ist als die von Verbrennern, und glauben, wir retten so das Klima. Wir stufen Atomkraft als »nachhaltig« ein, um die Atmosphäre nicht zu verpesten, und sehen nicht oder wollen nicht sehen, dass der daraus entstehende Giftmüll hunderte Tausend Jahre lang alles und jeden verstrahlt.

Wir denken viel darüber nach und reden viel darüber, was wir tun müssten, aber am Ende tun wir nichts. Wir glauben, dass wir nichts tun, sei das Beste, weil wir nicht wissen, was richtig und was falsch ist. Aber tatsächlich tun wir nicht *nichts*, sondern wir machen immer weiter. Wir halten das Hamsterrad, von dem wir glauben, dass es uns rennt, durch unser Rennen selbst immer weiter am Laufen. Alle machen mit und alle *wollen* mitmachen.

> Sobald sich eine Gesellschaft in eine *Megamaschine* verwandelt, wie Lewis Mumford es nennt, das heißt, sobald die gesamte Gesellschaft zu einer riesigen, zentral gesteuerten Maschine geworden ist, ist der Faschismus auf lange Sicht fast unvermeidbar, a) weil die Menschen zu Schafen werden, die Fähigkeit zum kritischen Denken verlieren, sich ohnmächtig fühlen, passiv sind und sich zwangsläufig nach einem starken Mann sehnen, der *weiß*, was zu tun ist – und alles übrige, was sie nicht wissen, weiß; und b) weil die Megamaschine von jedem, der zu ihr Zugang hat, in Gang gesetzt werden kann, einfach, indem er auf die richtigen Knöpfe drückt. Genau wie ein Automobil läuft die Megamaschine im Grunde ganz von selbst. Die Person, die am Lenkrad des Autos sitzt, braucht nur die richtigen Pedale zu bedienen, zu steuern, zu bremsen und auf einige andere ebenso simple Details zu achten. Was beim Auto oder einer anderen Maschine die vielen Rädchen, sind in der Megamaschine die zahlreichen Ebenen bürokratischer Verwaltung. Selbst ein Mensch von geringer Intelligenz und Befähigung kann ohne Mühe ein Staatswesen leiten, wenn er einmal an die Macht gelangt ist.[162]

Dieses Buch, das einige Essays und Aufsätze aus meinen anderen Schriften versammelt, handelt von der bitteren Wahrheit, dass Lewis Mumford am Ende doch Recht behalten sollte, und die unaufhaltsam vorangetriebene *Megamaschine* unserer technischen und wissenschaftlichen Zivilisation, der wir seit dem 19. Jahrhundert unseren Wohlstand verdanken, unweigerlich zum Faschismus führen wird. Die bittere Wahrheit könnte sein: *Er war nie weg.*

Churchills Mahnung, niemals aufzugeben, niemals nachzugeben, muss auch vor dem Hintergrund begriffen werden, dass die größte Bedrohung des Faschismus nicht von außen kommt, sondern von innen und sie endet nicht mit dem Sieg eines Krieges und dem unterzeichnen eines Friedensvertrages.

Dieses Buch ist zugleich auch ein erster Bericht über *Die neue Banalität des Bösen*, anknüpfend an dem Konzept der jüdischen Denkerin Hannah Arendt. Arendt glaubte, das größte Böse sei das, was aus Gedankenlosigkeit begangen werde. Und weil es sich jedem moralischem Zugriff entziehe, könne es überall in der Welt sein und von jedem begangen werden, der sich weigert, selbst zu denken und eine eigenständig handelnde Person zu sein – so wie Eichmann nur Züge regulierte, und es für ihn keinen Unterschied machte, ob er für Kinder sorgte, oder ob er Millionen Juden in den Tod schickte. So gedankenlos scheint mir, begegnen wir auch den Herausforderungen und Gefahren unserer Zukunft. Dieses Buch handelt daher von *Tatsachen und Illusionen in der Zukunftspolitik*. Es geht also um nicht weniger als die Frage: *May Life Prevail?*

Faschisten halten den Tod für den Beginn der Unsterblichkeit. Sie rufen lautstark: »Lang lebe der Tod!« Allein lebendig wird er dadurch nicht. Deshalb brüllen und grölen sie lauter und lauter, stampfen wild auf den Boden und zertreten alles und jeden wie ein lästiges Insekt, weil sie sich nur so mächtig fühlen können, indem sie ein anderes Leben auslöschen, da sie sonst überhaupt nichts mehr fühlen können. Weil der Tod für sie das Leben ist, verachten sie alles und jeden, der lebendig sein will. Für sie hört das Leben auf, etwas Lebendiges zu sein. Weil der Tod für sie das Leben nach dem Leben ist, in dem sie nie wirklich lebendig waren, finden sie keinen Antrieb, das Leben zu Lebzeiten zu leben. Sie sind lieber tot als lebendig, weil sie glauben, nur so lebendig sterben zu können, statt tot leben zu müssen. Für diese Ideologie sind sie bereit, alles und insbesondere jeden zu opfern. Sie wollen allen diese *Art zu leben und zu sterben* aufzwingen, sie wollen allen die *Kunst zu leben und zu sterben* diktieren, um so ihre eigenen Zweifel zu überwinden, indem sie alles, was das Leben lebt und leben will, auslöschen. Ihre Tyrannei wird uns überall dort hin folgen, wo wir uns Ihr nicht entschlossen und kompromisslos entgegenstellen. Dann werden sie kommen, um uns auszulöschen, und es wird sein, als seien wir zu ihnen gegangen.

Manche öffentliche Intellektuelle glauben, dies sei »unklug«, weil Selbstmord. Jürgen Habermas glaubt, »ohne Leben ist alles nichts«. Alfred Anders schrieb in *Sansibar oder Der letzte Grund* über einen Pfarrer, der den Nazis Widerstand leistete, als sie kamen, um ihn zu holen. Er wehrte sich und als die Kugeln ihn durchlöcherten, fühlte er sich zum ersten Mal lebendig. Es gibt, nachdem wir geboren wurden, nur eine einzige Sicherheit im Leben, nämlich die, dass wir sterben werden. Doch nichts ist schrecklicher, als sterben zu müssen, ohne je wirklich gelebt zu haben, oder wie Jon Bon Jovi sagen würde:

Es ist unser Leben.
Und es ist jetzt oder nie.
Wir werden nicht für immer leben.
Und wir wollen leben, wenn wir lebendig sind.
Es ist unser Leben.

Es geht um das Leben!

Literatur

Arendt, Hannah: Elemente und Ursprünge totaler Herrschaft. Antisemitismus, Imperialismus, totale Herrschaft. Piper 8. Auflage, München 2001

Arendt, Hannah: Wahrheit und Lüge in der Politik. Piper, München 2013

Bradbury, Ray: Fahrenheit 451. Wilhelm Heyne 14. Auflage, München 2000

Brocker, Manfred (Hrsg.): Geschichte des politischen Denkens. Ein Handbuch. Suhrkamp 5. Auflage, Frankfurt a.M. 2018

Canetti, Elias: Masse und Macht. Fischer TB, 34. Aufl. Frankfurt a.M. 2015

Forst, Rainer: Normativität und Macht. Zur Analyse sozialer Rechtfertigungsordnungen. Suhrkamp, Berlin 2015

Fromm, Erich: Anatomie der menschlichen Destruktivität. Rowohlt 25. Auflage, Reinbek bei Hamburg 2015

Fromm, Erich: Die Furcht vor der Freiheit. Dtv 20. Auflage, München 2016

Fromm, Erich: Die Seele des Menschen. Ihre Fähigkeit zum Guten und zum Bösen. Dtv 2. Auflage, München 2017

Fromm, Erich: Es geht um den Menschen: Tatsachen und Illusionen in der Außenpolitik. DVA, Stuttgart 1981

Fromm, Erich: Haben oder Sein. Die seelischen Grundlagen einer neuen Gesellschaft. Dtv 44. Auflage, München 2017

Fromm, Erich: Humanismus als reale Utopie. Der Glaube an den Menschen. Ullstein 3. Auflage, Berlin 2015

Fromm, Erich: Jenseits der Illusionen. Eine intellektuelle Autobiographie. Dtv, München 2020

Fromm, Erich: Lieben wir das Leben noch? Über Macht und Ohnmacht der Liebe. Dtv, München 2020

Fromm, Erich: The Anatomy of Human Destructiviness. Pimlico, London 1997

Fromm, Erich: Über den Ungehorsam. Und andere Essays. Psychosozial, Gießen 2019

Fromm, Erich: Über die Liebe zum Leben. Dtv 2. Auflage, München 2014

Fromm, Erich: Wege aus einer kranken Gesellschaft. Eine sozialpsychologische Untersuchung. Dtv 9. Auflage, München 2016

Fromm, Erich: Wissenschaft vom Menschen. Ein Lesebuch. Psychosozial, Gießen 2020

Fukuyama, Francis: Das Ende der Geschichte. Wo stehen wir? Kindler, München 1992

Funk, Rainer et al. (Hrsg.): Erich Fromm heute. Zur Aktualität seines Denkens. Dtv, München 2000

Hawking, Stephen: Kurze Antworten auf große Fragen. Klett-Cotta, Stuttgart 2018

Heins, Volker: Max Weber. Zur Einführung. Junius, Berlin 1990

Heubel, Fabian: Chinesische Gegenwartsphilosophie. Zur Einführung. Junius, Hamburg 2016

Huxley, Aldous: Wiedersehen mit der schönen neuen Welt. Piper, München 1987

Kinnert, Diana: Die neue Einsamkeit. Und wie wir sie als Gesellschaft überwinden können. Hoffmann und Campe 3. Auflage, Hamburg 2021

Kruchem, Thomas: Am Tropf von Big Food. Wie die Lebensmittelkonzerne den Süden erobern und arme Menschen krank machen. Transcript, Bielefeld 2017

Luhmann, Niklas: Die Wissenschaft der Gesellschaft. Suhrkamp 7. Auflage, Frankfurt a.M. 2015

Münkler, Herfried: Die neuen Kriege. Rowohlt 6. Auflage, Reinbek bei Hamburg 2015

Nida-Rümelin, Julian: Philosophie einer humanen Bildung. Körber-Stiftung, Hamburg 2013

Noller, Jörg: Theorien des Bösen. Zur Einführung. Junius, Hamburg 2017

Reich, Wilhelm: Die Massenpsychologie des Faschismus. Kiepenheuer & Witsch 8. Auflage, Köln 2020

Schwandt, Michael: Kritische Theorie. Eine Einführung. Schmetterling 2. Auflage, Stuttgart 2010

Schwanitz, Dietrich: Bildung. Alles, was man wissen muß. Goldmann, München 2002

Snyder, Timothy: Über Tyrannei. Zwanzig Lektionen für den Widerstand. C.H.Beck, München 2017

Anmerkungen

[1] https://www.youtube.com/watch?v=s93KC4AGKnY Zul. abg.: 08.03.2022; 22:48 MEZ

[2] https://de.wikipedia.org/wiki/WarGames_%E2%80%93_Kriegsspiele Zul. abg.: 08.03.2022; 22:48 MEZ

[3] Fromm, Humanismus als reale Utopie: 58

[4] Eigenständig übersetzt: Fromm, The Anatomy of Human Destructiveness: 175f.

[5] Erich Fromm: Zur Methode der Analytischen Sozialpsychologie (Kapitel 2) In: Fromm, Wissenschaft vom Menschen: 19

[6] Vgl. ebd.: 24

[7] Erich Fromm: Der sozial typische Charakter (Kapitel 3) In: Fromm, Wissenschaft vom Menschen: 27

[8] Erich Fromm: Therapeutisches Bezogensein als »direkte Begegnung« (Kapitel 30) In: Fromm, Wissenschaft vom Menschen: 182f.

[9] Erich Fromm: Die Aufgabe des Gesellschafts-Charakters (Kapitel 4) In: Fromm, Wissenschaft vom Menschen: 32

[10] Arendt, Elemente und Ursprünge totaler Herrschaft: 934

[11] Huxley, Wiedersehen mit der schönen neuen Welt: 48f.

[12] https://www.zeit.de/zeit-geschichte/2017/01/holocaust-adolf-hitler-befehle-forschung-streit Zul.abg.: 29.01.2022; 22:06 MEZ

[13] https://www.zeit.de/zeit-geschichte/2017/01/holocaust-adolf-hitler-befehle-forschung-streit/komplettansicht Zul.abg.: 29.01.2022; 22:13 MEZ

[14] Fromm, Die Seele des Menschen: 11

[15] https://www.rnd.de/politik/sieben-lugen-rund-um-auschwitz-und-wie-man-sie-enttarnt-P4G3O5JH2RFZJBDSMZS2S3ZUZQ.html Zul.abg.: 29.01.2022; 22:14 MEZ

[16] Vgl. Funk et a., Erich Fromm heute: 14

[17] Vgl. Luhmann: Die Wissenschaft der Gesellschaft

[18] Bradbury: 75

[19] Ebd.: 76f.

[20] Bradbury: 30

[21] Ebd.: 98

[22] Ebd.: 46

[23] Ebd.: 38

[24] Fromm, Haben oder Sein: 225

[25] Noller: 82ff.

[26] Erich Fromm: Die moralische Verantwortung des modernen Menschen. In: Fromm, Lieben wir das Leben noch?: 46

[27] Fromm, Die Seele des Menschen: 45

[28] Fromm, Humanismus als reale Utopie: 32

[29] Fromm, Haben oder Sein: 226f.

[30] Fromm, Über die Liebe zum Leben: 72

[31] Ebd.

[32] Fromm, Über den Ungehorsam: 17

[33] Forst: 102

[34] Wikipedia: Kulturzyklentheorie. Zul.abg.: 24.10.2021; 21:23 MEZ

[35] Fukuyama: 13

[36] https://www.youtube.com/watch?v=dJMiVGlnLSc Zul.abg.: 17.10.2021; 01:34 MEZ

[37] Münkler, Die neuen Kriege: 109f.

[38] Fromm, Wege aus einer kranken Gesellschaft: 169

[39] Fromm, Jenseits der Illusionen: 169

[40] Fromm, Wege aus einer kranken Gesellschaft: 202

[41] https://www.youtube.com/watch?v=oQfBsZdy8Bg Zul.abg.: 08.04.2021; 20:12 MEZ

[42] Vgl. Schwandt: 77f.

[43] Fromm, Es geht um den Menschen: 160-162

[44] Ebd.: 162

[45] Zit.n. Fromm, Es geht um den Menschen: 164

[46] Fromm, ebd.

[47] Vgl. Fromm, Lieben wir das Leben noch?: 11

[48] Rainer Funk in: Fromm, Lieben wir das Leben noch?: 12, 14, 15f.

[49] Fromm, Lieben wir das Leben noch?: 42

[50] Hawking, Kurze Antworten auf große Fragen: 172-174

[51] Ebd.: 134

[52] Ebd.

[53] Ebd.: 134f.

[54] Ebd.: 135

[55] Ebd.: 136

[56] Vgl. auch Fromm, ebd.: 137

[57] Ebd.: 137

[58] Ebd.: 138

[59] Ebd.: 138f.

[60] https://www.spiegel.de/wissenschaft/weltall/wie-atomwaffen-vor-asteroiden-kollision-schuetzen-koennten-a-1198966.html Zul. abg.: 04.03.2022; 13:25 MEZ

[61] https://www.bild.de/politik/ausland/ende-der-menschheit/nobelpreistraeger-bedrohungen-der-welt-53065518.bild.html Zul.abg.: 18.10.2021; 23: 47 MEZ

[62] Wikipedia: Zwei-Grad-Ziel. Zul.abg.: 07.11.2021; 12:31 MEZ

[63] Der Spiegel, Heft 28/2017. S.80f.

[64] Wikipedia: Welthunger. Zul.abg.: 18.10.2021; 20:13 MEZ

[65] Der Spiegel, Heft 25/2017. S.86f.

[66] https://www.welt.de/wissenschaft/video152190479/Das-macht-Mexikaner-fett-neue-Steuer-soll-helfen.html Zul.abg.: 18.10.2021; 20:18 MEZ

[67] Ebd.

[68] Kruchem: Am Tropf von Big Food. Wie die Lebensmittelkonzerne den Süden erobern und arme Menschen krank machen

[69] https://www.instagram.com/p/CNNXqzrKcNk/?igshid=hi3tutc9eqon Zul.abg.: 18.10.2021; 19:47 MEZ

[70] https://www.sueddeutsche.de/kultur/banksy-girl-with-balloon-ge-schreddert-versteigerung-1.5400313 Zul.abg.: 19.10.2021; 23:48 MEZ

[71] https://www.un.org/Depts/german/millennium/mp-povertyfacts-g-new.pdf Zul.abg.: 19.10.2021; 23:48 MEZ

[72] https://amp2.wiwo.de/finanzen/geldanlage/reichtum-in-den-usa-je-der-16-amerikaner-ist-millionaer-wie-kann-das-sein/25150872.html Zul.abg.: 18.10.2021; 19:52 MEZ

[73] https://www.heise.de/tp/features/USA-39-Prozent-haben-Schwierig-keiten-mit-einer-400-Dollar-Ausgabe-4431039.html Zul.abg.: 18.10.2021; 19:52 MEZ

[74] https://www.businessinsider.de/wirtschaft/superreich-und-hoch-ver-schuldet-warum-die-usa-unter-spannung-stehen-und-was-das-fuer-joe-bi-den-bedeutet/ Zul.abg.: 18.10.2021; 19:53 MEZ

[75] https://www.welt.de/kultur/kino/article134613158/Ich-wollte-Teil-dieses-Rufs-nach-Revolution-sein.html Zul.abg.: 18.10.2021; 14:28 MEZ

[76] Boston Consulting Group: 5f.

[77] Kinnert: 358

[78] https://www.manager-magazin.de/politik/artikel/jingjinji-chinas-plan-fuer-mega-metropole-um-peking-a-1117403.html Zul.abg.: 07.11.2021; 12:16 MEZ

[79] Kinnert: 46

[80] Fromm, Die Furcht vor der Freiheit: 32f.

[81] Fromm, Die Seele des Menschen: 30

[82] Arendt, Elemente und Ursprünge totaler Herrschaft: 659f., 729

[83] Siehe hierzu Gerd Meyer: Gesellschafts-Charaktere in Deutschland: Eine »Charaktermauer« zwischen Ost und West? In: Funk et al., Erich Fromm heute: 46f.

[84] Vgl. Ebd.: 52

[85] Ebd.: 49f.

[86] Fromm, Die Furcht vor der Freiheit: 33

[87] Ebd.:151

[88] Ebd.: 185

[89] https://www.br.de/nachrichten/deutschland-welt/faktenfuchs-falsche-behauptungen-zu-video-aus-butscha,T274pZ0?utm_source=pocket-newtab-global-de-DE Zul. abg.: 11.04.2022; 13:10 MEZ

[90] https://twitter.com/Gert_Woellmann/sta-tus/1496961687362191366?t=_D_2eGHU7K-CQpgNK7pU-Q&s=08 Zul. abg.: 25.02.2022; 12:07 MEZ

[91] https://www.spiegel.de/ausland/der-kremlchef-und-seine-drohungen-gegen-den-westen-putins-ukraine-rede-im-wortlaut-a-fab35f1d-3a2e-494c-af44-72798d2aa42c-amp Zul. abg.: 27.02.2022; 19:49 MEZ

[92] https://www.nzz.ch/international/ukraine-krieg-radikale-kreml-pro-paganda-befeuert-genozid-debatte-ld.1678269 Zul. abg.: 07.04.2022; 14:58 MEZ

[93] https://de.statista.com/statistik/daten/studie/1293274/umfrage/um-frage-zu-den-zustimmungswerten-fuer-wladimir-putin-in-russland/ Zul. abg.: 03.03.2022; 00:15 MEZ

[94] Vgl. Fromm, The Anatomy of Human Destructiveness: 141

[95] Nida-Rümelin, Philosophie einer humanen Bildung: 127f.

[96] https://www.spiegel.de/ausland/der-kremlchef-und-seine-drohungen-gegen-den-westen-putins-ukraine-rede-im-wortlaut-a-fab35f1d-3a2e-494c-af44-72798d2aa42c-amp Zul. abg.: 27.02.2022; 19:49 MEZ

[97] Canetti: 554

[98] https://www.spiegel.de/ausland/der-kremlchef-und-seine-drohungen-gegen-den-westen-putins-ukraine-rede-im-wortlaut-a-fab35f1d-3a2e-494c-af44-72798d2aa42c-amp Zul. abg.: 27.02.2022; 19:49 MEZ

[99] Ebd.

[100] Heins: 48

[101] https://www.spiegel.de/ausland/der-kremlchef-und-seine-drohun-gen-gegen-den-westen-putins-ukraine-rede-im-wortlaut-a-fab35f1d-3a2e-494c-af44-72798d2aa42c-amp Zul. abg.: 27.02.2022; 19:49 MEZ

[102] Grafik leicht bearbeitet. Quelle: https://de.wikipedia.org/wiki/Da-tei:Reliefkarte_Ukraine.png Zul. abg.: 27.02.2022; 00:20 MEZ

[103] Snyder: 54ff. (Churchill zit.n. Snyder)

[104] Hauke Brunkhorst: Hannah Arendt, Elemente und Ursprünge totaler Herrschaft (1951). In: Brocker, Geschichte des politischen Denkens: 572

[105] https://www.fr.de/politik/reaktionen-sanktionen-ukraine-konflikt-russland-invasion-zr-91369297.amp.html Zul. abg.: 26.02.2022; 10:59

[106] https://www.welt.de/politik/ausland/article237241031/Ukraine-Krieg-Buergermeister-von-Charkiw-nennt-Angriffe-Voelkermord.html Zul. abg.: 06.03.2022; 21:40 MEZ

[107] https://www.tagesschau.de/ausland/selenskyj-ukraine-krieg-101.html Zul. abg.: 02.03.2022; 14:36 MEZ

[108] https://de.euronews.com/2022/03/03/ukraine-haager-tribunal-forscht-zu-volkermord Zul. abg.: 06.03.2022; 21:33

[109] https://www.spiegel.de/politik/deutschland/news-ukraine-krieg-atomkraftwerk-russland-wladimir-putin-olaf-scholz-a-9682d487-1d58-480a-a95c-df8ca94db317 Zul. abg. 04.03.2022; 11:58 MEZ

[110] https://www.fr.de/politik/ukraine-krieg-konflikt-russland-kiew-pu-tin-selenskyj-drohung-mariupol-news-ticker-zr-91391160.html Zul. abg.: 06.03.2022; 14:29 MEZ

[111] https://faz.net/aktuell/ukraine-konflikt/buergermeister-von-mariu-pol-befuerchtet-voelkermord-17856749.amp.html Zul. abg.: 06.02.2022; 21:42 MEZ

[112] https://www.fr.de/politik/ukraine-krieg-russland-putin-invasion-kiew-einmarsch-selenskyi-kiew-mariupol-angriff-news-ticker-zr-91397741.html Zul. abg.: 09.03.2022; 16:00 MEZ

[113] https://www.welt.de/debatte/kommentare/plus237433887/Otto-Schily-zum-Ukraine-Krieg-Die-Loesung-ist-das-Modell-Schweiz.html Zul. abg.: 10.03.2022; 09.20 MEZ

[114] https://www.tagesschau.de/ausland/asien/putin-tv-verraeter-101.html Zul. abg.: 20.02.2022; 09:01 MEZ

[115] https://www.ruhrbarone.de/precht-und-die-chamberlainsche-realitaetsverweigerung/206649 Zul. abg.: 17.03.2022; 13:52 MEZ

[116] https://www.youtube.com/watch?v=Wh3G8SVxsb8 Zul. abg.: 18.03.2022; 11:02 MEZ

[117] Heubel: 192

[118] Fromm, Es geht um den Menschen: 120

[119] Ebd.: 121

[120] Ebd.

[121] Ebd.: 122

[122] Ebd.

[123] Huxley, Wiedersehen mit der Schönen neuen Welt: 27

[124] Fromm, Anatomie der menschlichen Destruktivität: 26

[125] Ebd.: 123

[126] Vgl. Ebd.: 122

[127] Ebd.: 123

[128] Vgl. Ebd.: 124f.

[129] Arendt, Elemente und Ursprünge totaler Herrschaft: 938

[130] Canetti: 22

[131] Arendt, Elemente und Ursprünge totaler Herrschaft: 821

[132] Ebd.: 935f.

[133] Ebd.: 940f.

[134] Boston Legal, Staffel 2 Folge 17

[135] Fromm, Über den Ungehorsam: 16f.

[136] Arendt, Wahrheit und Lüge in der Politik: 85

[137] Forst: 102-110

[138] https://www.spiegel.de/kultur/gesellschaft/neoliberalismus-kritiker-hardt-wir-muessen-verstehen-wer-der-feind-ist-a-685199.html Zul.abg.: 31.10.2021; 21:13 MEZ

[139] Reich: 13

[140] Ebd.: 20

[141] Ebd.: 14

[142] https://www.n-tv.de/politik/China-will-die-Erinnerung-ausloeschen-article22596286.html Zul.abg.: 31.10.2021; 21:54 MEZ

[143] https://www.augsburger-allgemeine.de/politik/Portraet-Chinesischer-Praesident-Papa-Xi-der-Vater-der-Nation-id41965021.html Zul.abg.: 02.11.2021; 11:28 MEZ

[144] Schwanitz: 159f.

[145] Vgl. Ebd: 161

[146] Vgl. Ebd.: 178

[147] Ebd.: 225

[148] Ebd.: 229

[149] Fromm, Die Seele des Menschen: 43f.

[150] Fromm, Anatomie der menschlichen Destruktivität: 484

[151] Arendt, Elemente und Ursprünge totaler Herrschaft: 936f.

[152] Fromm, Anatomie der menschlichen Destruktivität: 430

[153] Ebd.: 438-440

[154] Ebd.: 443f.

[155] Ebd.: 446f.

[156] Ebd.: 486

[157] Fromm, Die Seele des Menschen: 41f.

[158] https://www.br.de/nachrichten/amp/kultur/corona-kinderbuch-china-ist-sauer-ueber-hamburger-verlag,SR9RwrM?__twitter_impression=true Zul.abg.: 03.11.2021; 14:48 MEZ

[159] https://twitter.com/ZDFhannover/status/1452557372912803845?t=t1GOVViEJ_ql2PYnICbSew&s=08 Zul.abg.: 03.11.2021; 14:48 MEZ

[160] Fromm, Die Seele des Menschen: 43

[161] https://www.spiegel.de/wirtschaft/soziales/peking-soll-zentrum-von-130-millionen-stadt-jing-jin-ji-werden-a-1044834.html Zul.abg.: 31.10.2021; 21:02 MEZ

[162] Fromm, Haben oder Sein: 225